PASSING JUDGMENT

PRAISE AND BLAME IN EVERYDAY LIFE

被‧批‧評‧的

BY

TERRI APTER

勇‧氣

為什麼我們那麼在意別人的評價，
卻又總是喜愛議論他人？

泰莉‧艾普特——著
謝維玲、林淑鈴——譯

漫遊者文化

contents

責備的話語很快就被讚美掩蓋；在某些家庭裡，責備則會留下永久的紀錄，經常在日常生活中被提起，造成個人價值遭貶低。

在友誼關係中，我們會去滿足自己對探究他人評判系統的渴望，摸索出對方獨特的讚美與責備地圖。在孩童與青少年時期，朋友會成為借鏡和典範。我們為了展現自我，會將心思放在密集的交友活動上，這樣才能藉由朋友的目光看見自己。我們期盼真我受人讚賞，但又了解自我揭露所存在的風險：別人可能會評判我們有缺陷，將我們逐出溫馨的友誼圈。

和諧婚姻最大的威脅，不是性吸引力的減損，而是不可或缺的讚美過於脆弱。因為人在婚姻中與在其他領域一樣，會自動以正面肯定或負面否定的量尺，來評價每次的人際交流：你欣賞真正的我嗎？你尊重我和我們的關係嗎？你有變成符合我期望的人嗎？我仍舊欣賞你嗎？萬一答案是否定的，失望和責備會逐漸摧毀我對你的愛嗎？如何持續讚美與管控責備，是婚姻成敗最重要的變數。

同時也要挑戰並樂於修正自己的評判量尺。我們終其一生，都要下工夫來辨別兩種影響力，分別是：能夠擴展與認可自身評判的影響力，以及會讓自身評判緘默、受限或扭曲的影響力。

作者序

讚美與責備：左右人類生存的心理決策

無論在親子、伴侶、朋友還是同事之間，人際互動關係都深受讚美與責備影響。**讚美比食物更有復原力**，責備則會讓人受到傷害和羞辱，剝奪尊嚴、快樂和自豪感。讚美與責備的經驗不只牽涉到特定的褒貶言詞；我們也會對他人的臉部表情、眼神、非語言聲音和手部動作產生正面或負面、贊同或反對的反應。一般來說，我們會不自覺將讚美與責備融入每個人際互動當中。

認識你的「評判量尺」

在察覺某件事物的前幾毫秒裡，我們的大腦除了會進行自動辨識，還會對它形成正面或負面的**評判**。[1]我們的思緒也許被占據，例如想著昨天的事或手上的工作，但在大腦的背景活動裡，有個**評判量尺**（judgment meter）會自動運作。這把量尺是遠古祖先留給子孫的重要生存反應機制，能夠幫助我們評估某人是可以趨近、還是必須迴避的對象，是朋友還是敵人，值得信任還是不值得信任。這種反應具有極大的重要性，有位神經科學家就說：「我們所經歷的每種情緒在某個程度上都離不開這兩種類別……趨近與迴避是生物體對周遭環境所做的基本心理決策。」[2]

隨著社會環境日漸複雜，人類的大腦也演化得更為精密敏銳，並會做出各式各樣的評判。我們仍然會評估某人是否具有危險性或值得信任，但同時也會產生較為複雜的考量：對方是否會了解我們的難題和困境、大家是否會有一致的想法、我們是否會喜歡跟對方一起吃飯、聊天、開玩笑、辯論，以及對方是否會用正面的方式回應我們。**同樣地，趨近與迴避、贊同與反對兩種評判系統也在形塑我們的思考、情緒和行為。**[3]

日常生活中的讚美與責備

每天從早晨開始，我們就在計算身邊的人有多少優缺點。我老公輕手輕腳地走上樓，什麼話都沒說，直接遞給我一杯熱騰騰的咖啡。我正在想著早上要開的會、天氣如何、要帶什麼雨具，但這些立刻被想要讚美他的念頭給取代。「有他真好。」我想著，他則用一抹微笑回應了這個沒說出口的評語。我捧著溫暖的馬克杯、期待著啜飲第一口咖啡、心中滿是對他的喜愛，也對他體諒我時間緊湊、渴望攝取咖啡因感到欣慰，這些感受觸發了一連串可以被轉化成讚美的反應。然而當他調高廣播的音量，我開始感到惱怒，冒出責怪的念頭：「他應該知道我討厭這樣。」在那一刻，我變得焦慮，腦海中盤旋著「他太不體貼了！」這句話。接著，想必是因為我露出了不悅的表情，他抬了抬眉毛，臉龐掠過「我做錯了什麼？」這個半幽默半自衛的無言回應。抿嘴不語一會兒之後，他終於把音量調小，我的惱怒感也才消散。

我下樓走進廚房，以母親的身分看著正值青春年華的女兒們。「有她們真好。」我想著，但是由她們熟悉的臉龐、動作和味道所營造出來的美好想像，卻被我的其他反應給戳破。看到餐桌上堆著書本、包包、散落的早餐穀片、沒蓋上蓋子的果醬，還有蔓延在我文件上的黏稠果汁，我不禁想著：「她們實在很散漫。」就在我快要口出怨言時，十三歲的女兒把碗放進水槽，轉移了我的注意力，我懷疑她真的有吃早餐。我們的眼神交會，她顯得有些焦慮，「怎麼了？」我問。我試著不表現出情緒，因為我知道她很容易因為我過度關心而感到不高興。她發出孩子般的尖細哀叫聲，然後說了些事。我雖然沒有完全聽懂，但內容似乎跟朋友們的矛盾要求，以及擔心自己被別人當成「壞朋友」有關。我試著消除她對那些負面評價的疑慮（「你一定是在開玩笑，誰會那樣說你呢？」），但她提出自己的指控來反駁我：「你根本沒有試著理解。」然後，她突然眉頭緊蹙，投入我的懷中嗚咽，因為她後悔對我做出嚴厲的批評，也擔心那句話被視為冒犯母親的罪行。在場旁觀的十六歲女兒故作超然地說了一句：「又來了。」緊緊抓住自己的優越感。就在我們準備出門時，她慢吞吞地找鞋子，然後叫我簽一份很長而且我從來沒看過的文件，上頭還沾有汙漬。我跟她說不能這樣「沒條理」，暗自擔心她是不是也有事情瞞著我（難道這份文件有點麻煩，所以不給我時間仔細看？）。這些指控把氣氛弄得有點僵，但最後我們互相交換了關愛的眼神，這是我們每個人都經歷過的最原始形式的讚美。

「讚美與責備」在人際關係中扮演的關鍵角色

連嬰兒也渴望被讚美

三十多年來，我一直著迷於研究讚美與責備對人的影響，以及兩者在人際關係中扮演的關鍵角色。這份著迷出自於我在擔任初級研究助理期間，記錄母嬰互動過程的經驗。[4]我花了數小時把焦點放在新生兒擺動四肢、玩手及轉頭張嘴尋找乳源的動作上。我追蹤母親的目光，並記下她在抱起、放下和輕搖嬰兒時手臂肌肉的緊繃程度。我注意到，即使母親只是跟某個來訪的朋友閒聊，在談到自己的寶寶時，聲音都會變得不一樣。在進入研究第二階段的三個月裡，我們看到嬰兒用充滿期待的目光探索世界，並且產生超出尋求基本溫飽、甚至超出愛的心理需求，他們渴望得到一種能同時傳達「你很可愛、很棒」這種訊息的愛。當嬰兒得不到讚美時，他們會感到極度失望。即使安全地依偎在父母的懷抱裡，他們仍會用哭聲透露出原始的恐懼感，就像自己遭到遺棄或遇到危險一樣。

五到十五歲的孩子擔心犯錯，開始注意他人的評判

這種受到原始本能的驅使，對他人的認同及不認同產生重視的心態，會使嬰兒漸漸**對因果關係形成較複雜的認知**。到三歲時，幼兒會發展出自我主宰意識。害怕做錯事並遭到責罵的恐懼心態，會消除靠自己完成某件事並獲得讚美的興奮感。我在研究五到十五歲這個新發展階段的過程中，[5]發現孩子會投入很多精力去注意並處理他人的評判。在日常生活中面對父母師長的要求時，孩子經常會害怕為了某個原因遭到責罵。雖然他們對「錯事」已經發展出較廣泛的認知，例如認識到弄壞某件物品不同於傷害某個人，而且兩者的嚴重性有程度上的差別，但只要因為某個理由遭到責罵，不管是說話太大聲還是討人厭，都可能對他們的情緒和自尊造成打擊。當他們聽到別人稱讚自己「很棒」或「很乖」時，即使只是在吃飯或安靜地坐著，他們都會露出微笑並感到愉悅。

戒吼媽：母親也需要孩子的認可，認清「不良行為」不等於「壞孩子」

此刻，我自己的孩子正跌跌撞撞地從後童年期過渡到青春期，而且我們處於一種動態的讚美與責備關係當中。上一秒我還想著她們是世上最棒的孩子，下一秒我卻警告她們，而且通常帶著責備的語氣說：「你們應該要小心點！」「你們不能多體諒一點嗎？」「你們怎麼這麼粗心大意？」

就跟天底下的許多父母一樣，在情緒比較冷靜的時刻，我明白「不良行為」不能跟「壞孩子」畫上等號，但在情緒比較激動的時刻，我可能會難以區分兩者的差別。[6]從家庭生活和研究工作中，我知道孩子在受到責罵時，很可能會立刻停止跟身邊的人互動，把自己封閉起來。他們會緊閉嘴唇、哽咽、兩臂緊繃，直到高漲的情緒消退為止。我曾經看過自己的小孩和別人的小孩一邊說著「我不是壞孩子」，一邊望著父母，看他們是否認同或反對這個說辭。曾經有好幾次，我在忙得分身乏術且失去耐性的情況下，被孩子責怪是個「不公平」、甚至「討人厭」的母親。曾經有好幾次，我責怪自己缺乏耐心、過於嚴厲、後知後覺或自私。只有當孩子用微笑、擁抱和信任讓我相信自己是個好母親時，我才能重拾自尊。

青春期的矛盾：不想受制於父母的讚美與責備

於是，我的青少年研究工作再度以讚美與責備作為重點。[7]當孩子進入青春期，他們的評判標準會受到朋友的影響，父母的評判標準則會經常遭到無情的挑戰。在我目睹過的數百次親子互動過程中，「我不在乎你怎麼想」這句極具輕蔑意味的話不斷反覆出現。誰的評價受到重視，就代表誰受敬仰並擁有影響力。我經常聽到父母們說「我最害怕的莫過於孩子不接受我的意見」或者「最令我感到無助的，是孩子不在乎我的想法」這類的話。

然而當我解讀經常發生在青少年與父母之間的爭執情況時，[8]我發現那些看似不在乎的青少年還是很重視父母的意見。青少年之所以討厭被評判，是因為他們不想受制於父母的讚美與責備。他們會區分自己與父母的意見，藉此探索並建立自我認同感，但也渴望父母認同這種新建立的自我判斷能力。這種對父母的認同與不認同所產生的矛盾情緒，形塑了青少年的親子關係。[9]

只要活在世上，就無法迴避評判

無論在朋友、同事或伴侶之間，我們都受到讚美與責備的影響。**無條件的愛很吸引人，但也令人困惑，因為它允諾我們在充滿自我評判的世界裡，擁有一個特別的避風港**。但即使是最親密、最持久、容許無條件的愛及依附感存在的人際關係，仍然會受到讚美與責備的影響。幼兒們時常受到疼愛，但他們還是會在別人指責自己調皮搗蛋時感到羞愧，在看到別人對自己大聲說話時感到恐懼，或者在自己的請求遭到拒絕時感到失望。伴侶們會立下生死相許的誓言，對於自己受到充分接納感到欣喜。但在婚姻生活中，他們還是會對另一半的體貼、周到、公平程度甚至愛的品質做出各種評判。

中年危機：擺脫外界的評判，重新掌控自己的人生

人們常說年紀大有個好處，那就是不必在意別人看自己的眼光。然而，我發現要達到這種處

之泰然的境界並不容易。我在研究所謂的中年危機時，發現它受到一種特殊的迫切感所引發，這種迫切感是想要藉由控制對他人讚美與責備的敏感度並加強信任自我的評判標準，來重新掌控自己的人生。[10]

人為什麼需要這麼大的腦？

長久以來，我一直著迷於人際之間的評判現象，而晚近的人腦演化研究為我提供了理論根據。[11]一百五十年來，人類大腦研究多半聚焦於大腦如何處理現實資訊、解決問題、辨識，並運用固定模式應付環境挑戰，以便生存。一般認為，人類擁有相對其他哺乳類動物較大的腦部，是為了掌握這些技能。但是三十年前有個不一樣的假說出現，解釋了為什麼人類需要這麼大的腦部。

從演化的角度來看，體積較大的腦部帶來的代價也較高，這個器官會消耗我們總能量的百分之二十。此外，嬰兒出生時，頭部需要通過狹窄的產道，因此會增加母親和嬰兒的風險。為了降低這種風險，嬰兒的頭部在出生時並未發育完全，還相當脆弱。儘管嬰兒會有很長一段時間需要仰賴他人的照顧，但演化已證實這種代價也有好處。它會促使嬰兒在這段依賴期裡與周遭的人建立緊密的關係，並且賦予大腦可塑性，以便適應不同的環境。

因為我們需要建立人際關係

無論我們在環境中面臨什麼挑戰，有一點始終不變，那就是我們需要與他人共處。目前已知的是，人類擁有較大的腦部是為了應付各種需求，包括依附、合作、溝通和評判，也就是社交能力的基礎。換句話說，**我們的社會傾向是造成腦部較大的原因。**

這個「社會腦假說」（social bran hypothesis）[12]已經得到佐證。根據針對其他物種所做的研究發現，群居或獨居會影響腦部的體積大小，例如群居鳥類的腦部比獨居鳥類的腦部來得大。[13]此外，任何物種（甚至包括蝗蟲）的腦部大小都會隨著從獨居變成群居而有所不同。動物在過群居生活時經常要注意其他同伴的行為，而這會促使跟學習與記憶有關的腦部區域增加三分之一。[14]無論是蝗蟲、鳥類或人類，較大的腦部都跟較強的社會性有所關聯。

成人大腦是嬰兒大腦的四倍重

另一個支持「社會腦假說」的主張則來自對腦部重量增加的觀察。嬰兒出生時，腦部重量只有成人的四分之一，但腦細胞或神經元的數量幾乎與成人相當。隨著人際互動日益頻繁，嬰兒腦部會快速發展出一個出生時尚未具備的「全面性神經元溝通網路」。[15]這個大多用於理解社會訊息的溝通網路會讓腦重量增加四倍，而且是應付牛津大學演化心理學教授羅賓・鄧巴（Robin Dunbar）所謂「大型複雜社會生活的運算需求」[16]的關鍵要素。我們需要估算別人的可信度、慷慨度和善意，我們需要估算別人的意圖，我們需要估算別人對自己的反應：他們是否認為我是個可靠且慷慨的人？他們是否想跟我交朋友？我是否得到認可，被視為群體裡的一分子？

評判是演化出來的特質

有些讀者或許會對人類具有評判性特質以及他人的評判會帶來深遠影響，而感到不安或產生懷疑。有些人堅決認為我們不該評判別人。「評判」（judgmental）一詞通常被解讀成批評（criticism），並且跟做出負面評價畫上等號。很多俗語都在告訴我們不可評判別人，例如以前我的老師就提醒學生：「如果你說不出什麼好話，就不要說。」《新約聖經》裡也有一句極具告誡作用的話：「你們不要論斷人，免得你們被論斷。」這些話語都在強調**個人的評判很容易造成曲解和偏見**，而且**自己也會受到他人的負面評判**。然而，我們卻繼續做出各種正面或負面評判，因為我們已經**演化**出這種特質。

別人怎麼看待我們，會影響我們怎麼看自己

另一種想法則是，「別人怎麼看我並不重要」，重要的是「知道自己是什麼樣的人」。如同

我將要說明的，雖然自我評價有其重要性，但**我們看待自己的方式會受到他人的評判所影響**。自信心和自我信念會透過各式各樣的**人際關係**而產生，有些是較為私人的親密關係，有些是較為公開的社交關係。自我肯定和受人肯定之間或許沒有簡單的關聯性，但我們的大腦已經透過演化，學會注意他人的評判，以至於在受到讚美時感到驕傲和愉悅，在遭到責備時感到難過和生氣。這些讚美與責備的經驗甚至會影響人的壽命。[17]

謹慎因應他人的評判，提升包容他人觀點的能力

在複雜混淆的評判標準中找出因應之道，是我們終生都要面對的艱鉅任務。讚美與責備本身就是複雜的評判系統，沒有一個絕對有利或絕對有弊，也沒有一個絕對會令人愉悅或者絕對會使人受傷。這兩種評判系統都有其必要性，而且我認為是無法避免的。我希望本書能幫助讀者了解我們如何在各種人際關係當中形成主觀評判，尤其是被歸類為讚美或責備的那些主觀評判。意識到自己每天都跟各種正面、負面、潛意識、有意識的評判共處，並且謹慎因應他人的評判，尤其是針對自己而來的評判，將能大幅改善我們**管理偏見和包容他人觀點的能力**，同時也能幫助我們理解發生在自己和他人身上最強烈及最感到困擾的反應。

第一章
人類評判的起源

讚美與責備的學習基礎

第七感：辨識自我與他人主觀世界的異同

從出生開始，讚美與責備就影響著我們。在完全仰賴他人照顧、渴望與回應我們需求的人建立依附關係的情況下，我們很快便懂得他人讚美的價值，也學會對責備帶來的可怕後果感到害怕。

這種學習經驗的基礎來自於「第七感」（mindsight），它能使我們察覺到自我主觀世界與他人主觀世界之間的異同。[1]第七感會偵測他人行為的目的及意圖，辨識他人的感受、目標和渴望；[2]它也能幫助我們對他人做出評判，並了解他人對自己的評判。美國心理學先驅威廉・詹姆斯（William James）認為這些評判對人類的生存有其必要性，他曾說：「如果我察覺不到身邊那些人臉上認同或不認同的表情，我大概無法活到今天。」[3]的確，很多時候我們對他人主觀評判的認識是來自非凡的溝通媒介——臉孔。

眼眸之愛：凝視臉孔，辨識表情

人類的視覺器官在胎兒期發育，為接收資訊與清楚看見物體做準備：[4]外界光線在胎兒眼前掠過，視網膜細胞會傳送訊號給大腦。當新生兒第一次睜開眼睛，他的大腦已經準備好辨識他人的臉孔並產生反應。受到視覺反射作用的影響，新生兒會轉頭看著正在抱他的人，並且對朝著自己看的臉孔表達出興趣[5]、做出反應，父母親和嬰兒都會在相互凝視對方的臉孔時深感著迷。[6]

這種凝視，有時稱為「眼眸之愛」（eye-love）。它跨越了語言，而且充滿了傾慕與愛意。眼眸之愛會促使嬰兒體內產生大量跟引發性高潮相同的荷爾蒙。根據心理學家丹尼爾·斯特恩（Daniel Stern）的說法，這股強大的情感交流會**使我們得知他人如何看待自己，以及看到怎樣的自己。**[7]

用微笑回應

很快地，嬰兒就懂得解讀透過臉部肌肉所傳遞出來的表情訊號。在正常或恰好[8]的環境下，他們會期待朝著自己看的臉孔表現出愛慕之意，而且到了兩個月大時，他們會用微笑來回應看著自己的人。[9]這遠遠超過模仿：在嬰兒學會走路、說話或甚至爬行以前，他們就期待上揚的嘴唇會伴隨著彎彎的眼睛、開心的語調和認可的表情一起出現。[10]不用多久，他們的大腦就能在四十毫秒內解讀他人的臉孔，並且在一百毫秒內判斷出對方是朋友還是敵人、帶著善意還是帶著惡意、令人喜愛還是令人厭惡、能幹還是笨拙、值得信賴還是不值得信賴。[11]

鏡像神經元：解讀肢體語言

到了六個月大時，肢體動作會隨著第七感的擴展而被納入大腦的解讀範圍，尤其是手部及手臂的動作。[12]由於有龐大的鏡像神經元系統，我們的神經元或腦細胞會如同記錄自己的動作那樣記錄他人的肢體動作，並且讓我們對他人的肢體動作產生直覺性的理解。當我看到某人出現坐立不安、咬嘴唇、肩膀緊繃或身體退縮的舉動時，我可以知道他正感到不耐煩、緊張或挫折。我不需要刻意依據自己的經驗去推測，大腦會自動做出判斷，這是因為看見別人做出某些動作會誘發一系列我們在做相同事情時所經歷的神經活動，[13]彷彿大腦正在模仿我們所觀察的動作。[14]

我們向來會對出現在眼前的人做出評判。[15]比方說，某人的唇形給人值得信賴的感覺，或者他的眼神讓人感到親切友善等。在受到某人吸引時，我們通常會忽視危險訊號，但過了一段時間，如果對方令我們感到失望、沮喪或者背叛我們，我們也會覺得對方的臉孔不再像以前一樣——微笑成了陰險的包裝，原先溫暖的眼神也變得令人害怕。同樣地，如果從另一種角度看待對方，例如發現對方很幽默、很可靠或樂於助人，那麼原本不討喜的臉孔也會愈來愈順眼。**我們的主觀評判會受到自身經驗的影響，而且會不斷增強或修正。**

臉紅是「最人性」的表情：意識到自己成為被評判的對象

當孩子開始能夠對人做出複雜的評判，他們會意識到自己也成為別人評判的對象。如果有人質疑孩子對這種社會認知還不敏銳，那麼他大概沒看過兩、三歲孩子臉紅的樣子。孩子的臉頰會不由自主地泛紅，就像被打了一拳或一巴掌那樣，並且焦慮地想著「我犯了什麼錯？」或者「他們在笑什麼／看什麼？」他們會感到一陣發熱，寧可立刻消失或找個地洞鑽進去，也不要尷尬地被注視著。達爾文（Charles Darwin）曾說臉紅是「最特別且最富人性的表情」，[16]這種反應會隨著他人對自己的評判一起出現，而且只有能想像自己在別人眼中的樣子以及能想像別人如何看待自己的孩子才會臉紅。[17]然而這個尷尬的表情隱含著一種社會目的：藉由傳達「我在意你對我的評判；我對自己沒有達到你的標準感到不舒服；我希望得到你的接受和認同」這種訊息，來表現自己的不認同。[18]

被看見、被關注，以及互相注視的重要性

眼睛又稱為「靈魂之窗」，它確實透露許多跟個人有關的訊息。瞳孔大小會隨著人的感受而變化，當我們看見喜愛的人事物時，瞳孔會放大，當我們看見厭惡的人事物時，瞳孔會縮小。要判斷一個人的微笑是否真誠，重點不在於觀察嘴形，而在於觀察眼睛周圍的肌肉，因為只有發自內心的微笑才會讓眼角皺起。[19]直視某人的眼睛是一種相當親密的舉動，因為許多訊息會透過相互的凝視傳達出來。

當一個孩子喊著「看我！」，他正在展現人類的一種基本需求，那就是正向關注的需求。[20]

當一個孩子不被注意，就代表他遭到忽視，而且他會羨慕那些把別人注意力拉走的事物。[21]別人在看什麼、他們表達出認同還是不認同的訊息？[22]這是個跟生存相關的重要問題，而嬰兒很快就會理解這點。到了十週大時，嬰兒會出於直覺去看別人正在看的事物。[23]

嬰兒對「看與被看」感到著迷，這個現象從一個早期遊戲可以觀察出來，那就是「遮臉躲貓貓」。玩法是大人用雙手蒙住嬰兒的眼睛或自己的臉，然後很快把手拿開並發出嚇人的聲音。等嬰兒看懂這個遊戲，他們會開心地大叫或咯咯笑，而且會揚起眉毛並模仿大人發出嚇人聲的嘴形，傳遞出「再玩一次、再玩一次」的訊息。

玩耍是幫助嬰幼兒處理有趣或不安經驗的一種方式。遮臉躲貓貓的玩法是讓某人突然「消失」然後又出現，這種「一下看得見我，一下看不見我」的玩法可以讓嬰兒體驗父母短暫離開時所引發的焦慮感，以及他們再度出現時所引發的快樂情緒，對嬰兒來說，眼前的物體突然消失又重新出現是一件很神祕的事。在八個月大之前，嬰兒還不明白有些東西（包括人）雖然看不到，卻仍然存在。眼前的人不知為何出現、消失，又重新出現。遮臉躲貓貓這個迷人的遊戲可以讓嬰兒對物體的出現與消失有某種程度的掌控感，並且**享受一次又一次受到注意的經驗**。

等孩子兩、三歲大，他們的遊戲就會從遮臉躲貓貓進化到捉迷藏。大多數孩子在玩這個遊戲時會摀住或閉上自己的眼睛。令人感到奇妙的是，這個年齡的孩子已經充分明白雖然自己看不見別人，別人卻看得見自己。即使在想像裡，孩子知道大人看得見自己的手、腳甚至頭部，但他們還是堅信自己沒有被看見。[24]

這種「我知道你看得見我的身體，但我確定你看不見**我**」的矛盾現象，令許多人感到有趣，但心理學家詹姆斯．羅素（James Russell）不僅感到有趣，更感到好奇。羅素和劍橋大學實驗心理學系的同事們認為，這個跟可見性有關的混淆概念應該有其事實根據，因此他們進行了一系列的觀察。首先，羅素建立一個前提，那就是兩、三歲的孩子確實相信只要摀住或閉上眼睛，自己就不會被看見。事實上，他們也相信其他人只要摀住或閉上眼睛就不會被看見。在許多例子裡，孩子甚至認為即使眼睛張開，只要**沒有眼神接觸**，就代表自己沒有被看見。他們的想法是：「當你沒有看著我的眼睛，沒有看見我在看你，就代表你看不見我。」

在謹慎蒐集證據的過程中，羅素發現了**互相注視的重要性**。兩歲孩子的想法是：「只要我閉上眼睛，沒有看見你在看我，那麼你就看不見我。我沒有被你看見，原因是即使你看得見我的身體，你也看不見**我**；重點是——**我看不看得見你在看我**。」[25]

注視與凝視的意義

漸漸地，孩子會敏銳察覺到他人的注視，以至於可以「在眾多臉孔當中發現直視著自己的那張臉」。[26]注視不僅能傳遞認同感或愛慕感，讓被注視者感到欣喜，也能傳遞懷疑、指責或厭惡的訊息。**注視充滿著評判**，而我們都能快速注意到眼神的變化及其含義。當注視變成了凝視，還會對大腦的情緒中樞產生刺激。[27]不同種類的凝視會引發不同的反應，在某個案例裡，帶有惡意的凝視會引發「你把我看成食物嗎？」或「你把我看成敵人嗎？」這種出自原始本能的問題。在另一個案例裡，同樣的凝視卻傳遞出愛意。在那個情境裡，「我想把你吃掉」的訊息帶有截然不同的意義；想要把對方吃掉代表著包圍、安全與認可。[28]

語調：聲音裡的評判

視覺是大多數人評判別人的重要依據，卻不是通往第七感的唯一途徑。父母的聲音對嬰兒具有強大的吸引力，當媽媽在說話時，嬰兒幾乎百分之百的時間都看著媽媽。吸引力排名第二的是爸爸；當爸爸在說話時，嬰兒有百分之八十五的時間看著爸爸。[29]盲眼兒童會在很短的時間內被引導到人際世界，並且跟明眼兒童一樣敏銳地察覺他人的評判。[30]

人類的聲音具有獨特的語氣和腔調，極富表情和創造性。四十多年來，菲利普・李柏曼（Philip Lieberman）已透過研究證實，人聲的演變跟大腦解讀他人評判的能力之間，具有明顯的相互作用。我們跟黑猩猩一樣擁有嘴唇、喉頭、喉嚨和肺，但表達能力遠超過其他靈長類動物。約在十萬年前，隨著人類演化出較小且較不突出的嘴巴，舌頭的靈活度也大為提升。在接下來的五萬年裡，人類發展出夠長的脖子與夠短的下巴，能夠展現李柏曼所謂的「人類每天使用的聲音技巧」。[31]最後，人類的聲帶不僅可以出聲問候或警告，還可以用來「唱歌劇和講電話」。

不過，這些能力有其代價。隨著人類演化出適合說話的嘴巴，這個新結構也造成了**鼻子及嗅覺功能的退化**。從演化的角度來說，這是一種合理的取捨，因為它帶來了實質的好處，那就是**語言**。語言讓我們能夠在家庭以外建立深刻的人際關係，也能幫助我們進行跨世代溝通，把訊息融入文化當中。語言會使我們的評判標準產生巨大差別，並且確保我們能夠跟他人分享自己的看法。

人類善於處理並創造語言及語法。一個孩子只要在大腦發展的重要時期接觸到某種語言，就能自然而然地學會它。大腦的語言功能不只能解讀別人說的話。人類擁有特殊的能力，能夠產生並辨別引發情緒反應的各種語調和聲音，[32]並且可以透過語調分辨他人的年齡、性別和個性，推測對方的意圖、期望和恐懼。因此，我們可以透過語調的各種細微變化對他人做出評判。

嬰兒即使在睡覺時也能處理並回應人聲。奧勒岡州社會學習中心曾針對人際關係發表過許多重大研究，中心內的三位研究員艾莉絲・葛拉翰（Alice Graham）、菲利普・費雪（Philip Fisher）和珍妮佛・菲佛（Jennifer Pfeifer），檢視了在嬰兒睡覺時播放人聲所取得的大腦掃瞄結果。那些人聲都是一些無意義的話語，但是語氣各不相同，包括極度憤怒、稍具怒氣、平靜到愉悅開心。這篇以「嬰兒睡覺時會聽見什麼」為標題[33]的研究報告顯示：在睡眠狀態下，即使是六個月大的嬰兒也會對人聲裡的情緒產生反應。[34]從出生開始，我們就會注意身邊的人所發出的聲音，以便得知他們在表達認同還是不認同的訊息。

嬰兒的評判標準

過去，人們認為年齡很小的孩子沒有真正的評判力；他們以自我為中心，好惡完全取決於別人是否立刻滿足自己的需求，[35]所以「在我肚子餓的時候餵飽我的人」是好人，「沒有在我需要撫平情緒時把我抱起來的人」是壞人。[36]後來研究發現，孩子不到一歲就會對他人做出評判，而且那些評判可能既微妙又深遠。

跟自己擁有同樣喜好的人

嬰兒在大約十一個月大時，會偏愛跟自己擁有同樣喜好的人。妮哈．馬哈真（Neha Mahajan）和凱倫．韋恩（Karen Wynn）在還不會說話的嬰兒身上辨識出這種在早期形成的評判能力，方法是讓他們選擇某個玩偶當作玩伴。[37]當某個玩偶對著嬰兒喜愛的食物熱情地發出「嗯——」的聲音時，百分之八十的嬰兒會選擇把那個玩偶當成玩伴，而不會選擇那個討厭自己喜歡的食物的玩偶。但漸漸地，嬰兒並不會純粹依據別人是否喜歡相同東西來建立人際關係，而是會被那些能教導自己在社交生活中踏出下一步的人所吸引。

能夠引導自己進入社交世界的對象

我們表現喜愛感的方式之一，就是注視著某個物體或某個人的臉。年齡很小的孩子注意其他孩子的時間，通常比注意陌生成年人的時間久，而且似乎會特別注意只比自己大一點的孩子。女寶寶較有可能注視其他女孩，男寶寶較有可能注意視其他男孩。[38]他們偏愛那些能夠引導自己進入社交世界的人。[39]

內在的道德準則：偏好願意伸出援手的人

但嬰兒的偏好也會超越現實考量，受內在道德準則所影響。研究發現，小至六個月大的嬰兒在看到第一個玩偶撿回並歸還第二個玩偶丟下的球，而第三個玩偶把球撿起來卻跑走之後，大多會選擇跟樂於幫忙的好玩偶一起玩。當一歲大的孩子看完相同的偶戲，然後把獎賞分配給玩偶時，他們大多會把獎賞分給樂於幫忙的好玩偶，[40]而不會分給不願幫忙的壞玩偶，甚至還把壞玩偶的獎賞拿走。

權衡利益得失與風險

演化人類學家麥可・托瑪塞羅（Michael Tomasello），有「全世界最了解人類的頂尖專家」的美譽。[41]他認為我們之所以喜歡那些願意伸出援手的人、討厭那些不願伸出援手的人，原因就來自人類祖先（或許是跟人科靈長類動物共同擁有的最後一個祖先）的基因遺傳。[42]樂於助人與合作這些特質，對我們判斷接近某個人是否安全具有相當重要的影響，而這些對他人做出的立即評判就形成了心理學家所謂的「利益權衡比」（welfare trade-off ratio）。

我們很快就明白別人有好的特質，也有不好的特質。或許那些人具有潛在威脅性，但他們的陪伴卻可能讓我們得到好處。我們會忖度自己對潛在風險的應對能力，以便評估他人。我能否在有優點也有缺點的情況下應付對方危險的一面，同時從對方好的一面中獲得利益？當我們自動（或許在不知不覺之中）權衡利弊得失時，我們會感受對方的認同感或不認同感，然後判斷自己能否安全地接近對方、與對方互動，還是應該迴避對方。[43]

辨別我們認同、想要接近的人，以及我們不認同、想要迴避的人是一種相當重要的能力，而這些不同的反應分布在不同的大腦半球。[44]情感神經科學（affective neuroscience）先驅理查・戴維森（Richard Davidson）解釋說：「當我們必須避開某種危險或威脅時，很重要的是沒有東西擋住我們逃離落石或洞熊的路線。人類的演化結果是把靠近與逃離這兩種對比鮮明的反應擺在不同的大腦半球，這樣就不大可能會做出『錯誤的判斷』。」[45]如同我們將會看到的，我們在社交生活裡最重要的任務之一，就是要平衡來自腦神經系統的「確定感」、錯誤偏見、簡單化及困惑對於評判量尺所造成的影響。

跟評判有關的常見問題

有些哲學家和心理學家認為，人類的評判只是用各種理由和解釋加以美化的個人偏好而已。[46]我們稱為評判的那些反應，真的只是主觀而簡單的偏好嗎？那些評判來自於持久存在的預設想法，還是來自於理性思考？嬰兒表現出的評判現象，是否證明那些思維天生烙印在大腦裡且無法改變？

評判背後隱藏的價值觀，來自早期經驗

評判是主觀的、可評估的，而且在情緒與概念層面都含有許多意義。無論是讚美、欣賞或指責、譴責等反應，隱含的意義遠超過偏愛鹹味蝴蝶脆餅還是甜甜圈、偏愛中性還是大膽的裝飾風格、偏愛慵懶還是行程緊湊的假期。我們的評判會傳達出**源自愛與接納**、**信任**、**焦慮**、**恐懼**、**拒絕等早期經驗並且根深柢固的價值**。當某人不認同我們、討厭或害怕我們，我們或許會試著安慰自己，認為那些評判只是個人偏好問題。但如果對方是我們在乎的人，我們就會把那些評判視為一種責怪的訊息。他人的評判無論有多麼扭曲或不恰當，都會對我們的人際關係造成影響。

評判背後的情緒和直覺，能妥善引導我們處理人際關係

紐約大學史登商學院的倫理領導學教授強納森・海德特（Johnathan Haidt），針對評判背後的情緒和直覺本質做過相當有趣的討論。這位時常被譽為當代全球頂尖思想家之一[47]的知名學者提到，人類的心智是以「道德機制」建構而成，正如同心智能處理「語言、性行為、音樂等各種事物」一樣，心智同樣也能做出評判。這些評判通常出於直覺而非理性思考，並且透過我們對人際關係與社群的依賴性，隨著社會腦一起發展成形。」[48]

為了呈現評判背後的情緒和直覺本質，海德特提出一個比喻，那就是一個人騎著大象而且相信自己可以完全控制大象的行動。然而，大象比騎象者強壯許多，騎象者很難駕馭這股出於本能且非理性的強大力量（除非他經過一番深思熟慮）。隨著騎象者完成多項例行工作，他開始活在自己可以完全掌控大象的錯覺之中。[49]海德特認為，人們相信自己的評判出自於理性思考，但事實上那些想法來自沒有經過思考且通常有所偏差的**直覺**。如果我們認為自己的評判出自於理性思考，那麼我們就跟以為自己可以掌控大象的騎象者一樣活在錯覺之中。有研究發現，檢視同一份證據的兩個人會視證據是否支持自己的直覺性判斷而做出不同的結論。[50]無論證據多麼強大，還是不敵個人的**感受**。[51]

很多時候，揭露評判背後的情緒本質，可以解釋我們為什麼需要在做出評判時**保持情緒的穩定**。然而，情緒並不會讓評判變得非理性、也不會讓評判永久擺脫經過理性思考的想法。[52]**這**

些察覺出好與壞、正面與負面訊息的「情感（或情緒）反應」[53]**顯現了我們最深層的價值，並且能引導我們處理人際關係。**我們的評判資源可以回溯到來自早期依附關係的欲望和恐懼、未被滿足的需求和慘痛的損失、罪惡或挫敗的經驗，以及基於希望或恐懼所產生的期望。[54]它們展現出我們的個人興趣、熱忱和展望，也是我們用來認識他人[55]並建立人際關係的方法。

評判背後的偏見及曲解，讓我們做出盲目的判斷

另一方面，它們也很容易受到偏見及曲解的影響。儘管我們都希望用公平的觀點看事情，但我們卻可能做出殘酷、粗魯與盲目的評判。大多數的人都能意識到這個弱點，對自己的評判產生質疑、進行試驗並加以改進，這也是身為人類的任務之一。我們會試探親友或同事的看法，以便擴大自己的理解，並且評估、修正哪個人值得讚美、哪個人該被責備的初始反應。無論我們在看小說、看新聞節目、肥皂劇或戲劇表演，還是聆聽政治辯論，我們都會思考自己的評判標準。我們做出的結論有些很明智、有些很微妙、有些帶有偏見，[56]但如同我在本書中呈現的，無論是針對道德問題還是一般的日常事物，大多數人都一直不斷在做出評判。

這也是為什麼我們必須認識自己的評判量尺，並且明白要如何**善加運用心力**，依據那些**「能夠定義而非違背自我價值」的感受**來做出評判。

第二章

讚美背後的心理、自尊與社交作用

讚美的社交化學作用

我們在人際世界裡最早接受到的評判，可能是父母親基於好奇、欣喜和驚奇感而發出的讚美。[1]讚美絕不限於具體的稱讚或正式的評價。在牛津字典裡，「praise」作為動詞的第一個解釋是「表現出認同或贊同」；作為名詞的第一個解釋是「認同或贊同的一種表現」。讚美能傳達出「我們是快樂源頭」的訊息，因此早在我們懂得「做得好！」或「你很棒！」這些話語之前，讚美就已經存在了。

親一下就不痛

讚美對大腦的健全發育有相當重要的影響。神經元是大腦溝通系統的基本要素，大腦的成長需要藉由神經元的連結來形成新的網路。某些荷爾蒙會為大腦神經迴路的建構提供必要能量：有助於連結配偶情感、又稱「親密荷爾蒙」（bonding hormone）的催產素（oxytocin），以及可在體內自行生成並且跟鴉片一樣能產生愉悅感的腦內啡（endorphin），便是大腦早期發育階段最重要的兩種荷爾蒙。當父母的臉孔傳遞出「我想了解你、我很欣賞你」的讚美訊號，嬰兒的大腦就會分泌大量的催產素和腦內啡。這些快樂荷爾蒙會使親子之間的凝視更加友善堅定，[2]增進親密感以及對彼此的認識，為大腦提供更多能量。這些荷爾蒙也能使我們在所愛的人身邊感到舒適，並且在感到害怕時想要握住某人的手。[3]看到熟悉的臉孔不僅可以緩和情緒，似乎還能減少身體的疼痛感，[4]為「親一下就不痛」（kiss-it-better）這種心理作用提供了解釋。

讚美是促進大腦健康發展的重要關鍵

我們的判斷會受到催產素的影響，[5]因為這是一種會影響大腦運作的神經調節物質。當大腦裡的催產素含量偏多時，我們較容易信任他人，也較能承受失望感或背叛感。[6]此外，常常得到讚美的孩子在三歲和十歲時會展現出較高的成就，[7]而沒有接受過讚美的孩子，他們大腦神經網路的反應便較為遲鈍，尤其是跟學習與動機相關的神經網路。[8]讚美是促進大腦健康發展的重要基石，而且我們在長大成人後依然需要。

模仿與讚賞：嬰兒如何讚美父母

讚賞很少是單方面的。在嬰兒懂得用微笑這種極有效的方式來回報大人的讚賞之前，他們已經能透過許多方式取悅身邊的大人。例如，嬰兒的氣味可以引發人們的愉悅感，尤其是從他們頭頂腺體釋放出來的氣味。[9]更重要的是，嬰兒會藉由模仿父母的舉動來傳遞強烈的讚美訊號。

出生一小時的嬰兒，就會開始模仿父母的表情

模仿是學習的基礎，也是人類社交生活的基礎，牽涉到廣大的鏡像神經元網路，也就是我們做某件事及看到別人做同一件事時都會觸發訊號的神經網路。[10]因此，嬰兒不僅會透過模仿學習別人的行為，還能開始**體驗別人的感覺**。[11]在出生一小時內，嬰兒未發育完全的肌肉就會開始模仿在視力範圍內的大人的臉部表情。[12]這種高度的專注，會讓照顧嬰兒的大人感受到自己的重要性並產生新奇感。

我還記得當我八個月大的女兒張開嘴巴，有節奏感地把頭往前傾並對著手上的蛋發出嘎嘎聲時，我有多麼驚喜，因為我發現她正在模仿我餵她吃蛋時把蛋吹涼的動作。突然間，這個平凡的動作變得極為重要，我成為女兒模仿的對象，而我的動作充滿了意義。當我明白女兒把我當成榜樣，育兒的辛苦全都一掃而空。

❖ 變色龍效應

模仿代表著信任及權力的授予，代表模仿者信任被模仿者的意圖和知識。當某個人模仿你，就表示他羨慕你，想要**成為你**。觀察兩個人的對話，你可以從模仿程度衡量出他們對彼此的欽羨感。其中一人是否做出跟對方一樣的動作？其中一人是否跟著對方的姿勢改變自己的姿勢？當其中一人往前傾時，另一人是否做出相同的動作？或者是否或多或少向後退，顯露出排拒感？其中

一人的聲音是否跟另一人的音量一致，還是他在拒絕對方的影響？這種無意識的模仿現象，也就是所謂的**變色龍效應**（chameleon effect），有助於建立和諧關係。[13]

❖ 模仿的尺度拿捏：讚美與冒犯的細微差別

即便如此，我們對模仿的細微差別亦十分敏感。只要弄錯重點，讚美就會變成嘲笑；只要稍微誇大某件事，讓模仿顯得刻意，那些隱性評價就不再是讚美，而會變成冒犯與嘲諷。[14]我們懂得做出細微區別，因為別人的評價會對我們的社交生活帶來重大的影響。

讚美：強大的教養工具及情緒藥物

讚美相當重要，我們可以從讚美孩子的方式以及假說的演變，來追溯教養史、人格成長史與教育心理學史。

一九六〇年代著名的兒童心理學家暨教育家海姆．吉諾特（Haim Ginott）注意到，讚美對行為的正面影響大於任何形式的責備和懲罰，但他並沒有誤以為讚美是一件容易的事。他曾寫道：「讚美就像盤尼西林一樣不能隨便給予。強效藥物的使用有其規定和警告，也就是使用時機和劑量的規定，以及潛在過敏反應的警告。情緒藥物的用法也有類似的規範。」[15]

讚美可以改變我們對自己的看法。它具有激勵作用，但也能提醒我們，別人預期的是什麼。它有可能令人困惑、惱怒，或者給人一種不真誠或高傲的感覺。在吉諾特表明讚美可能具有潛在危險的三十年後，有一項研究發現震撼了心理學界，那就是**某些類型的讚美其實會讓孩子失去自豪感，並削弱他們的動機。**

讚美浸入式理論

二十五年前，我剛從事幼兒發展的研究工作。當時人們普遍接受的理論是，不管出於什麼樣的理由，讚美永遠都不嫌多。孩子只要完成任務，無論任務有多麼簡單或不重要，都應該得到讚美。孩子只要努力過，就算沒什麼熱情，也應該得到讚美。甚至孩子只要有出席，就應該得到讚美。有些學校會在每天的朝會上叫學生給自己一個擁抱，讚美自己很聰明、很漂亮、很棒。

這種「讚美浸入式」理論認為孩子的自我概念建立在別人的評價上。如果父母師長讚美孩子很聰明、有天分、很體貼、很善良或很棒，那麼孩子就會將這些標籤內化，並且會試著實現自我和他人的期望。

有人曾經主張，[16]足夠劑量的讚美就像疫苗一樣，可以幫助孩子抵抗各種社會疾病。舉例來說，孩子如果打過自尊疫苗，應該較不會受到毒品或酒精的誘惑，也較不會從事危險性行為。孩子如果經常得到讚美，從別人口中得知自己做的每件事都很棒，應該就會用同樣的觀點看待自己。他們會像許多成功人士那樣充滿自信，然後成為有成就的人。

❖ 畢馬龍效應：自我實現預言

研究證實，孩子的確會實現（或辜負）他人的期望。有研究人員把所謂聰明學生和較不聰明學生的名單提供給老師，結果被貼上聰明標籤的學生在學期末的成績明顯高於被貼上不聰明標籤的學生。即使那些學生並沒有真的接受評估也是如此，「聰明」和「不聰明」的標籤是隨機賦予的，因此學生成績出現差異的原因很可能來自於老師對他們的**期望**，而不是他們實際的學習能力。[17]

這種轉變被稱為「畢馬龍效應」（Pygmalion effect），得名自希臘神話裡的一位雕刻家，他愛上了自己用象牙刻出來的美女雕像。由於他不斷地祈禱，那尊美女雕像最後竟然在他的親吻之下變成了真人（蕭伯納的戲劇作品《賣花女》，後來被改編成著名的音樂劇《窈窕淑女》，就在講述類似的故事：一位言談粗俗的賣花女經過語音學教授亨利．希金斯的改造之後，變成了上流名媛）。[18]畢馬龍效應說明了一個不朽的真相，那就是**他人期望與自我認知之間存在著奧妙的交互效應。**[19]但是後來人們發現，讚美浸入式作法會帶來一些不良的後果。

讚美的副作用：報酬效益遞減、降低注意力

讓嬰幼兒感到愉悅與自豪的讚美之舉，用在較大的孩子身上可能會產生截然不同的效果，尤其是在學校教室裡。羅伊．鮑梅斯特（Roy Baumeister）在研究讚美效應時發現，讚美對學齡兒童引發的**焦慮感**多於快樂感。[20] 那些在教室裡習於得到讚美的孩子，似乎要靠讚美才能產生行動力[21]。讚美似乎也會**對專注力造成阻礙**，孩子很快就會停下手邊的工作，等待老師給予評語，難以保持長時間的專注。由於察覺到別人在觀察自己，他們較不容易保持全神貫注的狀態（又稱**心流**）。當孩子從事需要展現高度技巧的任務如唱歌、演奏樂器、游泳、打棒球時，他們的表現非常容易受到讚美所影響。[22]

在我進行孩童自信心研究而採訪老師的過程中，也聽到類似的故事。[23] 有位三年級老師珊咪．維克斯（Sammi Vickers）提到：「這些孩子在得到讚美之前，無法做任何事。他們開始沒多久就會停下來，等著你稱讚他們做得很好。」我在觀察一個由八歲學生組成的班級時，印象最深刻的是發現孩子在充滿讚美的環境裡會改變說話的聲調。一個八歲孩子的自發性談話通常是很投入的，聽起來就像是發自內心的聲音。但當他持續聽到別人在稱讚自己時，他的語氣會明顯變得做作，而這跟**企圖尋求讚美**有關係。[24]

調整讚美的重點：引導孩子看見努力與成就之間的關聯

這個主張讚美會影響學習表現的研究結果[25]相當令人不解而且違反直覺，因此許多心理學家都拒絕相信。後來，由心理學家卡蘿・德威克（Carol Dweck）主導的一系列研究改變了讚美理論，而且這個改變可能是永久的。

為了測試讚美對形塑心智有何作用，德威克對兩組年幼的學童進行研究。這兩組孩子的學業表現都不佳，而且似乎缺乏學習動機。[26]第一組學童被賦予一系列相當簡單的任務，而且每當做對某件事，老師就會誇獎他們很聰明。按照讚美浸入式理論，這些孩子會將讚美化為實際的成果。由於他們相信自己很聰明，因此他們會表現得像聰明的孩子一樣。他們會勇於實現自我、迎向挑戰、拿出更好的表現。

一開始，這個做法似乎很成功。當孩子被賦予簡單的任務，並且在完成任務得到誇獎時，他們都感到很振奮，並且會積極迎向下一個挑戰，焦慮和反抗感也明顯消失。但是很遺憾地，讚美只能在任務很簡單時對孩子才有效果，一旦任務難度增加，孩子就會失去動機，不想投入心力在課業上。很快地，讚美組的孩子們又回到了原點。

第二組同樣學業不佳且缺乏動機的學童，則被賦予較困難的任務。當他們成功破解較困難的問題時，老師並沒有誇讚他們很聰明，而是把重點擺在努力與成就之間的關聯上，稱許孩子們付出的努力。這些因為堅持及努力而得到讚美的孩子，即使遇到較棘手的狀況也能持續保持學習動機，因為他們**相信自我能力可以提升**。[27]

每一天，孩子會試著把目光放在自己**還做不到**的事情上，而不是只去看自己做得到的事。[28]我們讚美孩子的**方式**會改變他們對自我潛能的看法，而對於建立自信心來說，他們如何看待潛在能力就跟他們如何看待現有能力一樣重要。

剛剛好的讚美：新讚美理論的難題

那些著重於孩子的**努力**而非天賦能力的啟發性研究，已經對教育心理學產生巨大影響，而且也改變了老師讚美孩子的方式。它傳遞出來的訊息是：如果你希望孩子成功，如果你希望孩子勇於接受挑戰，那麼就稱讚他的努力、他的恆心和毅力，而不是誇獎他很聰明或很有天分。想要在人生中有所成就，孩子需要的並不是相信自己擁有天賦能力，而是相信自己只要努力就會有回報。

讚美仍然有必要，尺度卻不好拿捏

不過，日常的讚美仍然難以避免，因為這在複雜的私人關係裡有其重要性。在人生當中，最基本的讚美形式（稱讚孩子的存在、渴望了解孩子）可能會像沙漠甘霖一樣令他們感到開心振奮。

「你是世界上最棒的小孩！」「你最棒了！」這些話雖然違背了新的讚美規則，[29]卻依舊是建立自尊心的基礎。至於哪些讚美具有正面效果、哪些讚美具有負面效果，實際的規則是很複雜而嚴格的。

關係愈親近，讚美反而愈容易失當

❖ 讚美過於籠統，讓人感到被忽略

我在觀察孩童的親子、手足和朋友關係時，最感到訝異的一件事就是：**我們親近的人在某些情況下說出的讚美之詞，反而會惹人生氣**。在我所做的一項研究裡，[30]五歲大的梅芙在聽到祖母稱讚她的學校作業簿「做得很棒」時突然哭了起來，七歲大的史蒂夫則是在聽到媽媽稱讚他剛做好的黏土人偶「很漂亮」時朝黏土人偶揍了一拳。[31]

梅芙對祖母的誇獎感到困惑和惱怒，她不明白「奶奶究竟看到什麼我看不到的優點？」，而且「如果我自己不知道哪裡做得好，下次要怎麼表現得一樣棒？」史蒂夫渴望得到母親發自內心的讚賞，而不是制式的誇獎。他知道他的黏土人偶有些地方做得不錯，但整體外觀並不令人滿意。母親的誇獎之詞比較適合對一個三歲孩子說，而且這種安慰性的籠統評語[32]忽視了他**真正的渴望**。

❖ 青少年渴望真正被了解，讚美不能只是表面敷衍

青春期的孩子對讚美的反應甚至可能更令人困惑。以前父母那些一體適用的讚美話語，現在聽起來已經不切實際了。父母可能會認為孩子雖然已經進入叛逆期，但他們心中依然藏著過去那個欣然接受父母讚美的可愛小孩。然而，青春期孩子卻渴望彰顯一個新的自己，他們會在父母稱讚自己的時候說：「你們其實不了解我！」或者「你們沒有資格來評斷我！」

這種激烈的排拒反應時常讓父母感到不解。我曾經針對青少年的親子互動過程進行觀察及錄音。在分析逐字稿時，我驚訝地發現**讚美經常會引發爭吵**。當帕米娜告訴十四歲的女兒艾莎「你看起來真漂亮」時，艾莎回了一句「你好蠢！」看到母親難過地離開房間以後，艾莎做了幾個深呼吸，試著不讓眼淚掉下來。等她的情緒稍微平復以後，我問她是否可以跟她談談（艾莎知道我在觀察青少年的親子互動之後，會跟每個青少年單獨談話）。於是，我坐在艾莎旁邊，跟她一起整理那些散亂的情緒。她解釋道：「我媽根本不了解我，她怎麼能讚美我？」停頓了一會兒以後，她又說：「況且，如果她覺得我看起來很『可愛』，就表示哪裡出了問題。我一定是看起來太小了。我一點都不想變成那樣。」[33]

從艾莎的角度來看，她想做的就是讓父母擺脫舊有習慣，不再把她看成從前那個小女孩。[34]為了證明父母不了解她，她可能會換新的髮型、換新的朋友、換新的興趣，好讓父母不再用「可愛」來形容她。青少年對父母的讚美有著矛盾情結，因為他們明白讚美具有力量。他們

對**恰當的讚美**抱持著高標準並且充滿渴望，但隨著時間過去，這種對讚美的依賴會讓他們感到愈來愈不自在。

讚美是否恰當，取決於讚美的「動機」

我們對父母的評判所產生的防備心就算在青春期過後還是會持續存在。無論是缺乏熱忱或誠意的讚美，還是弄錯重點的讚美，那些讓我們感到不恰當的讚美都在傳遞一個訊息：「你根本**不了解**我。」

「我女兒二十七歲，」瑪莉安表示，「我只要對她做的任何事有任何評語，就算是一句讚美，還是會惹她不高興。」[35]

「這說來話長。」瑪莉安的女兒萊斯莉笑著說。「小時候，我媽常常稱讚我『很愛乾淨』，所以我每天上床睡覺之前都要確定房間很整潔，因為我擔心自己無法一直得到這樣的讚美。後來，她稱讚我很會照顧弟弟，所以有時候儘管很想踹那個搗蛋鬼一腳，我還是會假裝當個好姊姊。基本上，**讚美是我媽控制我的方式**，所以現在我被她稱讚卻完全開心不起來，有什麼好奇怪的呢？她的讚美會把我惹毛，就像是擁抱，感覺很棒，但同時也令你討厭。」

我們經常會忖度別人的讚美是否真誠、是否相稱、是否弄對重點。我們也會忖度別人讚美的**動機**，比方說，萊斯莉惱怒的是母親想要透過讚美達成某種**目的**。這種對讚美動機的敏感度，在伴侶關係裡也有特殊的重要性。二〇一五到二〇一六年，我有機會延伸先前針對青少年親子關係所做的研究，開始參與伴侶方面的研究工作。[36]我通常花兩天的時間在一對伴侶的家中進行觀察，並盡量不讓他們察覺到我的存在。雖然我需要像「牆上的蒼蠅」那樣暗中行動，但這種觀察型研究的重點要像家中的寵物狗那樣保持中立。[37]在這個過程中，我驚訝地發現讚美經常會引發不滿的情緒。

當讚美被當成支配他人的工具

三十五歲的莎拉很欣賞老公史蒂夫的工作，她說那是「真正令人印象深刻的職業」。三十四歲的史蒂夫經常受邀跟德高望重的學者一同在研討會上發表主題論文。「他很貼心，」莎拉告訴我，「當他受人稱讚時，他總會立刻讚美我。」但她的表情卻不怎麼開心。她停頓一會兒，咬了咬嘴唇，似乎在掙扎著要說什麼。「對，」她開了口，「他很貼心。」她的語氣突然變得有點冷酷，「他在研討會上讚美我是個美好的人，但是那些研討會耗盡了我的時間和體力。我雖然人在那裡，卻無法融入他們的對話當中。我覺得很不自在，而且無聊極了！當我試著跟他說這件事，他只是說：『你是很美好的人，你真棒。』這樣的讚美也許聽起來很窩心，卻明顯充滿支配的意味。我感覺心裡有一把怒火在蠢動，那真的很令人生氣，但我又不知道如何處理。那雖然是一句讚美的話，卻讓我感到很糟糕、很羞愧。」

法蘭西斯跟蓋瑞是一對還不到三十歲的夫妻，住在東安格利亞郊區。雖然他們不像莎拉與史蒂夫一樣在大都市裡過著學術生活，但是他們對讚美動機的敏感度同樣影響了伴侶關係的品質。他們兩人才新婚六個月，所以還在「熟悉如何共同生活」，蓋瑞說。法蘭西斯哼笑著說：「我們還在熟悉如何不僅當夫妻，還要做自己。」蓋瑞點了點頭，兩人似乎很合拍，直到法蘭西斯用嚴肅的口吻打破了和諧氣氛：「你對我說：『沒有人做的三明治像你做的一樣好吃。』」蓋瑞在聽到太太蹦出這句話時感到相當詫異。「我覺得你很會做三明治，這難道是壞事嗎？」「對！」法蘭西斯說。就在蓋瑞做出一副「我放棄」的輕蔑手勢時，法蘭西斯接著解釋：「當然，我覺得很高興，但整件事的重點不只是幫你做三明治、把午餐弄好而已，你其實也在牽著我的鼻子走，讓我在忙亂的早上必須多做一件事。我當然希望你讚美我，但我不想被愚弄，這種讚美就是指使我做事的一種手段，它把我推進了一個我們已經同意不會讓彼此掉入的陷阱。」

基於個人經驗，我十分熟悉這種**看似陷阱的讚美**所引發的憤怒感。當我的婆婆稱讚我「把老公的襯衫燙得很好」時，我感覺自己被牢牢限制在傳統家庭主婦的角色裡。她以為我皺起眉頭、吃力呼吸是為了要克制喜悅的情緒，但其實完全不是那樣。當我為了某件毫**無意義**的事情而受到稱讚時，我需要克制的並不是喜悅，而是怒氣。我感覺讚美被人當成**工具**，用來把我塑造成我不想成為的那種人。

我想莎拉和法蘭西斯的丈夫還有我婆婆並不知道他們的讚美充滿支配意味，使人感覺高高在上，或者在削弱別人的動機，他們想必會抗議說自己是出於善意；畢竟一句讚美怎麼可能會有別的用意？他們想必會指控別人沒有禮貌、很難搞或者愛跟人作對。但提到讚美，任何人都可能變得很難搞或愛跟人作對，因為就像萊斯莉說的，這種自以為讓對方開心但其實會暗中削弱對方判斷力的做法，確實會把人惹毛。

不如人意的讚美就像糟糕的性愛，雖然說得很好聽，會燃起期望，但不知何故總是令人失望。另一方面，恰當的讚美能激發活力、讓期望延伸擴大，並且透過**自我肯定**來溫暖人心。

讚美與「自尊」的隱性關聯

人類對讚美的需求以及它帶來的自尊感，隱含著相當深遠的意義，無怪乎有些哲學家深信讚美能為生活帶來驅動力——無論是私人生活還是公眾生活。傑佛瑞．布瑞南（Geoffrey Brennan）和菲利普．佩迪特（Philip Pettit）就對隱藏在動機和目標背後的**「隱性自尊經濟」**提出了看法。在市場經濟裡，人們之所以重視金錢並從事活動來獲取金錢，是因為金錢具有購買商品和服務的功能。在自尊經濟裡，別人的正面評語會變成使人成為樂於合作的員工、發明家、企業家、政治家或好鄰居的潛在誘因。[38]就像墨西哥灣流在大西洋洋流裡形成一股奇特水流一樣，隱藏在複雜且廣闊的人際生活背後那股對自尊的渴望，也形塑了我們的動機，通常還能對我們的目標和行動產生引導作用。[39]我們雖然各有不同的興趣、喜好和目標，但都會受他人評價所影響。

我們每天生活在群體當中，自然會去察覺別人在做哪些事，並且透過自己的評判量尺加以記錄。[40]我們每個人都關心「自己是否得到別人的正面評價，即使他們沒有用任何言語或行動表達出來……即使他們沒有用任何言語或行動表達，我們也能明顯看出某些人肯定或否定我們所做的事。」[41]同樣很重要的是，他們**可能**會想到我們**可能**會做哪些事。[42]因此，即使我們當下沒有受到評判，未來受到評判的可能性也會對我們的行為造成影響。

「自尊」是一種讓我們抬頭挺胸面對他人的感覺，人們常用自豪或自重來稱呼它。我們每個人都重視自尊以及他人的肯定或讚美，同樣地，我們每個人都不想被他人「輕蔑對待」——布瑞南和佩迪特用這個詞來描述不尊重他人的行為，包括漠視、指責與嘲笑。布瑞南和佩迪特認為，我們對他人評價的持續關注會在生活中形成一股真實力量，提醒我們輕蔑對待可能帶來的痛苦及自尊可能帶來的快樂。[43]他人的評價在我們心中占有一席之地，而且會不時地影響我們的行為。[44]

有時我們用狡猾的方式獲得讚美

大腦會利用自我讚賞機制，來保護自尊

當某件事跟讚美一樣受人重視，並且跟遭到責備一樣令人痛苦（包括不認同與輕蔑對待），我們會盡力守護前者，迴避後者。許多心理學家都對大腦巧妙且持續的自我讚賞機制感到著迷，而且過去三十年來，他們不斷透過各種研究方式發現，大腦會利用獨特的運作技巧來保護自尊。

❖ 優越幻覺：烏比岡湖效應

有份經常出現在大一心理系閱讀清單裡的研究報告，就揭露了最普遍存在的人類認知偏誤——相信自己比別人優秀。這個標準型研究提出了一個問題：「你認為自己的駕駛水準跟一般人差不多、比一般人差，還是比一般人好？」在參與實驗的美國人當中，百分之九十三的受試者認為自己的駕駛技術比一般人好，而且百分之八十八的受試者認為自己的駕駛安全性高於一般水準。[45]根據定義，大多數人都是一般人，因此這些受試者很顯然高估了自己的駕駛技術。[46]在長期訓練人們對自己提出的主張進行嚴謹評估的學術界，同樣也充斥著這種虛幻的優越感：百分之六十八的學者相信自己的教學能力排名在前百分之二十五。[47]此外，百分之八十七的史丹佛

企管碩士班學生認為自己的學業表現優於班上的平均水準。[48]

無論人們比較的是能力、努力、成就，甚至健康和人際關係品質，往往都會認為自己比一般人好。[49]這種普遍現象有時被稱作「烏比岡湖效應」（Lake Woebegone effect），此名稱來自作家蓋瑞森·凱勒所創造的一個「所有孩子都比別人優秀」的虛構城鎮[50]，但在心理學界，則被稱作「優越幻覺」（superiority illusion）。[51]受到優越幻覺的影響，我們相信自己值得擁有比別人更多的讚美。許多例子也顯示，當我們被讚美的可能性愈低（因為根本沒有贏得別人的讚賞），我們就會愈強烈地相信自己值得讚美，原因可能是我們在這種情況下更加需要自我保護。[52]

❖ 自利偏誤與盲點偏誤

事實一再證明，我們對於事件的看法通常取決於事件的來龍去脈是否讓我們的自尊受到保護，還是可能讓我們遭到輕蔑對待。[53]優越幻覺只是眾多**自利偏誤**（self-serving bias）的其中一種而已。研究發現，當實驗參與者被隨意告知自己在某項任務（例如解謎、玩遊戲、跟陌生人攀談）裡表現得很棒或表現得很糟，但事實上並沒有人參考受試者的實際表現時，研究人員明顯觀察到一種新的自利偏誤傾向。當受試者被要求解釋自己為什麼會成功，他們大多都歸功於自己的能力和努力，而且通常會回答「因為我對解謎很在行」或者「因為我盡了全力」。當另一組受試者同樣被隨意告知自己在某項任務裡表現得很糟，但事實上並沒有人參考受試者的實際表現時，他們大多都歸咎於外在阻礙（讓人分心的噪音、晚上沒睡好、指令給得不清楚）。[54]如果那項任務牽涉到團隊合作，那麼他們大多都會怪罪別人（「我這組一點都不團結」或者「他不聽我的勸告」）。

當某位同事忽略我在教師徵才募款工作中的貢獻，把成果完全歸功於自己的努力，或者當某位同事被稱許某項工作做得很好，但事實上我對那項工作也有貢獻時，我會立刻察覺到他們在職場上的自利偏誤傾向。我的同事很可能並不是故意要攬功，很有可能他們只記得維護自己的尊嚴，而忘了顧及我的尊嚴。令我感到謙卑的是，當我試著回想我在職場上的自利偏誤，回想我是否只記得自己的貢獻而忽略他人的貢獻時，我實在找不出一個例子。或許我是個嚴格要求凡事公平的人，所以沒有發生過這種狀況。然而更有可能的是，就像大多數人容易出現自利偏誤的問題一樣，我也深受**盲點偏誤**（blind spot bias）[55]之害，為了維護自尊而喪失了應有的判斷力。

我在進行親密關係的研究時，經常看到自利偏誤的現象。首先我會觀察人們互動的方式，他們通常是兩人一組，但有時是一整組。接著，我會請每個人自行做一番描述。我會問到這段關係裡的美好時刻和不美好的時刻，值得感恩的事和令人憤怒的事。在某次訪談中，四十七歲的嘉比提到，她清楚記得小時候母親曾用梳子打她，還抓著她的頭髮朝門框撞過去。當我訪問嘉比的母親，問她以前是否跟女兒發生過激烈衝突時，她說：「嘉比是個頑固的孩子，我知道她經常抱怨我，她是個不懂得感恩的人，但我從來沒有出手打過自己的小孩。」[56]

當這對母女按照事前取得的共識，詳讀彼此的訪談紀錄時，女兒當場質疑母親的版本，大叫著：「媽，拜託！」母親則激動地否認：「我從來沒有做過那些事！你怎麼敢那樣說？那都是你編出來的！」當自尊受到輕微損害時，我們或許可以不以為意，但當自尊受到嚴重損害時，我們的自利偏誤傾向就會立刻現形。心理學家寇德麗雅·范恩（Cordelia Fine）就指出：「當潛在的威脅愈大，大腦就愈想要自我防衛。」[57]

公正的旁觀者：連結主觀的評判與他人的觀點

十八世紀蘇格蘭哲學家亞當·史密斯（Adam Smith）[58]曾寫道：「老天爺在為社會造人時，賦予人類一種想要取悅同胞的原始欲望，以及避免冒犯同胞的原始反感。老天爺教導人類在同胞受到讚揚時感到快樂，在同胞不被認同時感到痛苦。祂讓同胞的讚揚變成一件最令人滿意和愉悅的事，讓同胞的不認同變成一件最令人尷尬和厭惡的事。」[59]他所謂「取悅同胞的原始欲望」並不是一種逢迎諂媚或討好別人的意圖，而是我們演化成社會人的一種特徵。

亞當·史密斯在提到取悅同胞的原始欲望時，他設想有個「公正的旁觀者」提出跟我們想法一致的意見，並且反映我們的自我價值。這個概念跟道德良知很相近，卻更為周全。公正的旁觀者會使我們明白那些受我們敬重的人用何種方式看待事物，進而將我們的內在評判和他人的觀點

連結起來。透過這個方式，我們就能依照自己的需求和價值觀，在他人給予的讚美與激發自尊心的讚美當中汲取精華。即使在今天，這仍然是我們做出評判時最需要掌握的關鍵之一。

海姆．吉諾特把讚美比喻成強效的情緒藥物，並且告誡人們一定要遵守「使用時機和劑量的規定，以及潛在過敏反應的警告」[60]才能投藥，這個忠告至今依然正確。讚美發生在朱瑟琳．喬塞爾森（Ruthellen Josselson）所謂的「你我之間」，[61]包括親子關係、伴侶關係、朋友關係及同事關係。我們對這些經常處於變動狀態的人際關係抱持著高度期待，而且最期待的莫過於在實現自我時得到別人的讚賞，以及讓自己免於遭受別人的輕蔑對待或責備。

第三章

責備：內疚感與羞愧感的必要性與破壞性

責備會引發內疚感與羞愧感

讚美是一種黏合劑，能促進親密荷爾蒙分泌、增強信任感、使我們更願意合作；但責備卻會打擊我們，使我們害怕被排擠。

在幼兒時期，我們無法分辨針對過去行為所產生的**內疚感**，以及針對自我所產生的**羞愧感**。[1]在人生當中，責備引發的情緒混淆了內疚感和羞愧感這兩種不同的概念。責備會引發內疚，即使當我們堅信自己是無辜的，責備仍然會傳遞一個訊息：「我不認同你做的事」，或者更強烈的「我不認同你」。責備也很容易傳遞一個令我們羞愧的訊息：「你是不足的、有缺點、有缺陷的。」[2]

責備會帶來痛苦感，所以我們時常為了保護自己而頑強地否認錯誤、指責別人或轉化記憶，以便讓事情有個能被自己接受的版本。不過在應付大腦的負面評判系統時，最重要的一點是**願意接受責備**並且**從內疚中記取教訓**，同時**忍受羞愧感**。

那些責備教我們的事：人生路上必要的教訓

我們很難想像一個責備無法派上用場的社會。責備是孩童道德教育中最早使用的教導工具。

「我可以靠自己做到！」雖然令人自豪，但也代表你需要為自己的行為和後果負責。責備傳達了一個訊息：「你應該感到很糟。」它讓我們思考是否要懲罰某人或者把某人逐出溫暖的人際圈，以及要用何種方式達到目的。

責備或許是一個帶有**不認同**感的強烈詞彙，尤其是道德範疇以外的不認同感[3]。但我們責備別人以及被別人責備的經驗，其實遠遠延伸到普世的道德準則之外。我們責怪別人的感受、態度和討人厭的習慣：「我期待你有更多的同情心」「你應該更尊重一點」「你真的很煩」「為什麼你這麼不想幫我？」我們會責怪別人沒有聆聽、沒有給予支持或安慰、對我們重視的事情不夠關心。我們會責怪別人拒絕跟自己分享想法或感受。我們在日常互動中責怪的對象通常沒有犯罪或違背法令，然而我們卻相信他們應該感到羞愧——而他們也經常如此，因為我們傳達出來的訊息是「我不認同你」，而這在親密關係中代表的是「我認為你不該是這樣的人」。[4]

不認同與責備之間的關係、冒犯親近的人與做錯事之間的關係，都受到我們最早期依賴經驗的影響。[5]一句惹人生氣的話或責罵會改變孩子的世界，讓原本開心的孩子突然感到緊張、挫折和沮喪。他們機伶的臉龐露出愁容，明亮的眼神變得黯淡，困惑地看著父母的臉，等待風暴停歇。他們的肩膀和嘴角下垂，身體僵住不動，就像在遇到危險時裝死一樣。

最原始的恐懼：責備、被排擠與演化

大多數人很熟悉「這都是你的錯！」「你真沒用！」或「你真讓人失望！」這些話所引發的恐懼感，這不一定是因為我們經常遇到相同的經驗，而是因為這種經驗深植在我們的記憶中。責備會**促使杏仁核產生原始的恐懼反應**，[6]而杏仁核所在的情緒腦是記憶與情緒的處理中樞，它快速引發的反應會將正面或負面價值附加在我們所見的事物上。[7]律師、檢察官、法官、陪審員和哲學家會用清楚冷靜的邏輯思考來釐清法律及道德上的責任，然而當我們在日常生活中遭到責備時，很可能會失去平衡而經歷更原始的情緒——對他人的不認同產生內在恐懼。社會排斥（也就是被排擠）與不認同所造成的心理創傷，就跟身體創傷一樣痛苦，而且就像手指一碰到熱爐子就會立刻收回一樣，大腦的快速思考系統也會在遇到責備的威脅時產生反應。[8]我們在遭受責備時經歷痛苦情緒是有用處的，這能提醒我們正面臨被拒絕的危險。

社會排斥跟一個人獨坐、讀書、聽音樂或沉思的獨處有很大的差別。擁有獨處時間、安排自己的生活作息及照顧自我需求，可以讓人感到很快樂，即使是跟親友保持緊密關係的人，也能藉由獨處獲得更豐富的感受和想像力。事實上，許多人在經歷忙碌的社交互動之後，都需要藉由獨處來恢復平衡狀態。[9]但是，獨處的愉悅感發生在人類社會架構當中，而不是發生在強迫孤立的狀態。

人為了求生存，演化出害怕被排擠、恐懼被責備的傾向

人類祖先過著群體生活，需要相互依賴來取得食物、訊息和保護，遭到群體排斥就等於沒了生路，這也就是為什麼有過單獨監禁經驗的人會把與世隔絕形容成最嚴重的懲罰。二〇〇九年在伊朗遭到監禁的尚恩・鮑爾（Shane Bauer）就回憶道：「我覺得最可怕的不是那種不知何時被釋放的不確定感，也不是其他囚犯痛苦的喊叫聲，而是那四個月的單獨監禁……我極需要與人接觸，每天早上醒來時我都希望自己被抓去訊問。」[10]同樣地，在南非種族隔離政權下度過二十七年監禁歲月的曼德拉（Nelson Mandela）也曾說：「缺乏人類的陪伴是最不人道的事。」[11]

❖ 社會孤立讓人容易生病

即使是普通的社交孤立，也會危害人們的心理及生理健康。當我們感到孤獨時，會變得較不容易抵抗病毒，包括普通感冒和流感病毒。[12]孤獨也會增加罹患心理疾病的風險，而且這些負面效應會對基因造成變化。二〇〇七年，加州大學洛杉磯分校（UCLA）的研究人員發現，長期孤獨者的免疫細胞有一種很獨特的基因模式，他們不是天生就具有這種基因模式，而是基因在長期孤獨的影響下發生了變化。正如同身體外傷會啟動發炎細胞並降低我們的免疫反應，社交孤立也會使我們較容易罹患病毒性疾病、心血管疾病和癌症。研究人員的結論是，「孤獨會引發一種

與社會連結的渴望，正如同我們會渴望用食物充飢。」[13]一項發表於二〇一三年的研究發現，當一個人為社會孤立所苦，死亡機率會增加百分之二十六。[14]我們已經演化成在面臨被群體排斥的危險時會產生強烈的反應，[15]並且對責備產生恐懼感。

感同身受：責備、痛苦與同理心

即使是嬰兒，也能對他人的痛苦感同身受

責備的力量還有另一個源頭：同理心。人類天生就有同理心。事實上，**受他人情緒影響**是人類演化成社會動物不可或缺的要素，[16]而且我們從出生就具備這種敏感度。醫院嬰兒室裡的新生兒經常一起哭，原因並不是他們在同一時間都感到肚子餓，而是因為聽到其他寶寶在哭，所以跟著一起哭。

一項針對八個月到十六個月大的寶寶所進行的同理心研究顯示，嬰兒具有認知及情感方面的反應能力。換句話說，他們不只能對悲傷哭聲做出情緒反應，還知道哪些事物會帶來痛苦、哪些事物可以紓解痛苦。即使是年紀很小的嬰兒在看到母親（假裝）用錘子敲打自己的手指或膝蓋時，也能用下垂的嘴角和皺起的眉頭來表達自己的痛苦。具有行動能力的十六個月大寶寶則會走到母親面前輕拍她們，或發出輕柔的聲音來安慰她們。[17]

同理心或許一開始是用在我們最親近的人身上，但絕不僅止於此。一歲大的孩子看到別的孩子在遊戲區跌倒時，會因為感覺到對方的痛苦而吸吮姆指或拉扯頭髮，試圖安撫自己的緊張情緒。

大約在滿一歲的一個月後，他會懂得輕拍跌倒的孩子，甚至拿出自己喜愛的玩具來安慰對方，尤其是在對方哭泣時。如果跌倒的人是自己的手足，他會使用更多技巧來安慰對方，分散其注意力，例如發出逗趣的聲音、扮鬼臉，或者做出任何可以引人發笑的動作。只有當他自己造成對方的不安時，才會重回無法主動表達同理心的狀態，也就是較年幼孩子的共同特徵。

到了兩歲時，他會利用更細微的線索來察覺別人的感受。他不需要看到別人跌倒或哭泣才能引發同理心，而是能透過對方的聲音、臉部表情或姿勢來察覺對方的難過情緒。[18]他自己的情緒也會受到影響，因為同理心會使情緒變得具有感染力。到了五歲時，他不需要任何線索就能知道某個朋友因為母親離開而感到傷心，或者他弟弟因為弄壞東西而感到難過。到了七歲時，他會了解某些情況會使人陷入長期的痛苦當中，例如被趕出家門，或者居住的城市遭到炸毀。在這個階段，孩子的同理心會跟**想像力**結合，使人際連結提升到新的層次。他變得能夠對一整群人發揮同理心，甚至可能想要採取一些步驟來改善人們的處境，即使這麼做必須以脫離自己的舒適圈作為代價。

同理心，竟也會帶來傷害！

如果在孩子展現同理心時觀察他的大腦活動，我們會看到鏡像神經元隨著從出生起就用於辨識情緒表現的神經元一起啟動。[19]替別人感到難過跟替自己感到難過有其關聯性；我們會想像他人的感受，不僅如此，我們的大腦會經由記錄自身苦痛的神經路徑來記錄他人的苦痛。[20]

例如，當我們目睹行人被車子撞傷，我們可以想像那股撞擊力及整個人天旋地轉的感覺。我們不希望這個意外發生，[21]而且由於我們並沒有阻止它發生，因此產生了焦慮和不安感，甚至有一種類似羞愧的感覺，無論多麼違反邏輯。我們會想：「被撞傷的有可能是我。」這種想法令人害怕，沒錯，但是有另一件事以截然不同的方式使我們感到不安。目睹他人受苦的神經反應與想像自己受苦的神經反應之間，有一種奇妙的生理關係，[22]因此看到他人受苦會引發一種警告訊號，提醒我們可能會遭到責備。

出於直覺對他人的痛苦產生同理心，是自我評判機制的重要元素。當我省思自己的行為時，我會問：「我是否曾經傷害某人，或者讓某人高興？」當我們評價他人時，我們會問：「他是否曾經傷害某人，或者讓某人高興？」同理心不僅能鞏固我們的是非觀念，[23]**也有助於建立我們的社交能力**、**關懷他人福祉**，以及**不傷害他人的能力**。[24]然而，就跟所有的痛苦一樣，**羞愧感和同理心也會促使我們想要逃避痛苦**，而這通常會對我們的人際關係造成嚴重的破壞。

避責心態：自我防衛的心理機制

責備就像個有效率的老師，[25]因為它令人難受。然而，試圖迴避責任有可能會造成更多傷害。當孩子搶走兄弟姊妹的玩具，而且在手足向父母哭訴時辯駁：「是我先拿到玩具的！」父母可能會發出會心的一笑。當孩子對著父母說：「我沒有用力打他，我沒有把他打傷。」父母可能會大表懷疑，聳起肩膀。我們會認為這種自我防衛機制很薄弱，而且很容易看穿，但其實大人自己也經常成為這種評價的受害者，我們會使出各種情緒性手段與策略來逃避責任。諷刺的是，自我防衛對人際關係造成的破壞，可能比原本的過錯更為嚴重，這也是「掩飾比犯罪更糟」的另一個例子。然而在面對責任時，我們很容易恐慌，這讓我們無法把整件事想清楚，反而是緊緊抓住任何一種自衛方式——無論那是多麼站不住腳，或者在未來會付出多少代價。

威脅僵化現象

大腦具有增強自尊感的自利機制，同樣地，它也發展出許多用來抵抗責備的自衛機制。為了避免自己遭到指責，我們會立即指責給予負面評語的人：「你憑什麼講話？」或者「誰在乎你怎麼想？」

如果我們繼續受到指責，就會尋求其他的防衛方法，例如用別的理由解釋自己過去的行為、利用類似的故事來找出新的因果關係，或者把過錯歸咎到其他地方。「你是說這是我的錯嗎？」或「你是在為自己的行為推卸責任嗎？」這類帶有批評意味的話就經常在日常生活中出現。

即使我們明顯犯了錯，我們也有辦法用其他原因或別人的責任當藉口，在同一時間承認並否認自己有錯：「都是因為你那樣說，我才這麼做。」有時候我們會更改事實：「只有你支持那個政策；我會支持它是因為你說一切都已經決定了。」有時候我們會修改前因後果，把自己的錯歸咎給別人：「都是你害我從貨車上跌下來。」這些策略其實都是在告訴別人「我沒錯」「我是清白的」「我造成的損害沒有你講得那麼嚴重」，甚至是在說「你才有錯，因為你認為我有錯」。

否認自己有錯並且怪罪別人，雖然能減輕痛苦，但恐怕只是暫時的，而且會帶來令人遺憾的後果。基於自衛心態，我們急於告訴別人自己沒有錯，因此無法接納別人的觀點，也聽不進別人的話。這種頑固狀態被稱為「威脅僵化現象」（threat-rigidity），源自於我們害怕受到責備的原始恐懼。[26]

在這種狀態下，我們不大可能從自己的錯誤中學習，而會把重點放在自我防衛上，我們會生氣並且計畫採取反擊行動。[27]緊繃的下巴和睜大的眼睛彷彿在告訴別人，如果他們繼續指責我們，那麼就要自行承擔後果。但即使受到威脅僵化的影響，我們的大腦仍有一部分清楚意識到自己的不當行為，而這使得情況變得更糟。為了維護自尊，我們可能會用自己的不當行為，去證明別人的行為更加不當；[28]我們會藉由放大檢視別人的過錯，將自己的行為合理化。

❖ 認知失調

我相信大多數的人每天都會看到像這樣的情況：有人抱怨說我還沒有把某位學生的推薦信送出去，於是我的羞愧感引發一個想法：「負責的人是我，結果我卻讓學生失望了！」但這個疏忽跟我認為自己很可靠且負責任的想法有所衝突。

這種在同一時間出現兩種矛盾想法的現象，叫做「認知失調」（cognitive dissonance）。認知失調往往會促使我們為了保護自尊不受負面批評的影響，產生自以為是和自我辯護的心態，[29]並且使我們相信事情跟我們知道的不一樣。於是我會堅持說：「沒有人告訴我那封推薦信有截止日期。」或者也許有個像是回憶般的模糊影像掠過腦海，促使我反駁：「我早就弄好了，難道是我的祕書沒有寄出去？」總之，我或許會承認這件事出了錯，但錯誤絕不是我造成的。[30]如果我堅持這個心態，也許就能轉移責任，脫離自認有錯的可怕感受，但另一方面，我可能也會引發負面的人際互動循環。[31]

這種藉由責怪別人來逃避責任的衝動現象，甚至會發生在沒有人可以責怪的情況，例如腳趾頭不小心踢到床架，結果把怒氣出在那可惡的金屬床架上。這聽起來很荒謬，但我們或多或少都曾經在某些時候為了極力避免認錯，而完全接受像這樣荒謬且扭曲的想法。沒有人比總是責怪別人的人更不可理喻，心理學家卡蘿．塔夫里斯（Carol Tavris）和艾略特．艾倫森（Elliot Aronson），在針對自衛心態所做的文獻回顧研究裡曾提到：「攻擊行為會引發自我辯護，而自我辯護又會引發更多的攻擊行為。」[32]

用手指著別人：錯不在我

孩子通常到了三歲，就會學到另一種逃避責任的策略，那就是用手指著別人。我在從事手足研究時，曾經利用父母上廁所、準備餐點或暫時休息，而把年幼孩子單獨留在房間裡的零碎時間（通常不超過五分鐘）來觀察孩子的行為。有一次，三歲大的莉亞和四歲大的傑瑞德互相朝著對方拳打腳踢，等爸媽回到房間後，兩人都立刻堅稱：「是他／她先開始的。」甚至莉亞用手指著還不會走路的妹妹說：「是她弄倒了我的果汁。」

這階段的孩子才剛剛開始明白，人們的想法是以個人經驗為基礎，跟自己的經驗可能有所不同。因此對孩子來說，用手指著別人是一種複雜的策略。然而，這種責怪別人的衝動現象，其實在其他靈長類動物身上也看得到。動物心理學家法蘭辛・派特森（Francine Patterson）曾經問西部低地大猩猩「可可」（Koko）為什麼玩具貓壞掉了，結果可可用派特森教導的手語回答：「是夜班服務員幹的。」（事實上是可可弄壞的）。[33]

「錯不在我」，就像卡蘿・塔夫里斯和艾略特・艾倫森所說的，是一種用來減輕自責感的常見策略。我們經常利用因果關係的複雜性來避免自己遭到責備，當行為、原因和結果並非以簡單的環節相連在一起，就很容易遭到操弄和修改。

即使是像「誰先開始的？」這麼直截了當的問題都可能引發爭論。究竟是哥哥動手打了妹妹，還是因為妹妹嘲笑哥哥才導致哥哥反擊？究竟是年長孩子搶走了年幼孩子手中的玩具，還是年幼孩子搶走了年長孩子手中的玩具？孩子打翻東西究竟是因為不小心，還是因為桌子不穩？從很小的時候開始，我們就會為某個疏忽、錯誤、性格上的缺點、動機、意圖或責任歸屬而跟人爭吵，而且在一生中都是如此。在操弄複雜的因果關係以便讓自己不遭到責備這件事情上，人人都是投機主義者。

自利式記憶

記憶就像是客觀的歷史紀錄。透過記憶，我們時常可以重溫某個事件，而不是遺忘它，就像某個悲傷往事突然湧現在腦海，讓人感覺彷彿剛發生一樣。當我們為了說過的話感到後悔，我們會變得緊張，當記憶浮現時，我們會閉上眼睛，彷彿它近在眼前。但是有些耳熟能詳的話告訴我們，記憶很容易被遺忘，尤其是痛苦的記憶，例如「永不忘記」——永不忘記那些逝去的生命、永不忘記某些人受到的傷害會發生在其他人身上。這說明了一個很普遍的認知，那就是暴行容易被遺忘。

儘管我們能重溫歷史記憶，避免過去的災難和悲劇再度發生，我們卻**很容易遺忘自己的過錯**。寇德麗雅・范恩曾說：「記憶是自我的最佳盟友之一……跟自我相關的正面記憶會深植在腦細胞裡，而負面記憶……很容易悄悄溜走。」[34]

我曾經多次參加聘任委員會，令我訝異的是，每當候選人被問到：「你在上一個工作中犯過最嚴重的錯誤是什麼？」他們往往要想很久才能回答出來，但每當被問到：「你在上一個工作中最感到自豪的成就是什麼？」他們卻能很快地回答出來。在這個時刻，跟成就有關的記憶立刻湧現，跟錯誤有關的記憶卻似乎消失了，連一個例子也想不出來。他們可能不是刻意要隱瞞什麼，而是自利式思維在運作。

大腦記憶曾經一度被視為記錄裝置，就像記錄事件的影片一樣，只要我們一按播放鍵，過去的事件就會重演，彷彿再次親身經歷一樣。但研究記憶歷程的心理學家發現，我們是把記憶儲存成零碎印象並賦予個人意義，因此在讀取記憶（「想起」某件事）時，我們會把過去的經驗進行**重點修改**，以便配合自己意識到的世界。[35]我們會花許多心力去填補記憶缺口、建立連貫性，並且運用我們在時間、物理和機率法則方面的知識。回憶並不是一種重演，而是**重建**：每當回想某件事，我們都會加以修改，把記憶碎片塑造成一個合適的版本。[36]

我們的人生故事具有強大的力量，會為我們的人生賦予意義和連貫性，因此當一些跟我們有著共同經驗、跟我們人生有所交集的人挑戰我們的故事，我們就會感覺自己受到威脅。我有許多的研究都跟親子、手足、朋友、夫妻這些關係親密的人有關，而不一致的記憶，尤其是牽涉到**責備的記憶，通常是衝突的引爆點**。

我在發表任何研究之前，都會把參與者的訪談紀錄拿給他們看，同時也讓他們了解另一個家庭成員如何描述自己。從這個過程中，我可以看到他們對彼此的記憶有著很大的出入。當嘉比的母親看到女兒為衝突不斷的母女關係所做的描述時，她立刻反駁：「我從來沒有做過那些事！你怎麼敢那樣說？」。當安娜貝爾看見妹妹莉亞提到有次被她關在屋外的事件時，她抗議說：「事情不是那樣的！」當妮娜讀到妹妹史黛西對「她們陷入麻煩的那個時候」所做的陳述時，她辯駁說：「我沒有打破媽媽的寶貝花瓶，是你打破的，我是為了保護你才認錯！但現在你卻改寫了事實。」即使是回憶最近發生的事件，有的夫妻也會為了保護自己而讓記憶變得模糊或扭曲：「忘了辦車險的人不是我，是你。」沒有人在說謊，但也沒有人把事情看清楚，因為他們都在指責對方。

我們所建立與忽略的記憶，對平息由責備所引起的風暴有重要的影響，但當我們**愈想逃避責任，大腦就會變得愈僵化**。有些防衛機制對維護我們的福祉相當重要，因為它們是在假設我們本性善良且令人喜愛的基礎上運作，即使犯錯的是我們自己。自我強化的記憶可以使我們確信自己值得讚美，而這種想法會幫助我們在遭受別人責備之後重新恢復平衡。因此，適度的自我幻覺（self-illusion）有助於提供**復原力**。但自我防衛反應也會帶來極大的風險，導致我們**無法從錯誤中學習，無法接納他人的觀點**，甚至讓我們**跟所愛的人對立**。

自責

雖然大多數人都有逃避責任的衝動，有些人卻太快就把責任歸咎到自己身上，產生了明顯且持續存在的羞愧感。自責是一種情緒及生理上的負擔，會大幅增加引發心理健康問題的風險。它在心理疾病方面的指標作用大於基因風險、社會環境，以及個人危機（如離婚、失業和親友過世等）。[37]

在我從事研究工作的過程中，許多心理治療師都跟我說患者最常見的問題來自具有**擴散性的自責心態**。有人會對特定行為感到羞愧，例如考試作弊、對朋友說謊。即使沒有人發現我們的行為，我們也可能有羞愧感，例如笨手笨腳地打破花瓶、魯莽地傷害別人，或者把某個東西搞丟。但自責所引發的羞愧感具有擴散性，它不只針對特定行為或疏失，而是會使我們相信，我們所愛的人沒有我們會過得更好。

精神分析專家愛麗絲．米勒（Alice Miller）就觀察到：「沒有任何論點可以克服這種羞愧感，它源自人生的最早期階段，因此具有強大的力量。」[38]沒有任何論點可以克服這種羞愧感，因為它的起因並不是我們做了什麼，而是我們**受到了怎樣的對待**。

自責與羞愧

精神科醫師詹姆斯・吉力根（James Gilligan）非常了解極度自責或羞愧所造成的悲劇。吉力根曾經針對被關在監獄及精神病院的暴力犯進行研究。在探索暴力犯思維模式的過程中，他聽到許多受刑人和病人在童年時期都受過語言、精神及身體上的虐待。有些人遭受性虐待，有些人經歷足以危及性命的人為疏忽、被父母拋棄或要求不准進食。[39] 吉力根發現，他們都**活在一種羞愧的狀態**。

為什麼別人的行為會導致我們產生羞愧感？為什麼一個孩子在被打或被性虐待之後會覺得自己很糟糕？吉力根解釋說，父母的虐待「最能清楚地讓孩子知道父母並不愛他（她）」。當病人試著拼湊支離破碎的想法時，他聽到病人一直不停使用「空虛」「麻木」「僵屍」「機器人」這些詞。他們感覺自己的人格在成為罪犯之前早已死亡。對他們來說，攻擊罪或謀殺罪所帶來的懲罰威脅是沒有意義的，因為他們已經一無所有。

吉力根以精神科醫師的隱喻式語言說：「當自我不被自己或他人喜愛，它就會死亡，就像身體缺氧必然會死亡一樣。」[40] 神經科學家也認為，羞愧感會對大腦和神經系統造成實質損傷。**羞愧感可能會使我們更不容易抵抗疾病，並且讓既有的疾病惡化**。它會增進皮質醇的分泌，而高濃度的皮質醇會抑制免疫系統和促進發炎系統——有助於復原的制衡系統。[41]

❖羞愧感會啟動戰士基因，引發暴力行為

持續性的羞愧會改變大腦的生理機能，減少復原力和自我控制能力。羞愧也會影響我們的基因，藉由啟動所謂的「戰士基因」來引發攻擊行為。戰士基因是研究人員在針對暴力成員占多數的家庭進行研究時，所辨識出來的一種基因。剛開始人們把暴力行為歸因於MAOA和CDH13這類少數基因，但深入調查之後，人們發現許多沒有暴力傾向的人也帶有這些基因。事實上，只有當帶有這些基因的人對童年受虐經驗**感到羞愧**時，戰士基因才會被啟動。[42]

一旦羞愧感根植於大腦並改變大腦機能，那麼即使遭受最輕微的冷落，都會讓災難性的防衛機制啟動。對大多數的人來說，在火車上跟人發生推擠、在一場糾紛中損失一點小錢、被路人嘲笑、被一個比出無禮手勢的駕駛人超車，頂多會令人感到討厭。這些狀況雖然會引發少許的憤怒和受辱感，但我們應受人尊重、我們的意見具有份量、我們可以合理地保有自尊的現狀，很快就會恢復。但是長期活在羞愧狀態的人缺乏面對羞辱時所需要的緩衝機制，所以他們會把任何一個輕微的臉部表情、語調或姿勢解讀成對個人的公然冒犯，進而出現暴力行為。

神經生物學家安東尼歐．達馬西歐（Antonio Damasio）的研究工作，一直為人們理解情緒與生理學之間的關係帶來重大幫助。他解釋說：「一旦大腦被重複的情緒調節經驗調整到適當狀態，那麼只要遇到類似的狀況，掌控身體變化的腦區就會開始產生反應。」[43]所以羞愧感有時被稱作「醜陋」情緒[44]並不令人意外，因為它會使我們感覺自己很醜陋，在某些情況下，還會

讓我們的行為變得很醜陋。

羞愧、暴力與自我傷害

吉力根接觸到的暴力型病患或許屬於極端的例子，他們的羞愧經驗跟一般人大不相同，但我們都很熟悉當自己的缺點或錯誤曝光、表現出不如人的一面或者被別人輕視時那種丟臉的經驗。Mortification（屈辱）這個英文字源自拉丁文 mortis（意指「死去」）和 facere（意指「做」）。它意味著一種內在的崩潰，伴隨的是一種死亡或消失的意圖。深刻且持久的屈辱就是羞愧感，而羞愧感意味著自尊的死亡，也就是吉力根所說的「自我的死亡」。

任何人在面對這種自我的死亡時都會做一些努力，試著重拾些許的自豪感，無論那些努力多麼魯莽或不恰當。吉力根發現，曾經被羞愧感擊垮、得不到愛、重視或讚美的人，會甘願冒著失去生命和自由的危險來挽救自尊，然而除了製造恐懼，例如拿槍指著別人或者揍別人的臉，他們不知道還有什麼方法可以達到目的。羞愧感會把一個人在童年期希望獲得關注的天真意圖，轉化成一種邪惡狂暴的需求，以便得到別人的「尊重」，雖然它可能只是意味著受人注意。[45]

這種深受屈辱影響的脆弱心態雖然會隨著時間而改變，卻不曾完全消失。在童年期，我們不會質疑別人對我們的負面觀感是否合理。如果我們所愛的人完全不讚賞我們，我們就會認為自己不值得被讚賞。在成年期，似乎只有得到同儕團體的接納，我們的人生才有意義。青少年由於自我意識尚未成熟，因此對別人的嘲笑十分敏感。霸凌會剝奪青少年的自尊，使他們的自我變得脆弱。霸凌效應經常引發社會排斥，社會排斥是青少年自殺的一大危險因子，而自殺正是青少年前幾大死因之一。[46]我們可以從二〇一三年的一則新聞中看到，在更衣室遭到同儕毆打而放棄足球運動的十五歲青少年路易斯，最後選擇開槍自盡。他在留下的字條裡說，他決定自殺是因為遭到霸凌。[47]我們也看到，患有妥瑞症的十七歲青少年葛雷哥里．史普林（Gregory Spring）由於受到跟女友分手以及多年被同儕無情嘲笑的打擊，因此結束了自己的生命。[48]

即使成年人在感到丟臉或者覺得自己不被認同時，也可能把自殺當成唯一能夠消除羞愧感的解決方式。他們似乎無法在缺乏自尊的情況下生活，因為自尊塑造了他們的身分，如果沒了自尊，他們就變得什麼都不是。曾經活躍於英國廣播界的伊索貝爾．巴奈特夫人（Lady Isobel Barnett）在日常生活中經常扮演貴族夫人的角色，許多人認為她體現了「英國人的莊重、正直和魅力」。[49]但最後她從一個享受社會地位的人變成一個遭到社會排斥的人，因為她在一九八〇年從當地一間雜貨店裡偷了一罐鮪魚和一盒奶油。案發四天後，她被發現全身穿著衣服陳屍在浴缸的水中，水裡還有個通電的電熱裝置。一九八八年，海軍上將傑瑞米．布爾達（Jeremy Boorda）在即將接受《新聞週刊》（*Newsweek*）記者專訪的前夕開槍自盡，當時《新聞週刊》記者正在質疑他佩戴兩枚V字動章的合法性。[50]

這些人沒有受到肉體上的折磨，卻因為感到羞愧而失去了平衡、失去了希望、失去了自我感。

就像吉力根觀察到的，自我的死亡或自尊的喪失「比肉體的死亡更令人痛苦」。[51]

羞愧感是高度社會化動物才能經歷的感受。社會排斥及渴望受人尊重卻遭到挫敗，都會引發羞愧感。當街上的人以為我們很危險或很討厭而僵住不動時，當他們認為我們不重要而忽視我們時，當我們被貼上「騙子」「危險人物」或「無名小卒」的標籤時，我們可能會想逃避或爭取別人的重視。發展心理學家布魯斯·胡德（Bruce Hood）曾說：「人們渴望得到社會接納或許不令人驚訝，但令人驚訝的是人們為了成為團體的一分子所付出的時間，以及遭到社會排斥時所做出的恐怖報復行為。」[52]

毫不羞愧的異類：擅長讀心卻缺乏同理的心理變態者

我們很難想像一個讚美與責備對行為毫無影響的人類社會，然而有些人就像異類一樣，完全不受內疚和羞愧感的影響，[53]而且會用冷酷的好奇心看待別人的痛苦。[54]他們與人建立關係並不是為了得到讚美，而是為了**操弄人心**。

這些屬於例外及棘手類型的人，能夠毫無困難地解讀情感線索和社交線索，因此跟任何一種亞斯伯格症患者都大不相同。亞斯伯格症患者雖然無法直覺地明白社交訊號，卻具有同理心、同情心和真實情感。[55]那些異類雖然擅長讀心，卻缺乏同理能力。他們能夠很快地注意到別人表情、聲音或姿勢的細微變化，能夠捕捉別人臉上閃現的求助表情，並且善於讓別人產生信賴感。

對他們來說，第七感意味著明白如何成功地操弄人心。

這些「毫不羞愧的異類」大約占了百分之一的人口，而且經常被稱為「心理變態者」（psychopath）。[56]心理變態者能夠對人施加極大的痛苦、施以性暴力，甚至加以謀殺，而**沒有任何的良心不安或懊悔**。儘管心理變態者經常被設想成罪犯，很多罪犯也都被視為心理變態者，兩者的重疊比例卻不高。事實上，心理變態者（冷酷無情、衝動、追求刺激的人）只占監獄罪犯人數的百分之二十五。[57]吉力根提到的那些充滿羞愧感的暴力病患並非心理變態者。他們出現暴力行為並不是因為對他人的評價毫不在乎，而是因為**承受不了他人的評價又找不到正面方式可以重拾自尊**。

不是所有的罪犯都是心理變態者。同樣地，不是所有的心理變態者都是罪犯。許多看來毫不顯眼、守法守紀並且有所成就的**高功能心理變態者**，都生活在我們周遭。他們深具魅力，善於按照自己的意思做事，懂得攀附成功人士並在達到目的之後把他們拋在一邊。他們容易被權位給吸引，握有權位會使他們衝動冒險的風格被讚賞為充滿勇氣與想像力。[58]由於心理變態者往往善於演戲，因此唯有透過大腦掃瞄才能看出蛛絲馬跡。根據大腦掃瞄結果顯示，「殺死」「強暴」這些令大多數人感到恐懼的字眼幾乎不會在他們腦中引發神經反應。對心理變態者而言，跟暴力或痛苦相關的詞彙寫進大腦的方式，就跟「椅子」「樹木」這些中性詞彙寫進大腦的方式一樣。[59]甚至就算預知自己有危險，他們也無動於衷。[60]

大多數有評判能力的人會發現，心理變態者的心智框架（mind frame）令人難以想像。無論是掌握他人性命的外科醫師、兒童的監護人、鄰居、朋友或配偶，我們經常會問自己「我有沒有把別人照顧好？」「我公不公平？」「我是否體貼、周到、樂於助人？」大多數人最需要的是從正面角度看自己，而這包括為周遭的人帶來正面影響。

羞愧感又被稱為「必需情緒」，[61]因為它在「調節社會」與「合作行為」方面扮演著重要角色。它像警察一樣強迫提醒人們哪些是被期待以及被接受的事。然而，每個社會化物種和每個社會都有例外，那些騙子、占便宜的人和心理變態者，都從合作的社會當中獲取利益，卻不跟著大家走。如果有較多的人對羞愧感無動於衷，那麼整個合作架構就會瓦解。

對他人觀點保持開放，學習接納和管理負面評判

早在心理學家研究人性之前，責備、內疚與羞愧之間的關係就已經引起注意。在《聖經・創世記》裡，我們看到了不認同帶來的可怕影響：亞當和夏娃違背神的命令，結果被逐出伊甸園，並且第一次有了羞愧感。

這個基本故事提醒我們，生活中充滿著不認同、內疚和羞愧的風險，而人類的核心任務之一就是**管理這些風險**。我們總是努力避免被自己鍾愛或尊敬的人反對，**卻永遠無法完全做到**。有時

候我們很容易做出錯誤的自我評判，有時候別人會根據他們自己的錯誤或偏見，對我們做出不公平的評判。我們無法活在一個永不責備的世界，但我們可以**學會管理**自己對他人的責備，以及他人對自己的責備。

當我深入檢視親子、朋友、伴侶、同事這些特定關係裡的責備現象時，我一再看到自我防衛所引發的問題，也看到許多利用更具建設性的方式來管理負面評判的例子。在遭到責備時保持開放心態，幾乎就跟持續把手擺在火焰上而不收回一樣困難。但是對他人觀點保持開放心態，可以使負面評價（「你應該受到責備」）轉變成正面評價（「為了避免被你責備或自己感到內疚，也為了得到他人或自己的認同，這是我將來能做的事」）。[62]

道歉的力量：接納責備，重新得到認同

透過**接納責備**來**減少羞愧風險**，雖然看似違背直覺，卻擁有強大證據的支持。精神科醫師喬治．威朗特（George Vailant）曾經利用長達六十年的追蹤紀錄來研究哈佛畢業生的幸福感，結果他發現，在面臨人生中不可避免的變化時，把自己的不幸遭遇怪罪給別人的人，普遍欠缺良好的**調適能力**。[63]

百分之七十七的其他相關研究也顯示，**當我們責怪別人時，我們的情緒及生理狀況都會變糟**。[64]責怪別人、不寬恕別人，會帶來危害健康的心理壓力。[65]責怪別人或許會帶來暫時的慰

藉，但它意味著發生的事並不受我們控制。如果我們的情況是別人造成的，那麼他們也是受別人控制，不是受我們控制。

幸運的是，有一些技巧可以讓我們進行修正。當孩子低頭鞠躬，悲傷與丟臉的表情說明了做錯事令他感覺很糟。很快地，他會認識**道歉的力量**，說聲「對不起」可以讓別人確定我們承認自己有錯、願意接受該有的責備，並且期望對方免除我們的內疚。然而，比懊悔更重要的是，我們透過道歉來證明**我們重視被我們冒犯的人**。[66]這也解釋了為什麼每個社會、每種關係都能從贖罪與懺悔（**紓解責備恐懼感的儀式**）中受益，讓我們從自己所愛以及所依賴的人身上**重新得到認同**。

第四章

家庭裡的讚美與責備

每個家庭都有一套關於讚美的規矩和習慣。在某些家庭裡，讚美總是持續出現，而且就像嘴裡的口香糖球一樣又甜蜜又扎實。在某些家庭裡，讚美很快就消聲匿跡，無法令人滿足。當一個人用自豪的語氣回應讚美，另一個人卻焦慮地納悶著：「他們真的在讚美嗎？」「他們還感到高興嗎？」那可能是因為他們的家庭用截然不同的方式表達讚美。

每個家庭也都有一套關於責備的規矩和做法。在某些家庭裡，責備的話語很快就會被讚美掩蓋；在某些家庭裡，責備則會留下永久的紀錄，經常在日常生活中被提起，造成個人價值遭貶低。有的人會以輕鬆的態度面對過錯，毫不在乎地想：「這是每個人都會犯的錯。」有的人會生氣地辯駁：「那不是我的錯。」或「我不在乎你怎麼想。」有的人則會立刻自責：「對，我真的搞砸了；我總是這樣；一切都是我的錯。」這些不同的反應都牽涉到人們從嬰兒期到中年期對過錯的評斷及處理方式。

不同的家庭評判系統

家庭除了由共享一個家的個體所組成，成員之間的互動還會遵循一套無形中觀察到的「家庭評判量尺」。[1]例如，媽媽發現較大的孩子看見大家稱讚弟弟功課好，覺得受到忽視，於是就湊到較大的孩子身邊說：「我在你房間裡看到你組合的火車，做得好棒！」這麼一來，就會建立起人人都值得讚美的潛規則。有個孩子看見父母在爭吵，一個說：「你從不聽我的話！」另一個說：「你總是嘮嘮叨叨，不跟我好好溝通！」結果孩子就故意把飲料打翻或動手打妹妹，企圖轉移父母的焦點。這個孩子體認到，要讓父母停止互相指責，唯一的方法就是製造機會讓自己變成被指責的對象。

心理學家把家庭的敏感反饋迴圈比喻成中央暖氣系統，當溫度降到預設值以下，它就會傳送訊號，使鍋爐啟動並運轉，直到溫度恢復正常為止。[2]家庭的回應與反饋迴圈通常能確保家庭成員感到愉悅舒適，但有時這個評判系統會處於「功能失調」模式，令人不舒適。這個評判系統能否正常運作，取決於它是否過於僵化、過度干涉，還是很有彈性、很敏銳。

僵硬vs.彈性的家庭評判系統

每個家庭的評判系統或多或少都會有一些不容侵犯的硬性的規條。「你可能覺得這樣沒關係，但我可不是！」一位父母糾正自己的三歲孩子，告訴他不可以嘲笑妹妹。父母會透過讚美與責備來行使必要的權威。

當孩子了解支配讚美與責備的規則，就會開始試探：「你為什麼怪我拿走妹妹的玩具？你應該怪她才對，是她不跟我分享。」在具有彈性的評判系統裡，這些質疑都能被接受（即使沒有共識），而且都會有所解釋。在僵硬的評判系統裡，這些問題就變得具有攻擊性，而父母經常會用

「因為我說了算！」來作結。如果孩子繼續進逼，就會引來更多責備：「照我說的做就對了！」

「別這麼惹人厭！」[3]

孩子也會利用家庭評判系統，來獲取甜頭及好處。當他們身在具有彈性的家庭評判系統裡，他們會吸收並內化潛規則，好達到自己的目的。他們會說：「我把我的玩具給她，我有分享哦！」或「我把晚餐吃光了！」以便得到讚美。他們也會換另一種方式來解釋自己的行為，以免遭到責備：「我只是在跟她玩，我哪有嘲笑她。」或指責說：「是她先開始的！」或「是他先對我很壞。」在一個具有彈性的家庭評判系統裡，父母比較有可能聆聽孩子的說詞（即使後來孩子的版本遭到質疑）。然而，在一個僵硬的家庭評判系統裡，如果孩子回答：「我只是在玩！（而不是「嘲笑」）」父母就有可能責怪他說謊或推卸責任。這種父母無形中傳遞出一個訊息：「只有我的判斷才算數，你的不算。」

對青春期孩子來說，在彈性與僵化之間**取得平衡**更是重要，也更為困難。青少年才剛開始具備批判性思考能力，因此會用這種新能力來建立自己的評判標準。他們會不斷試探自己與父母的評判能力，並且挑戰公平性、平衡性和動機。

青少年如何挑戰家庭評判系統

過去三十多年來，我參與了青少年的親子關係研究，並在他們的家中、購物中心、上學與放學途中進行整日的觀察。在這個過程中，我錄到、也分析了許許多多的爭吵狀況。[4]引發衝突的原因通常包括誰在評判誰、誰才是對的、誰應該表現尊重的態度。即使是最平和的家庭評判系統，都有可能遭到青少年的激烈挑戰。

馬里蘭州的蘿柏塔[5]育有十三歲的吉娜和十歲的喬斯。蘿柏塔為了吉娜的日常活動行程跟她發生了小爭執，但後來爭執焦點卻延伸到吉娜的行為和態度上。蘿柏塔提醒吉娜當天稍晚還有游泳課，她卻咆哮大叫：「我不想去游泳！」於是蘿柏塔指出她的態度不佳（「我希望你的態度能好一點。」），然後提醒吉娜是她自己要報名游泳課，並且認為吉娜無法管理自己和自己的時間。吉娜提出辯駁，堅認母親責怪她並不公平：「我會搞定的！」然而一旦啟動了責備機制，雙方就會為自己的立場辯駁。蘿柏塔指出女兒不夠尊重和不負責任的缺點，吉娜則以指控母親缺乏信任及過度干涉作為反擊：「你以為沒有你在後面盯著我，我就做不了任何事嗎？」她們發生爭吵，是因為彼此都有好的意見，但結果卻是更激烈地相互指責。

十四歲的艾莉克絲家住華盛頓特區，她與姊姊潔絲、母親佩姬和父親克里斯原本在為晚上出門做準備，後來卻變成一場激烈的道德爭執。臉上化了濃妝的艾莉克絲頂著亮麗鬈髮從房間出來，身上的派對禮服和所有配件首飾都已穿戴就緒。母親佩姬這時現出猶疑之色。「你不喜歡喔！」艾莉克絲嘲弄道，對母親的猶疑做了這番詮釋。這句指控似乎引發佩姬的防衛心，她辯稱：「我是擔心這種打扮傳達出來的訊息。」艾莉克絲追問：「什麼訊息？」佩姬聳聳肩，暗示道：「不端莊吧？」剛進屋的父親克里斯只聽到最後的對話，試圖支持另一半並修飾她的話：「有些人會覺得，看看你！你有些價值觀真的很膚淺。」艾莉克絲紅著臉抗議說：「**大家**都這樣穿。你們一定要蠢到用一個人的穿著判斷他們的價值觀喔！」艾莉克絲停頓了一下，接著重燃怒火大吼：「你們好落伍！而且實在很沒品。」

隔天，我私下和艾莉克絲談話（這是例行工作：要了解一場爭執對每位當事人有何意義，做一次事發後的訪談很重要）。她仍然很不高興，但已氣消，抱怨自己根本就是家裡的「囚犯」，也跟個「外人」沒兩樣。她被囚錮在父母固執與不可變更的評判中，對他們的評判毫無影響力可言。「你絕對無法讓他們接受你的觀點。」她抱怨道。稍後，我和佩姬私下談話時，她則認為是女兒阻斷了真誠的討論：「我只是暗示我對某些事不滿意，她就開始攻擊我。」

青少年的社交腦還未成熟

青少年會激烈、衝動地急於評判他人，而回歸到冷靜與反省底線的速度又很慢。夾雜責備和反擊的爭吵，在青少年與家長的關係中，是耗神費力卻又無可避免的環節。對青少年來說，要做到冷靜觀察、自我控制、沉著作決定與預先規畫是很不容易的，這其中存在著生理因素。青少年會激烈爭執經常歸因於荷爾蒙，但其實大腦才是罪魁禍首。青少年的大腦是飛快成長的器官，具備抽象思考和縝密推理的能力，而且在智能上的效能也與成人大腦不相上下。然而，青少年的「社交腦」（social brain，也就是理解與回應他人的方式）仍尚未成熟。

過去有人認為，人類大腦在青春期時已達成熟，但新近的造影技術[6]顯示出青少年與成人大腦截然不同的兩個重要面向。在青少年的大腦中，會發生迴路改變，這表示它必須比孩童或成人大腦更賣力運作，才能處理社交資訊。[7]第七感是我們針對別人的意圖、感情和評判作出的推斷，它在青少年時期會偏向激烈與負面的論點。大人臉部的表情或許表述的是不確定或憂慮，但青少年可能就理解成生氣——一種激烈的不贊同方式。[8]以艾莉克絲的例子來說，當母親對女兒的穿著面露擔憂，艾莉克絲會理解成生氣；在應對上，她就開始自我防衛與憤怒。

除了青少年會曲解父母傳達給他們的諸多感覺，像是擔心、懷疑、害怕、不確定等等，青少年的前額葉皮質區（prefrontal cortex）也帶來了挑戰。這個大腦部位執行的功能包含所謂的「管控功能」（executive function），例如：衝動控制、預先規畫和情緒調整。[9]隨著大腦的灰質[10]急速生長，新的神經連結也日日激增，青少年的大腦可看作是未經修剪的叢林，茂密又擁擠。[11]直到二十四歲時，大腦迴路的多餘連結才會被修剪，前額葉皮質區也才會有效率地運作。至於當前，它的運作就猶如一塊過熱的電路板；尤其青少年的前額葉皮質區又太慢傳送這個重要的冷靜訊息給杏仁核：[12]「噓……沒事，你現在真的不危險。」正常來說，大腦連結要在成年前期才會被徹底修剪，在此之前，青少年會立刻攻擊他們認為是責備的任何事。

叛逆的青少年：挑戰父母的管教

對很多父母來說，青少年的責難很可怕，就和所有指責一樣，不僅傷人，而且會威脅到父母通常為了保護孩子而採取的管教和約束力。單親媽媽米拉形容十五歲的女兒凱莉是「脆弱的孩子，舉止像動不動就扎人的刺，老是扎我」，她說自願當我研究青少年和家長的案例，這樣我才能「看見**她的**困境」。女兒不時的責備讓米拉筋疲力盡：「我一天到晚要聽一個又一個的指責。這個凡事都跟我作對的女孩一點也不明白，我最大的噩夢就是她受傷。她認為這是權力的對抗，想要表現她比我強。如果她真的能證明這一點，我還能當個全世界最開心的母親。我怕的是她會被壞朋友生吞活剝。」

養育子女是父母最重要的投資，反駁父母的評判與責難他們主觀，就是在質疑父母的投資成效。要當合格的父母，就要面臨高挑戰。「你的評判無足輕重。我才不會受你的讚美和責備影響」這種訊息，等於在表明：「我們一點關係也沒有。」

然而，青少年每次的恫嚇，都很**看重父母的反應**。他們挑戰家庭的評判系統，尋找它的弱點，將耐性和同理心逼出任何合理極限，想讓父母注意到，過去他們瞭若指掌的孩子蛻變了，以前要倚賴父母的認可，[13]現在已轉為尋求認同自己剛形成的評判量尺。

咎責迴避：青少年的行為模式

當家庭的爭執演變到連青少年都覺得痛苦萬分時，或當青少年因不斷承受朋友的不認同、自己的計畫或價值觀屢遭否決，而覺得挫敗與受傷時，他們都可能用唯命是從的**表象**來擺脫評判的戰爭。在我研究青少年與家庭時，看到有些青少年竟然說謊到老練的地步，令我不寒而慄。珍妮有個十五歲的女兒珊珂，[14]她說：「這個十幾歲孩子竟荒唐地認為只有她才曉得什麼是對的，只有她才知道要怪罪於誰；對付她這種行徑的唯一方法，就是約束。」珍妮發覺和珊珂爭執「非常可怕……我覺得這些爭執會要了我倆的命。我一定要管教她。」當母親變得愈來愈嚴格與專制，珊珂說自己是擁有真、假面孔的雙面人。為了避免「每次徵詢我媽允許我去做什麼事時，得聽一長串的缺點數落，我就會佯稱自己打算去做她認可的事……說謊給了我一張面具，這樣我媽才不會老是責罵我。」

家庭的爭執通常始於對話，而在回應他人的見解上愈演愈烈。當對話遭制止（例如：「你敢再說一句，試試看！」），青少年就會面臨不合心意的選項：選擇接受父母是對的，自己是錯的；不然就是和父母冷戰示威。此時，親子關係會呈現憤怒與叛逆的樣貌，或者還有欺騙的表象，青少年在當中隱藏自己的反抗、偽裝真實的自我，以及藉由佯裝接受家庭的評判量尺，掩沒自己的評判量尺。

這種僵局很可能會讓親子雙方都心生歉疚。人類是想要與他人緊密連結的動物，所以最讓我們痛苦而自責的事，莫過於破壞了重要的人際關係。因此，我們不是承認自己造成破局，反而是去否認自己的叫吼、斥責、刻薄的言詞宣洩對他人造成痛苦：露薏絲的十七歲女兒瑪格向我訴說母親帶給她的恐懼，還預言母親下一次的猛烈抨擊會「讓她的頭裂成兩半」。[15]露薏絲聽到這番話後，堅稱：「每個人都有吼啊！」或者換成另一種說法，父母會堅決主張一切都要怪子女。當露薏絲搖身變成專制型家長時，她表示：「我是不得已的，是她讓我抓狂的。」青少年或許會展現激烈的反抗，並強調自己不在意父母的評判，但青少年與家長之間的不睦可能會引發不安，這種感覺與內疚感十分相似。由於這種不安，各方可能就會互相指責。

心理學家已經發現，人在替自身不良行為辯護與逃避自責時，會採取一種相當常見的模式：**放大對方的過錯**。[16]因此，當吉娜爭論「我只是忘了游泳這件事，你卻一直在挑剔我」時，蘿柏塔其實就是藉由指責吉娜**總是**雜亂無章，放大吉娜的過錯來保護自己。吉娜和蘿柏塔在傾聽彼此後，很快就恢復明理的對話；但在極端的壓力、挫折、沮喪或失望情況下，會讓父母猛然將心思投注於證明自己的責備有理。強烈的譴責在盛怒之下看似正當，其實是讓爭執加劇。

家庭中的讚美與責備

貼標籤或指引？

每個家庭在肯定與否定的用字遣詞上，都有自家特色。有的家庭使用這些話語像在貼標籤，將一個最終評判釘在一個人身上。有的家庭則將它們視為指引、激勵與積極看待未來的話語。

四歲的芬恩霸占玩伴的玩具時，他的父親說：「你必須學習分享。」可是五歲的史黛拉拖走弟弟的玩具火車時，她的父親就說：「你是自私的小孩。」十三歲的艾拉晚餐遲到了，她的母親說：「你讓大家等候，這是沒替人著想。」但十三歲的維托遲到，他的母親就說：「你很無禮，也很討人厭。你就只想到自己。」至於十四歲的科斯蒂沒趕上門禁時間，就會聽到她注定失敗的宣告，她的母親會預言：「以後沒人願意相信你，你會一事無成。」當科斯蒂解釋遲歸背後的特殊狀況時，母親就會羅列過去的罪狀來反駁：「這就像有一次我答應帶你去買東西，但你卻讓我等了半小時。也很像有一次你『忘記』我會去接你放學。」

有的家庭在責備時，是針對一項行為舉止來陳述；有的家庭的責備話語，是對一個人下定義。當責備指引的是修正的明路（例如：學習與努力），它就是正向肯定的教誨；而且在它傳達出「你可以做得更好」的訊息時，甚至會感覺好像是讚美。當責備定義出的是一個有缺陷的性格（例如：你很自私／不可靠），傳達的訊息就完全是負面否定的。

❖ 以一概全的責備，會強化怒氣

利用單獨一個否定的評判作為觀察整個人的視點，稱為「以一概全」（globalizing）。我們對責備所做出的反應會天差地別，主要是依據責備是否有**針對性與限定範圍**，或者是**全面性**的。當我們聽到責備聚焦在特定過錯上時，內心的衝擊很快就會消退——尤其是如果聽到的建言是日後如何避掉這樣的責備時。要是聽到的責備是以一概全時，我們的怒火就會上來。

令人驚訝的是，口出責備的人受到的影響也很類似。我們做出以一概全的譴責時，感受到的怒火會更甚於特定、具體的指責。[17]這不僅是因為我們盛怒時比較可能將心思放在以一概全的責備上，沒那麼生氣時又比較可能指責特定的過失；原因還在於：**以一概全帶來的生理效應會強化怒氣，並遮蔽我們的感受力。**[18]

在這種情緒激動的階段，大腦會迅速意識到錯誤與威脅，但它在審查證據上，並沒有做得很好。憤怒會先激發杏仁核，之後才發動皮質這個思考與衡量評判的大腦部位，找尋我們思維的立足點。[19]雖然常聽人說，表達怒氣是釋放並減輕壓力，就像茶壺冒出蒸氣，但是**怒火其實會自我增強**。[20]情緒經常會驅使人的思維，在憤怒狀態下，我們會為了證實自己的感覺有理，而去探尋諸多理由。我們會記得指責的對象過去所犯的全部錯誤和辜負期望的事，忘記他們可信賴和體貼的時刻，因為這些記憶不符合我們的心情。我們愈激烈地指責某人，認為對方該罵的感覺就會更加堅決。[21]

十三歲的蘿拉以自身經驗來描述這種會逐步增強的指責風暴：「事發的起因都是一件事：我忘記在放學回家途中順道買幾件生活用品；或我自己做點心吃時，有東西沒收拾好。突然間，我就會跟粗心、無禮，以及其他一大堆事畫上等號，而且我的所有罪狀無論是過去式、現在式，還是未來式，我媽都已經全部列好，蓄勢待發了。她生氣時就像龍捲風，所到之處必遭破壞，無一倖免……我覺得自己滿腔怒火，很想當著她的面爆發。」[22]

❖ 否定評判傷了孩子，也傷了自己

對父母而言，以否定方式評判子女是一把**雙面刃**。[23] 他們想要使出嚴棒讓孩子徹底明白教訓，但因為對孩子的痛苦感同身受，反而也傷到自己。此外，父母還會焦慮地反省自己對子女的行為：「女兒今天這副德性是我造成的嗎？」或許還會自問：「萬一女兒無法克服這些毛病，她將來的人生會變成什麼樣子啊？」父母之所以會想挑子女的過錯，是為了幫他們矯正錯誤，但仍想對他們有好評、給予讚美，並享受在相互稱讚中開花結果的愛。而挑戰在於要以肯定方式表達責備，並將責備直指小範圍和特定具體的行為舉止，還要看著孩子帶著自身極為獨特的興趣和願望，走向引以為榮的未來。

讚美：大量或貧乏？

在某些家庭裡，讚美的資源很豐厚：認為所有人都值得被稱讚，而且很容易給出讚美，因為能讚美的事很多，資源不虞匱乏。然而，在有些家庭裡，讚美則供不應求。在前者的家庭中，「你姊姊很漂亮／聰明／樂於助人／有趣」傳遞出的是溫暖和包容的訊息：「我們全部都很棒。」在後者的家庭中，對一名家庭成員的讚美就暗示了對另一名成員的不認可，隱含的訊息是：「姊姊值得讚美，但你不值得。」

一個對於出口讚美抱持謹慎態度且吝於給予的家庭，經常會解釋它有「高標準」。為了值得讚美，你必須比其他人優秀。虎爸虎媽認為，贏得獎勵和出類拔萃是孩子的職責本分，對他們來說，讚美是競賽，沒有贏就會讓關係決裂。這類父母傳達的訊息是：「我要你比別人得到更多讚美，你未能達到這個要求會讓我覺得失落。你這樣傷我的心，應該要感到慚愧。」[24]在這種評判系統下，讚美是將孩子架在刀口上。

我過去在大學工作很多年，那裡的學生都是各高中的「特優生」。[25]學生琳達針對她的每週報告問我：「它落在哪個百分等級？」她不懂我在稱讚那份報告時，為何會回覆她：「遠高於平均水準。」她眼中充滿淚水，抗議道：「所以我無法甩掉其他人囉！」她將我的讚美聽成是貶詞；除了褒獎「特優」，其他任何話都沒有價值。

艾薇在大一時跟我說想放棄數學，因為她只是程度一般般的學生，而她在高中時的數學始終位居「特優」。現在她自覺「很氣餒，簡直是廢柴，因為有太多人比她厲害。」艾薇的論點是，如果只讚美特優表現，那讓自己維持在很小的參考圈內，並且避掉新的挑戰，這樣會比較安全。

成為「特優生」的要求會引發一連串焦慮。焦慮會存在於看見別人受到讚美，以及掛慮別人的優秀會如何影響自己在讚美等級中的排名。當我們無法掌控別人的優異表現時，對於保持第一也會有焦慮。可能還會對別人的成功心存病態的怨恨，因為在「讚美是競賽」的評判系統中，父母和孩子都可能覺得別人的榮耀是威脅。

❖ 最受寵的小孩反而會毀掉自己

當讚美匱乏到在兄弟姊妹之間必須定量配給時，每個孩子就會活在與排擠威脅為伍的日子中。被挑選當「好孩子」或許會給予短暫的安慰，但成了兄弟姊妹中的「壞孩子」，也會讓家中所有孩子忐忑不安。他們會揣度：「什麼時候可能會輪到我變成壞孩子？」每個孩子或許會可憐被當成責備目標的手足，也會因為霸著似乎限量的讚美不放，而心懷內疚。

二十九歲的蓋文反思身為「最棒」的兒子這件事：「我一直覺得弟弟被處罰是我的錯。」小蓋文三歲的弟弟史丹「總是惹惱」母親；偶爾被留校察看，就成了衡量他前途無望的指標。「我媽對著史丹大吼開罵，還提醒他和我相比之下有多差勁時，我只是愣在一旁。讚美從來沒有讓我覺得自在，我總是竭力要迴避讚美。史丹無論何時惹麻煩，我都確信為他解決問題是我的責任。

這是很痛苦的事，感覺弟弟挨罵都是因為我。」

最受寵的孩子感覺會特別受到眷顧，就像穿彩衣的約瑟（Joseph）一樣，未來帶著嬌貴的光環出頭[26]，但這種概念與許多心理學家充分證明的文獻記載相悖；他們的文獻提到在「媽咪寵兒」[27]中，獨特的自我蹧蹋（self-sabotage）症候群。[28]最受寵的孩子可能會藉由暗地毀掉自己的成功，試圖減輕內疚和焦慮。最受寵的孩子對遭排拒的手足雖然喜愛，卻感覺疏離。就蓋文來說，即使已經長大成人，讚美仍是一種負擔，還為了弟弟的過錯責備自己。在這種扭曲的評判機制中，讚美會讓他感到羞愧。[29]

家庭對情緒的評判

「干預式」vs.「響應式」家庭評判系統

所有家庭都會對情緒做出評價。在干預式評判系統（intrusive judgment system）的家庭中，會認定有些情緒是不良的，當孩子表露這類情緒時，就會被告誡「因為有〇〇情緒而該受到責備」之類的。而在響應式評判系統（responsive judgment system）的家庭裡，有些情緒被當成是問題的徵象，會引來以下的提問：「你為什麼會有這樣的感受呢？」

對彼此的情緒也可能是評判的焦點。一個人對家人（尤其是對父母）的鍾愛和尊敬通常是準則。不敬、嫌惡和鄙視其他家庭成員一般都被視為不可取，但這並不代表他們不會產生這些情緒，然而真的表露出來時，他們就會招來責備。家庭也會監控家庭成員對鄰居、老師、同儕和朋友的情緒。有很多（但絕對不是所有）家庭認為，憤怒、嫉妒和憎恨是不可取的，接著就會提醒孩子忍耐、公平合理、彬彬有禮與自制的重要性。然而，這所有的「不可取」情緒，我們多數人偶爾還是會有。接下來，另一方的回應方式，無論是帶著譴責或責備去駁回，或者是帶著與讚美有關的好奇與興趣（即使認同這些情緒要按捺住），讓人感受到的不是羞愧，就是釋懷。

有天在家長與青少年研究的過程中，貝蒂解釋說她和十三歲女兒蘿蘋必須結束會談了，因為蘿蘋得去探視做完化療療程後正在養病的表姊。「我才不想跟你去呢！我討厭去探病！」蘿蘋抗議道。她的母親看來似乎很吃驚：「這不像你。你向來對表姊很好。你都相當有耐心，也很和善。」

「你不像是會說這種話的人」和「我不敢相信你竟然要這樣做」，暗示了孩子較陰沉、憤怒與叛逆的面向是不可取的，也隱含父母需要子女只感受到正面積極的情緒。母親的讚美是提醒蘿蘋：她**應該**有何感受。然而，無論理由有多充分，潛藏在訊息（表姊已經難熬一陣子了，你應該要很樂意花時間陪伴她）之下的含意，就是她覺得很可恥。

在有些家庭裡，除了快樂，其他情緒都是不可取的。珊曼參加我的中年人研究時，提到她母親：「每當我沮喪時，她的焦慮就會噴發。她不會看著我，而是藉由哼歌填補沉默。我會覺得生氣又羞愧。」聽到孩子以相當負面消極的方式陳述自己的生活（我覺得一無是處、我感覺好像快滅頂了、我不知道怎麼過下去），任何父母都會心煩意亂。孩子訴說的事有些是難得聽到，有的則是發出有麻煩的訊號，但父母拒絕傾聽孩子的感受，執意要求：「你真的不可以這樣想！」或「你怎麼可以說出這種話？」，就是傳達出責備的訊息。

然而在有些家庭裡，正面積極的情緒反而會受到責備。對無法感受喜悅的家族成員來說，興奮與欣喜之類的情緒會被當成是一種冒犯。著有《壞母親》（*Mean Mother*）[30]的佩格．史翠普（Peg Streep）在書中提到，她家的評判系統是禁止喜悅開心的。史翠普的母親會因為女兒的快樂而惱怒與反感，她的論點是：「我如果沮喪失望，那其他人就不該覺得日子很快活。」遇到類似狀況的還有卡勒斯，他是家裡第一個上大學的，期待父母鮑伯和瑪莉亞能分享他獲頒獎學金的興奮之情，但瑪莉亞卻認為：「卡勒斯的一切都來得很容易，他以為能拿到獎學金全是憑他一己之力。他都沒感激我們的付出。」然後鮑伯就說：「他迫不及待想離開我們。」[31]透過譴責卡勒斯的快樂，鮑伯和瑪莉亞抵消了彼此的焦慮和怨憤。鮑伯表示：「他還沒搞清楚狀況，不該就這麼興奮。」瑪莉亞的結論就是：「他向來不替人著想。他應該多考慮一下別人工作上的壓力，不該當面炫耀自己。」對鮑伯和瑪莉亞來說，卡勒斯的成功威脅到他們與兒子之間的連結，因此覺得卡勒斯的興奮隱含對他們的否決、批評和責備。

干預式評判：犧牲真我，只為滿足他人期待

「你不該有這種感覺」或「你這樣感覺是錯的」，是給子女出了一道進退維谷的關係難題。孩子因為這些感覺而蒙受責備時，會怎麼想？如同英國著名演員暨電影製作人約翰・克里斯（John Cleese）和精神科醫師羅賓・斯基勒（Robyn Skynner）在詼諧與洞見十足的合著《家庭與家庭生存之道》（*Families and How to Survive Them*）中提到：「對愛的依賴，會在我們的感受與思維上賦予一種道德態度……如果家庭認為（或者表現得好像）生氣具有毀滅性，而且極其有害，那你或多或少在道德上會覺得很糟糕，因為那是假設你正在用你的感受傷人、使人失望。」[32]接著孩子就必須在緘默與壓抑這類情緒或遭受責備之間抉擇。

然而，情緒會幫助我們發現真我與自己的需要。就像美國哲學家瑪莎・納斯邦（Martha Nussbaum）在她有力與富啟發的著作《思想之劇變：情感的理智》（*Upheavals of Thought: The Intelligence of the Emotions*）[33]中的論述：情緒是我們與世界連繫的紐帶；針對喜愛與厭惡的事物，情緒會給予我們參考點。怪不得所有父母教養小孩時，管教情緒就像管教行為一樣小心謹慎，而且也讓彼此的情緒同樣快速地受到讚美與責備。

美國心理學家卡蘿・吉利根（Carol Gilligan）於《喜悅的誕生》（*The Birth of Pleasure*）中，完美詮釋我們因正面積極或負面消極的感受而遭責備時，所面對的矛盾：在自身感受會招致責備的關係裡，你能夠維護這段關係的唯一辦法，就是跳脫實質關係，改換成一種「偽裝」關係。[34]

你會犧牲真實的自我表現，轉而選擇贊同。隱藏真我，目的是為了讓自己展現的形象得到認可。你甚至可能會覺得內疚，因為認為自己的情緒傷害了家人、喜愛的人，以及你依靠的人。於是你可能會壓下自己本身的情緒：「如果他們看見我的需要與渴望，就會評判我是毫無價值的，也會羞辱我。」

從我們喜愛的人身上尋求認可，又要堅持我們極度個人化的評判量尺——當我們最深層的情緒和渴望未受喜愛之人重視時——兩者形成的難題會衍生出英國精神分析學家唐諾·溫尼考特（Donald Winnicott）所謂的「假我」（false self）：「他人的期待會凌駕一切，壓制或否定與個人存在本質息息相關的原初自我感。」[35]

蒙蔽眼：你心中負向的內在裁判

深入了解我們的家庭評判系統，是理解我們內心世界的關鍵。內在裁判這個監督尊重與輕視、[36]自誇與自責的私密旁觀者，是一個混合體，融合了伴隨我們長大的家庭評判系統，以及我們日復一日使用和琢磨的個人評判量尺。有深植我們內在的評判，也有早已銘記於腦海中的評判聲音。兩個評判領域之間的大衝突，會嚴重扭曲我們對讚美和責備的衡量標準。

每個內在裁判都有自己特有的個性。[37]我們對內在裁判的想像，或許可以從英國小說家菲力普・普曼（Philip Pullman）在《黑暗元素三部曲》（*His Dark Materials*）裡所描述的個人守護精靈輪廓中看到：它是內在自我的化身，卻複雜又反覆無常，能說出個人想法，又能呈現別人的敦促。[38]

透過有彈性的尊重支持、各種正向反饋保護，以及適度的自利偏誤，大多數人的內在裁判會傾向於讚美，並削弱責備的襲擊。舉例來說，我們公開演說時，和藹寬大的內在裁判會投射溫暖目光在我們的手勢、言詞和動機上，帶著「很好！你做得很好！」的低語支持我們。然而，有些人身上的內在裁判就會透出懷疑的寒意，不斷對自身的言詞和動作吹毛求疵；它會對人咆哮，盤問道：「為何你沒辦法講話不結巴？」和「為何你會問這種蠢問題？」換成另一種情境時，比方我們可能得縮短探視一位哀傷友人的行程，內在裁判就會發出噓聲說：「你怎麼可以這麼自私？」

這個住在否定評判系統中的內在裁判，會將焦點集中在每一個短缺不足，並放大每一項弱點。它會忙著奚落我們，而非指引前方道路。它的沉悶聲音會凌駕正常自重自愛的溫和寬容，並蓋過個人直覺的評判心聲。它也有抵銷讚美的力量。由於快速感覺內疚的人對臉部表情和其他代表否決的微小信號也特別敏感，[39]因此負面否定的內在裁判就會自我增強：我們會透過它的指責目光，解讀他人對我們的反應。

美國心理學家黛娜・克羅立・傑克（Dana Crowley Jack）稱這類型的內在裁判為「蒙蔽眼」

（over-eye）。[40]蒙蔽眼會體現在教養或文化的規範上，這些規範會取代我們敏感與試探性的評判量尺，並「讓自我緘默」。讚美與責備之間緊繃的內在對話，會在人的一生中持續不斷，克羅立・傑克的用詞為這種對話提供了一個闡釋模式。

內疚：一個內化的否定聲音

當我研究女人如何應對從年輕到中年的變化，我聽到太多來回於責備的陰影及渴望得到尊重的本能之間的內在對話。[41]在許多案例中，責備的陰影源於人生早年的家庭互動。在這個時期，孩子透過別人對待自己的方式，很輕易就形塑了對自己的觀點。現年五十多歲的朵拉，無論在個人與職場專業上都擁有很多成就，是這群研究對象裡的傑出人士，但一股她稱為「總是浮出檯面手舞足蹈的瀰漫性內疚」，看來似乎壓倒了她的成就。她明白這股內疚起於一個內化的聲音，是一個訴說母親否定聲音的腹語者：「它並非衡量我是誰的標準，但它是沒完沒了的裁判。我試圖駁倒它，不過始終鞭長莫及。」

朵拉兩歲起，就被貼上「調皮搗蛋」的標籤。這個小丫頭「去動其他小朋友的玩具，真是調皮搗蛋」。這個女孩子就是「被寵壞」「任性」和「固執」。穿壞鞋子、愛瞪人、要點心和早上賴床等，全是她性格缺陷的證明。朵拉整個童年都在想方設法要避開責備，而且不管是兒時或成人的她，都努力要取悅母親，卻從來沒成功，即使她的事業成就非凡、為人可靠與正直。

家庭評判系統塑造了你的大腦情緒迴路

朵拉必須讚美遲鈍的反應、責備高度敏感的反應，這很可能來自她的家庭評判系統制定的神經迴路（neurological circuits），因為她小時候反應太快、太大就會被責備，漫不經心、若無其事，就不會被媽媽注意到。過去三十幾年來，美國著名神經科學家理查．戴維森都在研究情感神經科學，也就是研究在人類情緒生活中被啟動的大腦機制。他和研究團隊發現，人類大腦在讚美之類正面積極體驗的敏感度上，有多達百分之三千的變化，而對責備之類負面消極體驗的個人反應，也有類似的變化。[42] 對責備能輕易不屑一顧的人，與對讚美不為所動的人，其大腦的快樂中樞和痛苦中樞內會有各種不同的活動。不過戴維森後來發現實情更複雜：最後證明，大腦對正面積極和負面消極經歷記錄的種種變化，影響力遠遠不及出現在大腦內的「對話」。[43]

打從出生開始，大腦就開始為它的獨特對話建構迴路。父母的關注與照顧，助長了從警戒到安撫的反覆轉變，這些轉變帶來一種**管控情緒的模式**。[44] 一般來說，記錄我們對讚美和責備初步反應的原腦部位[45]（尤其是杏仁核），會受到更熟慮的大腦部位（左前額葉皮質）[46] 影響。在我們意識到自己的感覺之前，有個大腦部位就會和另外的大腦部位對話：面對責備時，「知道」我們應該得到尊重的前額葉皮質會發出「噓，冷靜下來」之類的訊號。不過當一個孩子經歷任何形式的持續性否定（包括忽視或虐待），高量的壓力荷爾蒙可體松就會阻礙這些安撫對話。我們的前額葉皮質認為責備是正常或正當時，它就沒辦法緩衝杏仁核的警報。

整個童年時期，我們都在建構和琢磨自己的人際關係模式：讚美和責備大概要納入多少量呢？該如何駕馭它們呢？在形塑這種模式上，兒時的經歷特別重要，因為大腦在嬰兒期和孩童期發展十分快速，不過大腦終其一生都保有改變的能力，尤其當我們能確定自己想改變的事情時。苛刻的蒙蔽眼很頑固，但未必要成為我們內在裁判的永久特性。

體檢你的家庭評判系統

要評估內在裁判是否可能與自身較適當的評判脫節，可先從鑑別自己家庭運作的評判系統開始審核。

❖ 僵硬vs.彈性

讚美與責備似乎是由神聖不可侵犯的權威所支配嗎？你有辦法為自己辯解，並和父母協商出較愉快的評判嗎？或者當你竭力表達自己的評判，會被視為攻擊？

❖ 以一概全vs.具體特定

你體驗到的家庭評判系統，責備是否為以一概全呢？單純一句話或一個行動，是否就會觸發對於以往過錯，或者根深柢固的性格缺陷的責備呢？當你犯錯時，是否會被宣告悲慘的預言呢（再也沒有人會喜歡／信任／欣賞你）？

比起評判為具體特定、且直截了當陳述過錯的家庭，以一概全的家庭評判系統將給予日常責備迥然不同的力道：「今晚的餐會你遲到了」與「你不會替別人著想、輕率和懶惰」，前述的責備是實情，後述的責備對孩子來說絕對會讓他們驚懼。

如果你所體驗的是僵硬的家庭評判系統，尤其否定的評判如果又是以一概全時，你很可能就會對責備有激烈反應。這種反應的起因，或許是你認為自我防衛時說的話都沒人聽，甚至更糟的是，企圖防衛還會觸發更多責備。

❖ 定義vs.指引

你體驗到的家庭評判系統，會界定「好」與「壞」的成員嗎？或者只留意可取與不可取的行為？

如果你是在一個以「好」和「壞」定義性格的家庭評判系統中長大，或許就會覺得要區分具建設性的批評和責備很困難。有可能會發覺自己變得太焦慮，而無法聚焦在具體特定的批評上。無論誰對你做的任何事說了否定的話，你就會改而採取火力十足的攻擊，先發制人。

你或許也會將批評視為固定不變與最終結果。如此一來，批評並非指引你去考慮矯正某些不足或疏忽，反而是讓你的注意力卡在批評的否定含義上。

❖大量vs.貧乏

在你的家中，讚美是否總是帶競爭性，所以對其他人的讚美就是拒絕認可你？在任何特定時間點上，只能有一個人值得讚美嗎？

如果這就是你家的評判系統，那其他人被特別提出來讚美時，你或許就會覺得很焦慮。你苦苦糾結的感覺，也許就是所謂的嫉妒，但這種感覺其實是恐懼，害怕他人得到讚美，就是代表自己有缺陷。

當你贏得讚美時，或許也會覺得焦慮，因為你會料想這是短暫的，或者不久就有個被公認為更值得獎勵的人，會輕易篡奪這項讚美。

❖響應式vs.干預式

你情緒中的大量主觀性是否受到尊重呢？或者你的感覺都要遭受懷疑目光的審視？

如果你在家庭中體驗到的是干預式評判系統，你的負向內在裁判可能就會超級活躍。每逢有任何跡象顯示有事情出錯時，儘管錯誤不大，但你或許就會指責自己很蠢或不中用。你也許會對自己的情緒覺得羞愧，並擔心沒有應當有的感受會讓別人失望。你可能會持續質疑自己的優先選擇和渴望：「我不該有這種感覺。」和「我應該／不該想要做這件事。」這代表有雙否定的蒙蔽眼正在規範你的評判量尺。

了解自己的情緒如何形塑日常反應

由溫尼考特所謂「個人存在本質」所衍生的需求，要與贏得讚美的重要性取得平衡，是一項終生的挑戰。[47]我們無法改變過往的經驗，但心理學的研究顯示，理解自身感受會賦予我們力量去修補破裂，然後朝正面積極的方向邁進。[48]明瞭自己的情緒史和它們如何塑造我們的日常反應——也就是心理學家經常提到的反思功能（reflective functioning），不僅會有解脫釋懷的感覺，還會鎮定與強化神經活動，開啟一個我們可以評估自己思維與渴望的心智空間。[49]然而能夠協助我們駕馭（無論是輕鬆或困難）自身評判的，不僅是家庭而已。更廣闊的社交領域也會發揮作用，尤其是朋友之間，我們會在當中體驗到讚美與責備的龐大力量。

第五章
同儕間的讚美與責備

透過朋友的目光看見自己

無論在原生家庭中習得的讚美與責備為何，都只是我們在更寬廣社交領域檢測自己的前奏。在友誼關係中，我們會去滿足自己對探究他人評判系統的渴望，摸索出對方獨特的讚美與責備地圖。在孩童與青少年時期，朋友會成為借鏡和典範。我們為了展現自我，會將心思放在密集的交友活動上，這樣才能藉由朋友的目光看見自己。我們期盼「真我」受人讚賞，但又了解自我揭露所存在的風險：別人可能會評判我們有缺陷，將我們逐出溫馨的友誼圈。

這種排擠的代價很高。沒有朋友的孩童會遭同儕迴避或成為被霸凌的對象，身陷更為不利的境地。缺少知心好友的青少年面臨憂鬱、自殺、逃學、未成年懷孕、吸毒和加入幫派的風險會提高。[1]友誼在人的一生中，會持續不斷為身心福祉帶來莫大的健康好處；朋友真的可說是對心臟有益。[2]但與朋友建立友誼，就和面對父母、愛人、同事之間的關係一樣，會讓我們身處在又歡喜、又痛苦當中。我們要擔負駕馭他人評判系統的任務，而他人的評判系統可能不會討好我們，也沒有自在舒服的感覺。在這個過程中，我們實踐、檢測與發展自己的評判量尺，也學到贏得讚美必須採取的表現，以及避開責備的方式。這包含學習**忠誠**、**友誼的典範**，以及**可取的性別表達**，或者學到怎樣才算是一個好的男性朋友或女性朋友。

不同的性別，不同的評判文化

在童年時期，讚美是一種共同貨幣[3]，流通於友誼中，而且有嚴格的規則。正常來說，在給出一項稱讚的兩分鐘內，對方就會回誇。雪萊高舉和法蘭互牽的手，對著她說：「你有漂亮的肌膚。」然後法蘭就會跟雪萊說：「你有全世界最美的眼睛。」這種交流是「歸屬」的基本標記：我讚美你，也有把握得到你的讚美。最重要的是，信任朋友不會彼此譴責或嘲弄。

雖然男孩子之間不太可能像女孩一樣，會挽著手臂一起走，撫著彼此的頭髮，[4]不過他們也會交換讚美，即便表面上看起來是競賽。男孩子讚美彼此幽默的方式，就是聽了笑話會立刻發笑，然後帶著顯而易見的歡喜複述笑話。他們還會相互讚美對方的技藝：「（你命中的）這顆球是遠射。」或者對一次的失準交換逗趣與同情的眼神。即使是摔角與格鬥，男孩在屢次以「哇，痛死了！」承認一名友好敵手的技巧時，也比較可能是讚美多過責備。然而，有時候有人會說男孩子對閒言閒語十分不敏感，不過當八卦影響到尊嚴或尊重時，他們就會高度重視名聲。

女孩和男孩會體驗到不同的評判文化，因為他們的友誼團體從學齡期到青少年初期往往是高度分割的。女生會和女生一國，男生會和男生一國。男孩如果試圖打入女生群中，通常都是故意要找碴。如果有個女孩嘗試要打入男生圈，她非常有可能會遭到排斥。[5]

對於女人或男人的角色認知，是透過讚美和責備學習得來

孩童友誼中的性別隔離似乎無處不在，這類情形在不同文化與階級中都存在。[6]大人經常會鼓勵女孩和男孩一起玩，但孩子本身會堅守自己所屬的團體。也許這與孩子從出生後對於和自己相同性別的兒童比較感興趣有關，[7]或者也可能是因為他們擁有不同的遊戲和互動風格。男孩和女孩喜歡玩的東西不一樣。[8]男孩樂在肢體的打鬧，也會更直接投入彼此的競爭（男孩與女孩投入遊戲的時間約為百分之五十與百分之一）。[9]一般也認為，女孩比較會和朋友合作，男孩比較好勝，[10]但這只看到了表面，而忽略了事實。女孩間的衝突經常會偽裝成別的狀況，像是女孩為達一己之私，會以輪流玩的承諾讓玩伴息怒，或聲稱她是為另一個人而想要某件東西：「現在是瑪莉要我拿的。」[11]男孩之間的合作很常見，而且他們的友誼充滿親密的情感交流，但這些情感往往隱藏於玩笑之下，或保持得十分低調。

這些差異似乎不是與生俱來的。英國劍橋大學心理學家梅莉莎・海因斯（Melissa Hines）在公獼猴和母獼猴身上看到很有趣的數據：幼猴對玩具呈現出的偏好與人類小孩很相像：公獼猴會挑玩具汽車和火車，母獼猴會選洋娃娃和烹調鍋具。[12]儘管這些發現可能是獼猴特有的，但間接呈現出深化、演化後的偏好；不過在人類兩性中，迄今為止，絕大多數的性別差異都不是天生的。[13]對於諸多女人或男人的角色含義認知，是透過讚美和責備學習得來，而且朋友的評判提供了相當徹底的訓練。

孩子隨處都看得到「性別」。每個玩具、遊戲、故事都會設想男性或女性。很少有東西是性別中立的，儘管他們的玩具並沒有固定的性別。以男孩為銷售對象的人物公仔，輕易就能針對女童變成需要人照顧的娃娃公仔；遇到男童，綁著粉紅色蝴蝶結的泰迪熊也能變成太空人泰迪熊。但孩子仍然會把許多活動當作「適合」女孩或「適合」男孩。雖然老師和父母經常會監督電影和電視節目，防範這類性別的刻板印象，但太容易忽略孩子透過自己的評判，互相發揮的影響力。

女孩的友誼與「責備管控」

當一個女孩為了當個好朋友而讚美別人時，很可能她的意思是指朋友懂她。這表示朋友要對她的外表、思維、感覺和行為有好感。知心，在友誼關係中包含了讚美。

我和朱瑟琳．喬塞爾森研究女孩和女人的友誼時，發現女孩（尤其是童年後期與青春期的女孩）會利用朋友當借鏡，映照出一個可以受人讚賞的自我。[14]當女孩們互通電話、一起購物和單純聊天時，會透過持續互相讚美的方式鞏固她們的依附關係。十六歲的嘉貝里拉確信雪萊是她最好的朋友，因為雪萊說她的皮膚「還不錯」；至於另一個女孩以虛偽的同情心說出「喔，真是不巧，我看到你臉冒痘子的時候」，就顯示出一個截然不同的關係。對自己的身分和模樣毫無把握的青少年，會仰賴朋友拼合出一個討人喜歡的自我形象，但這種形象實在太容易在社群生活的打鬧爭鬥中粉碎。嘉貝里拉說：「當有人對我討厭的青春痘評頭論足時，我會感覺整個人正在四分五裂，直到有個朋友對我說：『你並不醜』，我才再次感到完整。」[15]

十六歲的凱莉是我們的另一位研究對象，她提到自己最好的朋友會在她描述家庭狀況時，詢問「上百個問題」。她表示：「我喜歡她這麼感興趣，但最棒的是，當我擔心自己是否搞砸時，她會說：『沒有、沒有，你做得很對。我不懂你媽怎麼會說你不替別人著想呢？你是我認識的人當中最體貼的一個了。』」[16]凱莉的朋友帶著「敘述式讚美」（narrative praise），也就是強調對方有價值與英勇特質的行為陳述，幫助她平息受父母責備所引燃的怒火。

女孩子會指望一個朋友在「責備管控」上能夠幫忙。朋友會揭露你的「真實」名聲、轉述其他人對你真正的想法，還會做你的靠山，這表示當她聽到關於你的負面八卦時，會挺身為你辯護。她甚至會塑造你的人生故事，無論它有多混亂，都會變成美好與體面的故事。

社交解碼：看懂他人的評判

了解誰對我們有好感、誰又和別人意氣相投，是社交導航（social navigation）不可或缺的要件。因此，孩子的第七感會伴隨他們的友誼發展，這時評判即使暗藏於微乎其微的互動中，他們都要去解碼：她的微笑是在告訴我什麼訊息？如果他別過臉去，是什麼讓他感到厭惡呢？我很容易討人喜歡嗎？哪個團體會歡迎我，哪個團體會拒我於門外呢？在我隸屬的團體中，我受人讚賞嗎？要是果真如此，那別人是讚賞我哪一點呢？

這種社會教育始於童年時期，但不會終止於此。我們終其一生投入於各種互動，從中辨別誰擁有他人的認可與遭到否定。這項複雜世故的技巧包含追蹤人的注視對象、眼神是否交流，以及雙方目光是否同步。這牽涉到留意一個人是否與另一個人長時間對視，而且在眼神交會中，彼此是否覺得自在。[17]這項技巧還包括探測人們可能認為自己當下已隱藏的評判。

禮貌：社交技巧就是隱藏負面評判，卻經常露餡

隱藏自己的評判是必要的社交技巧，而這就是所謂的「禮貌」。禮貌的規則會要求隱藏負面的評判，以免我們去傷害某人的尊嚴。但我們的人際生活中，最耐人尋味的事情之一，就是我們的偽裝可想而知都會露餡。就算對方沒有說出他們的想法，我們也會意識到誰真的對我們有高度評價，誰又對我們不滿。同樣地，我們經常忽略自己也會對他人洩漏自己的評判。

美國社會學家厄文．高夫曼（Erving Goffman）宣揚的自我呈現（self-presentation，又稱自我表演、自我展現）概念，是指人為了營造自己在別人面前的自我形象，所採取的手段。這個概念強調了人們心照不宣的默契：那便是不去揭露我們其實是能夠看到他人試圖隱藏的東西。當有人講話噴出食物、擦鼻涕或褲襠拉鍊沒拉，我們會移開目光，或假裝沒注意到。[18]

依循禮貌的規則，我們也會**假裝**自己無法探測到他人所隱瞞的感受。當我們看到虛假或不誠懇的笑容，往往會繼續互動，彷彿這個笑容很真誠。當有人發脾氣後再道歉時，即使我們對這個人的評價已經徹底崩毀，還是會說「別在意」或「過去的事就別提了」。當有人開口都聊自己和成功事蹟時，雖然我們覺得煩躁和無聊，但依然會說「做得好」或「了不起」或「哇」。當有人誇張不實地告訴我們「我實在很笨」或「很抱歉要麻煩你」，基於禮貌規則，這些話是想要求安心，就算我們也許發覺對方確實愚蠢且煩人，仍會說「一點也不麻煩」與「我不介意」。

禮貌規則並不會削弱評判的力量與流動。我會記得強裝笑容的人很不快樂、虛情假意或冷淡。針對我所原諒的動怒者，我會認定他終究不是那種值得欽佩的朋友。那個整場晚宴都坐在我身邊、無法擺脫自負的人，我可能對他的成就和獲獎深感興趣，但我仔細衡量後，還是會對他做出如下評判：「他是個自負又討人厭的傢伙。」或許，我會對此人加貼評價標籤，拿去跟我重視的人（也重視他們的評判）討論，我可能會問：「你對傑夫有何看法？」藉此檢測我自己的評價。

為批評朋友而自責

正面肯定的評判，也歸我們的社交檢查員（social censor）掌管。藉由戴上中性面具的方式，我們或許想壓制自己對一張美麗面孔的興奮與著迷。當有人尋求讚美時，我們會誇大自己的熱情。在朋友對我說她升職時，我就會說：「太了不起啦！」我會覺得高興卻未必十分興奮，而且幾分鐘內又會去忙自己的日常業務與一般事務，或者還可能是鬱悶地苦思自己的失望。我的誇大熱情並非虛假，但它衡量的標準是我覺得朋友有權感受到的高興程度，而非我個人實際上感受到的高興程度。誇大，被接納成為社交儀式；當然，誇大的高興有時是要掩飾強烈的負面感受，例如：嫉妒。

有時候，我們會為了自己的評判而自責。我們深陷於「自己真實的感受」與「自己應該有的感受」的複雜內在對話當中。在我和朱瑟琳・喬塞爾森針對女孩和女人的友誼研究中[19]，我們目睹百折不撓的努力，為的是要對朋友公平、避免刻薄卑鄙，以及下的評判「從〔我朋友的〕觀點來看，是合理的」。

十四歲的艾咪在劍橋市區外就學，我在她的學校裡進行訪談。她質疑自己的評判是否符合當好朋友的標準：「露西是我的朋友。她是散文大賽的贏家，不僅老師讚美，似乎連她的爸媽、我的爸媽等所有人都紛紛對她發出讚歎聲。而我是用咧嘴大笑粉飾自己的表情，這確實很傷人，我的胃感覺挨了好幾刀。霍！霍！我沒為她感到高興，所以我是壞人嗎？」

三十二歲的琳達也是我們友誼研究的對象，她證明這些平衡朋友讚美和責備的努力，會在成人的友誼關係中延續。琳達沉思自問道：「我**應該**和克萊兒站在同一陣線的，可是當她喋喋不休談著前任搭檔說她令人畏懼三分的事情時，我儘管嘴巴回她：『喔，這樣說太不公平，』但其實內心想法南轅北轍。前搭擋說與克萊兒相處很無趣、她很悲觀、時常小題大作、散亂無章，還有她是控制狂。而我背地也在想：『確實，克萊兒就和他說的一模一樣。』所以我當下是在責備自己應該要支持的朋友。」

我的一項新研究，揭示了舊有的偏見在女人的友誼關係中有何差異，[20]以此為啟發，我近來也著手一項男性友誼關係的研究，我在過程中聽到二十二歲馬丁的反省：「杰德是我多年的朋友，我指的可是**長年以來**喔！以前一直都很自在。我們一起做事、聊天，單純混在一塊。但最近，我搞不懂怎麼回事，可能是他有光鮮亮麗的工作，也或者是他吐露自己女友和其他女孩的事，反正我就是覺得『這傢伙很討厭』。那個當下……你知道的，就是在我覺得『你是混蛋，你這個大混蛋』的時候，我會不知道自己該怎麼辦。我不曉得要**看**哪裡？我想他以為我很欽佩他呢！我必須起身走來走去、看著我的手機，想盡辦法逃避將他想成這麼壞的怪異感覺，而他就杵在那裡，一副得意洋洋、滿心歡喜的樣子，自以為我覺得他很了不起。」

我們會和自己的評判搏鬥，並擔心我們讚美和責備別人的方式，是否會讓自己值得讚美或該受責備。責備一個朋友時，我們會試圖管控自己的評判。也許我們就會說：「任何人都能讓你失望一次。」或者私下訓斥自己：「別這麼快譴責她。」或我們會推斷：「我會覺得惱怒，是因為累了，再加上今天真的諸事不順。」聽到一個朋友吐苦水時，我或許不覺得有什麼好同情的，也可能巴不得想脫身；但我會提醒自己友誼的重要性，以及展現出真實感受的強大殺傷力。於是，我會伸手去拿巧克力、聳聳肩、在椅子上變換姿勢，努力克制自己的煩躁。在此期間，遵循社交規範，我要傾聽和點頭，還要展現出一副有興趣與感同身受的模樣。但隱藏自己的不認同，我就能如我想像的那樣是好朋友嗎？

微表情會洩漏我們想隱藏的情緒

自以為已經掩蓋的評判，很可能會滲入我們強迫交際的臉部表情上。美國心理學家西爾文·湯金斯（Sylvan Tomkins）開創過幾個關於情緒和自我呈現的基礎理論，他曾帶著挑釁意味十足的幽默表示，人類的臉像陰莖。[21]他的意思是指陰莖會明示它是否被挑起性欲，根本假裝不了。從這方面來看，陰莖與人臉出奇地相似。

美國心理學家保羅·艾克曼（Paul Ekman）受到湯金斯和他身為人類學家的研究啟發，開展出一套「微表情辭典」。[22]這些轉瞬間的臉部動作，持續時間只有幾分之一秒鐘（介於十五分之一與二十五分之一之間），會表露出一個人在有意識或無意識中企圖隱藏的情緒。努力想藏住從自己或他人而來的反應，就會出現微表情。這些微表情與刻意裝腔作勢的情緒不一樣，它們是短暫鄙視、嫌惡、生氣、恐懼或渴望的表情。微表情會揭露不誠懇或虛情假意的表情所意圖要藏住的評判。有時，這些表情也會顯露出人們自欺或隱伏在意識雷達下的評判。

我們會察覺到這些微表情，經常在不知一切究竟之下，看穿一個人的言辭，窺見對方的評判量尺。接著，我們本身呈現出的真實評判，也會比原先打算表露的還多：嘴巴繃緊顯現的是生氣或嫌惡、瞳孔放大或眼睛睜大是發出興奮的訊號。**表情會在無意中洩漏我們的評判，然後反過來影響別人對我們的評判。**不經意間表露的真情，會讓我們對評判（無論是自己或別人的讚美和責備）保持警覺，即使是我們因遵循禮貌規則之下而假裝它們不存在時。

八卦、友誼與自尊經濟

除了禮貌，還要仰賴八卦。藉由八卦，我們滿足了對別人**實際上**如何分撥讚美和責備的好奇心。八卦是公共論壇，是我們學習何事可取與不可取的地方。藉由談論他人，我們分享並形塑對別人行為、個性、技巧、動機，甚至是外表的評判。[23]八卦的強調口氣——興奮、義憤填膺和愉悅（例如：什麼！真的嗎？**她不會吧！**）——會量測出對特定事情無法認可的程度。八卦擁有撬開驕傲的假象、挫挫他人的威風並使之安分守己的威力；如果有人說謊、欺騙或偽裝自己，八卦也有力量戳破他們。有個人參加豐收祭活動卻沒播種或耕種，還有個人「卑鄙」「做事不公正」「口風不緊」或「搶了朋友的男友」等等，透過八卦，他們就會由於偽善、不誠實或不合群而蒙受羞辱。[24]藉由八卦，我們得知應該與誰交好、又該閃避哪些對象。

經由八卦繪製而成的社會評判地圖，可以掌控我們的行為，即使當下八卦並非針對我們。聽到關於他人的輿論時，我們會學到什麼算是高傲自大或不端莊，以及造就一個女孩美好、了不起或完美的事情為何。藉由八卦，朋友會透過分享與散播讚美和責備的方式，來監督與懲罰他人。

八卦的英文「gossip」如今已帶著貶抑的含義——就內容（一般認為八卦多半傳遞負面消極的評判）和行為表現（「八卦王」被認為是心懷惡意的人，經常指喜歡散播負面思維的三姑六婆）都是。但就起源而論，「gossip」的原意僅僅是指人們與自己的「教父、教母」（god-sibs）或親密同儕團體從事的活動。[25]而與同儕團體最常做的活動之一，就是聊天——閒聊的內容是其他人。

英國演化心理學家羅賓・鄧巴觀察人們消磨私人時間的方式。他從世界各地的許多文化中，歸納出人們使用時間的方式。他發覺，人有百分之二十的時間花在社會互動[26]，而這其中有百分之六十五聚焦於社會資訊的交流或閒聊八卦上。出乎意料的是，在無視刻板印象之下，鄧巴觀察到，各年齡和性別投入閒聊八卦的時間都差不多，並沒有太大的差別。[27]

女孩和男孩[28]、男人與女人、年輕人與老人都會參與八卦。鄧巴以他的行為進化觀主張，這種遠古、根深柢固且耗時的活動，很可能擁有一個重要目的，一項支撐與塑造了我們的目的。八卦的問題是惡名昭彰，因為它是非正式和非官方的，所以正確性難以核實。八卦傳達的資訊極為不可靠，別有居心的人可以輕易利用八卦讓動機遂意。成為八卦對象的人，往往不知道輿論內容，也無法防衛自己免受責備。儘管八卦有種種缺點，但鄧巴認為，我們現在或過去之所以有能耐生存於更大型的社群中、跟進別人、學習社交規範和經歷他人否定的代價，八卦都扮演著舉足輕重的角色。鄧巴總結說，八卦這個元素「讓我們所知的人類社會成為可能」。[29]

在人隱性的自尊經濟中，大多數人不僅介意其他人說了什麼，還在乎眾人對自己**可能**的作為**可能**會抱持何種想法，而八卦在隱性的自尊經濟中，擁有強大的影響力。[30]「這真的很下流」和「這顯示她實際上是什麼樣的人」，不只是針對特定一個人的背地評論。這些話還有警示作用，告誡我們也可能被別人下這種評語，並提醒我們從知情者變成被排擠者的轉換速度有多快。因此，**聽到別人的負面八卦時，擔心自己也會被他人如此評論的恐懼，會影響我們的行為**。

和大多數攸關人類持續生存的重要活動（例如性交）一樣，八卦是令人愉悅的。它帶來發現的興奮和知道內幕的刺激感。當交流的資訊是和我們有關係的人時，無論是否因為對方為自己認識的人，或是像名人之類在可能或想像的人生中占有某種分量的人，我們會表現出人類版的互相整飾行為（grooming），也就是類似非人類靈長類動物彼此撫摸與清潔的理毛行為，這行為往往會持續好幾個小時，並分泌能製造良好感覺與社會鍵（social bonding）的天然化學物質腦內啡。[31]**當耳聞其他人正在做什麼事時，我因為心中有數，所以會在我的社交環境中感覺更安心。**當有人給我一些非官方的小道消息時，我會感覺和對方特別親近，因為**提供重要八卦給一個人是信賴的一項指標**。

女孩的友誼與理想化的高標準

由衷的讚美 vs. 自我揭露的風險

跨出朋友讚美的安全區會置我們於險境，我們或許會猜想：「萬一她知道我的所作所為，會像否定其他人那樣不認同我嗎？」然而，不冒險就無法獲得友誼的好處。在友誼關係中的讚美，就和在家庭裡一樣，唯有當它認可真我的時候，才能令人心滿意足。僵硬的評判系統有時是女孩友誼的特徵，在其中暴露個性與瑕疵、洩漏自己做過的壞事或曾抱持的卑鄙想法，可是要拿出很大的勇氣的。我和朱瑟琳發現，女孩會培養這種勇氣，是因為她們想善加利用友誼能夠提供的一切。[32]

隨著她們養成清楚表達與自我呈現的新力量時，自我揭露在友誼中就變成至關重要的活動。女孩子會盼望有個朋友傾聽、賞識她們短暫嘗試尋求自我表達。然而，在女性朋友的世界裡，深信洩漏真實的自己就會伴隨遭否定的風險，並以此不切實際的理想築起籓籬。一個朋友會小心翼翼地檢測另一個人理解與認同自己的能力。她透過所有人都能識別的提示來監測認可狀態，例如點頭、發出「嗯哼」之類的聲音傳遞「我追隨你」的訊號、一個表達同情與專注的凝視，或者是一個擁抱。

我在與朱瑟琳．喬塞爾森的共同研究中，**看到善解人意如何發揮讚美的作用**。十四歲的凱倫向我們描述她從朋友潔西卡身上感受到的安心：「我們一起聊天，我明白潔西卡懂得別人就是會失去理智，她理解那不代表這個人很壞或發瘋了。我知道她不會對一些事大驚小怪。你知道嗎？這些事……呃……你知道的……甚至包括『有時候』想要謀殺我媽之類的事。大部分人可能會回應：『齁！你怎麼可以這樣說？你不是當真的吧！』但我就是當真，因為滿腔怒火會讓人感覺想要……你知道的，想要宰人。而潔西卡會傾聽和理解。她不會嘲笑或嗤之以鼻。這令人非常愉悅。」

透過八卦，女孩會發現自我表達的安全界線

凱倫藉由另一位朋友，也學會其他想法和欲望或許能得到贊同。她留意到安娜如何談論姊姊：安娜會欽佩姊姊的「遠大目標和勇氣」。凱倫察覺到的線索，是自己可以和安娜談論抱負，而且她不會「像我其他朋友那樣，覺得無聊或可笑」。於是，透過閒聊八卦，女孩會發現自我表達的安全界線，以及對抗刻板印象的可能性。八卦也擁有讓人邁開步伐向前行的力量：「去那裡沒問題；這些想法和感受不會讓你變成壞人。」

凱倫住美國維吉尼亞州，離她家約三千兩百公里外的地方，艾咪也在期待向裘絲談及「蠢事、極為私密的事」時，能得到類似的安慰：她說自己和一個「魯蛇」發生關係、母親酗酒，以及她對妹妹的擔心。她渴望「來一次十分痛快的促膝長談」，因為朋友「會幫助我看到，在一團亂當

中，我的行為確實沒問題，也代表我的確是堅強的人」。艾咪說：「和裘絲聊天實在很棒。感覺我的內心沒有這麼反感了，而且覺得我比表面上看來的還更美好。」

期待友誼永遠和睦：違反人性的高標準

但幾個月後，艾咪和裘絲的友誼生變了。「裘絲與柯斯蒂相處的時間遠比和我在一起時還多。然後有個女孩子開了我媽的玩笑，接著用手摀住嘴，看起來就像一個人湊著瓶口豪飲一樣。我很想吐。我所認識的裘絲，是不管誰對她說什麼，她都承諾絕對不會洩密的人。關於我是真正的好人、確實很堅強的所有說詞，全是假的。當我不在場時，我再也不是勇於承受的堅強女孩，以及你知道的，那個受人尊重的女孩。我成了家庭一場糊塗的低劣邋遢女，或者把自己家庭搞到一團糟的邋遢女。事情在你告訴一個朋友時，會是一回事，但是當朋友在你背後散播時，事情就會變成屎。」

女孩子的友誼反覆無常，特別是在青少年初期，變動不定意謂信心經常會被粉碎，而且私下談話時，似乎值得欽佩的事一旦被八卦洩漏，就會變得微不足道。這些友誼的高標準和經常不切實際的指望，會造成關係的脆弱。**友誼（尤其是女孩之間的友誼）被期望是完全正面而不帶任何責難的，但這個理想根本就和女孩子是會批評人的事實（其實所有人都是）相抵觸**。當我和朱瑟琳跟女孩聊到她們的朋友，並觀察她們相處時，我們認識到：「沒有其他人際關係會對和睦有這麼高的期望。」[33]

母親與子女會互相批評是預料中事，而情侶當然也會吵架與言歸於好，但女孩子似乎會因為與朋友鬧翻而驚慌失措。妮娜向朱瑟琳訴說她一想到與朋友發生衝突時，所感受到的驚恐。[34]她解釋：「我寧可哪天和我男朋友或我媽吵架，也不要和我的女性友人起衝突。……我基本上很誠實直爽，但就會避免對朋友說任何可能引起爭執的話。我會轉移重點，表示自己『只是開玩笑』或告訴對方別放在心上。」衝突就是承認了分歧與不認同，而不認同會威脅到朋友間全然認可的理想。

大多數女孩都認為好朋友絕對不會評斷她們，也永遠不會苛刻批評她們。這種無法持續的理想建立在地雷區，一旦有個女孩的評判本性進入對話中，她的朋友就會指責她：「你不是真正的朋友。」這種在友誼中尋求的安全避風港，只能有讚美存在，絕對不能責備，是無法維持的，因為這違背了我們喜好評判的天性。[35]女人間的友誼挑戰在於，接納自己與最好的朋友都擁有高度活躍的評判量尺。

男孩的友誼與哥兒們準則

相較於女孩高度反覆無常的友誼，男孩的友誼通常比較穩定。[36]他們的友誼是通融競爭與衝突的，因此並沒有女孩過於理想化所導致的脆弱。女孩陳述的心計（拒絕某人來玩遊戲，因為她太自命不凡，或者她和團體不歡迎的另一個女生當朋友，還會散播對方的負面八卦等），男孩很少會提及。[37]但他們的友誼也是會因為讚美和責備而鞏固或破裂。男孩間的典型對話會直白地提醒一個男孩**該如何表現**：「真是阿呆，男生才不會玩洋娃娃」和「你很可笑耶，那是只給女生的。」[38]

美國心理學家威廉·帕列克（William Pollack）聽了他稱為「真實男孩」的聲音後寫道：「男孩向我談起他們在每天的生活中，如何接收到自己無法衡量的隱密訊息，以及他們仍覺得自己對重挫的自尊必須掩藏住失望與不知所措。」[39]男孩會花時間互相交談，而且也和女孩一樣，許多聊天內容都是八卦。資訊交流賦予他們歸屬感，成為握有別人感興趣資訊的人，也會讓他們得到快感。[40]他們和女孩一樣會小心翼翼注意自己的名聲；透過留意攸關自己的流言，以及別人和他們談話的方式，男孩子會勘測出何人得到社會的認可，何人遭到否定。

年輕男孩和女孩一樣是靈敏的性別偵探，隨時準備對背離男生準則的人施加社會懲罰（social punishment）——有時又稱為「同儕壓力」。[41]但在童年時期與青少年初期，男孩會自在地調適介於自己溫暖熱情的內心世界與男孩準則之間的衝突。男孩共有的複雜情緒和女孩體驗到的一模一樣，而且他們也會對自己的朋友表達最深層的想法和感受。他們的友誼語言蘊含的喜愛、熱情和需求的豐富度，與女孩的不相上下，並帶著類似的浪漫元素；而且跟同年齡層的女孩一樣，他們也會彼此讚揚。[42]他們一方面看起來似乎善於顯露有愛心與極需關懷，另一方面又會對剛強表示敬意。

為了像個男人，羞於情感表達

然而，**在青少年晚期時，男子漢規範的鉗制會勒緊，而童年友誼的溫情也經常遭到摒棄。**[43]美國心理學家尼奧貝·韋（Niobe Way）在她傑出的男孩友誼調查研究中，便揭示了男性友誼間的親密連結是如何逐漸分道揚鑣。隨著性徵變得更明顯與接近成年時，「哥兒們準則」（guy code）會干擾友誼的親密。沒有傾訴對象的年幼男童會聲稱自己「快瘋了」，[44]但青少年時的男孩就會主張他不需要「分享事情」，而且他有能力將感覺留給自己。[45]十八、九歲的男孩描述對朋友的依戀，對於別人如何評判他們的感覺顯露出焦慮。尼奧貝·韋發現，當談到依戀和需要朋友時，他們經常會自己劃清界線，堅稱這份親密中不帶性意味的成分。「我可不是同性戀」[46]是尼奧貝·韋經常聽到的聲明，彷彿她可能會事後批評或有暗笑他們的意思，並譴責他們喜歡自己的朋友。

尼奧貝·韋還觀察到，青少年時期的男孩會停止與朋友之間的情感交流。每當某個朋友談論他依戀別人時，他的朋友就會警告他「你生理期喔！」[47]，溫情的公開表達立刻就被擺到一邊。以前會讚美朋友「善解人意」的男孩，如今讚美的對象是另一名剛強、獨立與無畏的男生。[48]

青春期男孩的冒險傾向，經常把父母嚇壞，也讓他們比其他年齡層更容易出事，[49] 這都是因為他們害怕無法符合男子漢標準的恐懼；因為是否像個男子漢，是每個青春期男孩認為別人評判自己的標準。[50]

在青少年的晚期階段，比女孩更能應對直接衝突的男孩不見了。當一個朋友以放鴿子、說難聽話的方式蔑視友誼時，他們不會坦率地處理自己的脆弱和痛苦，反而是表達憤怒。[51] 正如同女孩的友誼會因為認定衝突不可取而變複雜，年輕男性的友誼也一樣，會由於害怕自己的溫情與脆弱遭人指責，因而極度欠缺親密感。

因羞愧引發的緘默，會增強男孩對負面評判的敏感度。當事情出差錯時，少了親密朋友協助管控責備與提供敘述式讚美，男孩子就會發展出一張易動怒的全新薄外皮。有時，青少年會將友誼當成「友誼的盔甲」，[52] 少了它，其他人顯得較有威脅性與嚴酷。[53] 然而，凡事總有例外，而且無論男女，有些人就是找得到免於同儕壓力的安全空間。十六歲的約爾透過審慎觀察朋友的深層評判，發覺他的挫敗是共通的。「我搞不懂，為什麼那些男生朋友會笑我，還說我『軟弱』。我不覺得自己有什麼改變。他們才是現在完全變樣的人。但麥克和我仍然可以混在一起吃喝玩樂，真的是很棒。在我們一起避開那種『暗指性關係』的事時，我會看到緊張不安的笑容。但這實在……呃，對我來說，這真的很假，你知道嗎？」[54] 友誼有力量去強制執行對讚美和責備的嚴格規則，但它也有徹底改革規則的力量。

小圈子是尊嚴的堡壘

親密、喜愛和自我探索是友誼的基石；再者，友誼也模擬了其他諸如數代同堂家庭或宗族裡的親密人際關係。友誼和宗族一樣，擁有自己的評判系統。小圈子（cliques）是獨特的友誼群體，女孩與男孩分別會在九歲和十一歲左右開始拉幫結黨，而讚美與責備會增添小圈子的力量。對於何者看起來與聽起來是正確的事，以及何人才是對的，一個小圈子會有自己的認知，然後再評斷誰是圈內人與圈外人。關於一個人要留在小圈子內得要有的身分與執行的事，會在長時間的互相整飾行為中交流經驗，例如：（男性或女性）朋友會一起購物、共用公用更衣室，接著一起準備晚上外出。他們會聽同樣的音樂、看相同的節目，以及引用公用的文化背景資源。說話的慣用語、衣著、頭髮、指甲、穿環和其他飾品配件，也會變成融入小圈子的標誌。

一旦得到進入團體的許可，他們就必須致力於維持自己的圈內人地位。年輕人會小心留意可以確保與維持認可的必要規則。[55]他們會高度警覺肘推動作——這種輕戳（或以肘輕推）的動作是一種間接訊息，象徵贊同某種行為：「你絕對不該穿成這樣」和「你真的和那個怪咖聊天？」除此之外，他們還會留心比較直接的訓斥（例如：那很呆耶、別像個**娘們**似的）。目睹其他人成為犯錯或愚蠢的指標，有殺雞儆猴的作用：[56]如果你藐視我們的社交規則，你也會遭人嘲笑與輕視。當有位家長試圖干預歸屬關係的象徵時（例如：你不可以穿鼻環或你不可以剪那種髮型），隨之而來的爭論被升溫與延長，對青少年來說，會覺得自己正在為了挽救自身的社交生活而奮戰。

融入一個小圈子遠比融入一個家庭更不牢靠，女孩和男孩全都要更密切監測自己的地位。依據年齡和性別，融入的標誌各不相同。女孩或許會考量：「我聽到的重要訊息，別人也耳聞了嗎？或者我是狀況外？」「其他人辦活動前，會先來確認我有空嗎？還是他們不在乎我有沒有參與？」「體育課後，他們會等我一起去自助餐廳，或者先衝為快？他們企圖把我摒除在外嗎？」至於男孩比較可能會顧慮：「他們聽我講的笑話會笑嗎？」「他們會來問我意見嗎？」「要去哪裡或玩什麼遊戲，他們會聽我的建議嗎？」

確保融入小圈子的唯一方法，就是成為正面肯定與負面否定評判的仲裁人，如同一家之主的角色。當某人先握有權力宣告「你和我們同一掛，但她不是」和「我們認可你，但不認同他」，之後此人才能安心感覺到融入圈內。我和朱瑟琳探究友誼小圈子的狂熱動態時，目睹到女孩會死命爭取讚美和責備的掌控權。為了區分自己人和外人，她們編造不可思議與神祕的標準。規則也不知是從哪冒出來的，專橫又離奇：「如果你要和她講話，就別跟我們玩」與「所有人都不該穿『那種』顏色」。[57]男孩的規則也很雷同：「他的遊戲很無聊；你的點子很棒」和「你是好搭檔；他是傻蛋」。[58]

同儕壓力：同儕的評判

一旦孩童或青少年成為小圈子的成員，立刻就會吸納團體的評判系統。許多孩童和青少年表示，他們找到「和我一個樣」與按照他們的角度看事情的朋友，但相形之下，尋找心靈知己或相像的人的過程比較複雜。偏好與見解，經常透過朋友間的對話不斷被處理與修改。孩童與青少年會根據朋友的評判，塑造出自己的評判。青少年或許會挑戰小團體的觀點（尤其是他們處於爭執的刺激之中），但他們也會調整觀點，與朋友的見解達成一致。事實上，有些心理學家認為，任何年齡的人不論何時討論、爭執或八卦，「關係感」（relatedness，即維繫個人依附關係的欲望）都會發揮作用。[59]因此，若有人想預測某個人所抱持的信念（無論針對詩詞或政治），似乎就該去搞清楚他朋友的看法。[60]

這不代表我們要依樣畫葫蘆地模仿朋友，但無論年輕人或年長者，都是社交變色龍。[61]在未必意識到自己的作為之下，我們會模仿談話對象的姿勢、特殊習慣與臉部表情，尤其是對方如果是我們喜歡的人。模仿一個人愈多，就會顯露出更多的讚賞。模仿，就像在父母與嬰兒之間所見到的，是隱約與含蓄的讚美表達。

這正是同儕令人敬畏的力量來源。雖然父母和老師力勸：「不要因為朋友這樣做就跟著做」與「別讓人強迫你做任何事，要善用自己明智的判斷力」，但這種成人智慧忽略了青少年和朋友在一起時，建構讚美和責備的方式。「我家兒子大多數時候的狀況相當不錯，」英妮絲說，但接著便說：「當他與朋友外出時，就變成全世界最笨的小孩。他的正確常識全消失了，心智似乎全被水準低俗的人接管。」

英妮絲觀察到的，是同儕影響力耳濡日染的現象。她十四歲的兒子羅伯並非真的對別人就喪失了理智，但友誼達到深厚與堅韌的目標凌駕一切。其他人或許稱之為「同儕壓力」，但這比較接近隱性自尊經濟的體現。羅伯跟朋友相處時，他的第一要務是融入朋友圈與避免被輕視。

幫派：擺脫孤立處境？

無論是五歲上幼稚園的第一天，父母放開我們的手轉身離開時，還是八歲在學校下課時間沒人陪我們玩耍時，你我多半都曾經歷到強烈的孤立感。即使我們年紀逐漸增長，卻並未完全拋掉這些所謂的「童年期反應」（childhood responses）。我們反而愈來愈善於管控它們，通常就是提醒自己這種孤立是暫時的。我們從原生家庭、社群、工作等他處得來的尊嚴，會形成一副盔甲，防護我們免受短暫的社會不確定性（social uncertainty）傷害。但對一些孩童和青少年來說，被排擠是生活的一部分。他們靠近的每扇門都會迎面關上。有人會告訴他們「你不屬於這裡」和「你不配這樣」。當他們在自己的社交世界闖蕩時，接收到的評判是負面否定的：旁人畏懼與迴避他們，還寧可無視他們。當其他人霸凌與揮拳打他們，或者偷他們的東西時，[62]不會有人提出抗議，而且責備的矛頭除了受害人，也不會針對其他人。

保住尊嚴，避免遭受冷遇

被排擠的人在尋求歸屬時，或許會找到一個將排斥轉化成自豪勛章的團體。影響力令許多父母懼怕的幫派，與有聲望的姊妹會和兄弟會，擁有許多共同特徵：正式會員資格、儀式性的聚會、歷史感，以及歸屬感的自豪。融入有名望的團體所需的必要條件各不相同，例如合適的家庭、社會地位、純正口音和獨特打扮等等，但目標卻相同：保住尊嚴與避免遭受冷遇。

低自尊經常是加入幫派的動機之一，而且年輕人加入幫派的初期，他的尊嚴感會飆升。[63]即使身處幫派冷酷暴力的核心，但成員會藉由接納與認可找到尊嚴，因為別人將他們視為某組織的一分子。[64]融入幫派隱含著：「我們會互相尊重。不尊重我們的人是不對的，恐嚇他們，就是替我們的尊嚴出頭。」[65]

但這種尊嚴很脆弱。加入幫派後，經常必須藉由暴力或凶惡的方式一次又一次證明自己，這種壓力會引發更重度的抑鬱，有時候也會有揮之不去的自殺念頭。[66]過去十年來，美國犯罪學家克里斯．梅德（Chris Melde）致力於青少年幫派的研究，他發現年輕人將參加幫派當作一種應對機制，希望保住尊嚴，因為他們正在與沮喪、甚至自殺念頭搏鬥。然而，這種成員資格帶著殘酷的評判量尺，很少會獲得安全保證的舒適自在感。

根據常見的幫派準則，暴行經常是保住尊嚴的關鍵。當人沒機會得到基本的讚美時，那麼若能引起某人的關注就會覺得滿足——即便這份關注是根植於負面否定與恐懼。這完全與耶魯大學社會學家以利亞·安德森（Elijah Anderson）在美國費城猶太人區的實地考察吻合。[67]為人熟知的街頭準則擁有針對服裝、問候、站姿和步態的規定，這套準則的編制圍繞在一個「極度渴望尋求的尊敬，它統治公共社會關係，尤其是暴行」。安德森提到：「尊敬的問題存在於這套準則的核心；這種不嚴謹定義的尊敬，指的是被『正確』對待，或者某人被授予……正當的權利或應得的尊重……尊敬被視為一個外部實體，很難贏得卻又容易失去，因此必須不斷守護它。」[68]

校園大規模槍擊事件被貼切形容成「無意義」（senseless）——從一七六四年美國賓州格林卡斯爾（Greencastle）[69]到二〇一六年俄亥俄州哥倫布市（Columbus）[70]——事發源頭全是為了反抗輕視並換得尊嚴而採取的扭曲努力，即使這種尊嚴是以恐怖行動的形式達成。[71]的確，恐怖分子組織的壯大，全靠一些胡作非為的人，這種人一旦覺得普遍未受重視與賞識時，似乎就會想找別人報復。二〇一三年犯下美國波士頓馬拉松爆炸案的兄弟檔佐哈·查納耶夫（Dzhokhar Tsarnaev）與塔默蘭·查納耶夫（Tamerlan Tsarnaev），就是「被排擠轉變成毀滅性憤怒」與「由不認同萌生敵對情緒」的例證，令人心寒。在社群網站的貼文和推特（Twitter）推文中，哥哥塔默蘭留言提到：沒有「一個美國人朋友」，還說無法「理解他們」。弟弟佐哈的推文表示他不喜歡有人問他「不必要的問題」，例如：為什麼他會難過。他憎恨被認為是不堪一擊：「我看起來有這麼軟弱嗎？這些狗根本不知道牠們是在對獅子狂吠。」「我不會跑。我就是要用槍轟掉你們。」[72]想得到認可的渴求極度強烈，少有人能夠淡定與默不作聲地承受被社會排斥、排擠。當尊敬或尊嚴喪失、極力重新恢復又失敗時，接下來就像目前任職於英國布里斯托大學（University of Bristol）的心理學家布魯斯．胡德（Bruce Hood）所言：「一套更加陰險與黑暗的行為舉止會出現，」[73]接著一個人受到輕視所做出的反抗，就會成為一場社會悲劇。

幫派中的尊嚴與反抗：超越性別規範

十五歲的安妮塔，臉上畫著菱形煙燻妝，冷酷執拗地帶著慍怒偽裝，發出「別惹我」的訊號。我在她就學的倫敦西南區學校演講，並邀請她那一班的同學談談他們的友誼，[74]之後她尾隨我到門口，尖聲叫道：「喂，我在叫你！」引起我的注意。當我轉過身，她停了下來，肩膀向後縮，彷彿冷到縮起肩膀，雙腿也僵住，但透過她緊貼的內搭褲，我可以看到緊張繃住的膝蓋骨。她默不作聲達一分鐘，我發覺到她想要讓我感到害怕。我感覺她正在等待一個局促不安的笑容，或是她尋釁的瞪眼令我驚慌的一些跡象。最後，她終於開口：「獨來獨往的人，怎麼辦？不想要朋友的人，怎麼辦？你不會把我扯進你的『研究』裡吧？」

有些人確實會覺得花時間獨處很愉快，陶醉在自己的思維與全神貫注在獨自一人的活動中。

但安妮塔不是這樣的人。她談到自己「令人厭惡的行徑」和無法忍受「所有看扁我的人」。她最清楚的陳述之一，就是有個我目前聽過最紊亂的家庭：「我一團糟，因為大家都說我不懂做人的道理。唉！比起我媽要東西全靠哭功，或者自認頭腦精明卻『再度』因為詐騙入獄的爸爸，我很懂得做人了啦！沒人在身邊教我如何為人處事的大道理，我自己還不是做得很好。」

當我一年後再回到這間學校，安妮塔不再沒朋友了。她神氣地以暴躁、晃動肩膀大搖大擺的姿勢走路，身邊圍繞的「朋友」都和安妮塔一樣，身上一律有穿環，頭上四分之一的位置剃出一個Z字形。安妮塔這時是一名幫派成員：「有些改變了，齁？」她帶著自豪的笑容問道，當她走近我時，用展開的雙臂炫耀她兩側的四名朋友。

安妮塔坦言，她從未這麼自信地接納自己，而且連獨行時，都還感覺得到「她的幫派」存在。儘管她的幫派因為地盤重疊與一些共有的金錢交易，所以和一個特定的男生幫派有牽連，但她表示，對於男同夥期盼「他們的」女人做的事，她們全部「忍耐到頂了」，接著，她在頭頂上畫了一道線後說：「我們才不會抬舉任何人呢，而且絕對不會因為他們是男生就聽他們的話。再說，任何自認很懂所有女人準則的人，我們也不會聽從。」

反抗是幫派意想不到卻常見的力量。在探討美國紐約市的少女幫派時，演化心理學家、英國杜倫大學（Durham University）的安妮．坎貝爾教授（Anne Campbell）發現，她研究裡的少女幫派都會抵制更令人贊同的女性團體融入條件。[75]「女朋友」「乖女孩」「性感女人」，在坎貝爾採訪市中心貧民區少數族裔家庭女性的經驗中，看來似乎全等同於「烈女」的說法。與其成為男性宰制與施虐的受害者，這些女孩寧可參加暴力組織，有它當靠山，就能支持她們和男人一樣逞凶鬥狠與暴虐了。在幫派成員內部，他們會創造一個領域來掌管讚美與責備，它超越了性別規範。

友誼：確保我們的自我價值感

在人的一生中，朋友會給予一種連結感、同舟共濟感和自我價值感。在成人的友誼關係裡，我們仍持續在試探水溫，觀察可以表露多少自我資訊，有時，我們會面臨進退兩難的窘境：我們是要說真話，尋求真實的聲音呢？還是要優先考慮贊同，隱瞞自己真實的感覺與構築一個假我呢？

最理想的狀況下，友誼在個人評判與社會評判的夾縫中提供一處空間，讓我們在其中擴展傾聽讚美的能力，也透過善解人意與同理心來管控責備。我們注意朋友，是為了評判自己：在工作、愛情、教養等方面，我們正在做明理的選擇嗎？在經歷個人或職場的挫折時，有朋友保證這種失意並不會減損我們的根本價值，會讓我們受益匪淺。與伴侶或孩子的相處碰到難題時，我們透過或許能提供建議的朋友傾吐心事，但更重要的是，得到朋友保證我們是好人，以及我們沒做錯事的安心。

在我們持續不斷努力探索何謂正確、可取和渴求事情的分界線時，朋友成了同盟者。每次交新朋友時，我們便延伸「誰與我相像」的概念。到頭來，我們會發現自己是和一個曾經覺得陌生、不相干或大相逕庭的人共享一樁很划算的交易。我們的評判量尺教育是（或應該是）一個永續經營的組織。借助**好**朋友，評判成為聯合組織（joint enterprise），它們扮演的角色，就如同我在下一章探討的好婚姻。

第六章
伴侶間的讚美與責備

婚姻的祕訣：持續讚美、管控責備

在聖公會的婚禮儀式上，經常會聽到這段婚姻禮文：「婚姻的恩典是使夫妻二人在充滿歡愉和溫情的肉身結合中一起生活，忠誠相守，直至終生。」[1]這種歡愉和溫情的存續要能「從今日起，至死方休」，[2]唯有持續給予讚美，並且小心管控責備。婚姻少了相互讚美，是一種痛苦且令人厭倦的夥伴關係。

「我想要有個人覺得我很棒，而且要總是覺得我很棒，就算我沒有很棒的時候，他也要這樣覺得，就算我不覺得他很棒的時候，他也要認為我很棒。」瑞秋逗著羅傑，向他提出抗議。羅傑解釋道：「我所追尋的愛情，就是全心接納一切的。」他雙手捧起瑞秋的右手，親吻她的手指，接著說：「你一直都很棒，我也是。」

三十五歲的羅傑和瑞秋是一項研究計畫的參與者，這項為期十八個月的研究計畫找來十二對夫妻，[3]觀察他們結婚第一年期間的日常評判節奏。[4]瑞秋和羅傑跟許多夫妻一樣，在兩人關係的核心裡，安置了讚美、欣賞，以及不責怪的避風港。

讚美：讓伴侶長出新的自我、一個可讚賞的自我

雖然結婚不滿三年的瑞秋和羅傑會揶揄對方的高標期望，但都仍熱切懷抱著信心，相信這些

期望終究會實現。然而，很多向婚姻治療師尋求協助的夫妻，都已經埋葬正面積極的期望，而且似乎只有當彼此相互指責時才能讓兩人有連結。治療師或許會在第一次療程中，引導尋求專業輔導的夫妻各自談談往事，講述他們如何相遇，以及最初受對方哪一點所吸引。[5]當這些夫妻踏入治療師的診療室時，往往聚焦在抱怨和反擊控訴，而談論往事的做法可以轉移焦點；而且在大多數的案例中，這個過程都能勾起往日心懷欣賞時的溫馨回憶。這也提點了治療師，每對夫妻當初會讚賞另一半的事，和可能失望的地方。

在同意當我的研究（不包含治療）對象的伴侶團體中，誘導他們講述兩人當初結合的往事所帶來的成效是一樣的。「你知道嗎？他**真**的對我『瞭若指掌』。我向來很理智，家裡所有人都聽我的。阿殷可以看見我想搞笑的另外一面，而且就算我已經裝大人十年了，還是可能成為那樣的人。」阿殷說蘇菲是：「和我契合的人。每次碰面，她看我的樣子，會讓我對工作的所有煩惱和不滿一掃而空。」當他們彼此依偎時，笑容互相輝映，肩膀的動作和笑聲是同步的。他們似乎已經找到自己的靈魂伴侶，但兩人故事的主軸在於創造兩個新的自我。他們從另一半內心誘發出讓彼此「百分之百吻合」的人，透過欣賞和讚美，他們長出了原先未實現的人格。

蘇菲十五歲時，母親過世，之後必須照顧妹妹，督促她用功讀書，並引領她熬過朋友和男朋友的煩惱。阿殷是提供移民法律服務的律師，根據他的形容，每天要應對的事就是「心碎、欺騙和虐待」。藉由另一半的讚美，雙方都發覺到一個充滿活力的全新自我。

五十八歲的瓦樂莉和六十二歲的朱利安正準備辦一場盛大的宴會，慶祝兩人結婚一週年。瓦樂莉的過去「真的是一路顛簸坎坷」，她回憶道：「我二十二歲就守寡，還帶著三個孩子，在事業和婚姻上，我是坐了一趟又一趟的雲霄飛車。我覺得自己注定完蛋了。五十幾歲的時候，孩子都大了，我的事業也穩固了，這時的確可以喘口氣，但卻好像身在某個終點上。我就是這樣了，就這樣了。我從沒想過像朱利安這麼好的人，竟然能看到我這種人身上的任何特點。但我們就在一起了！」對於近幾年才喪妻的朱利安而言，這段新關係「是恩賜」。他解釋道：「我的第一段婚姻是非常漫長的挑剔史。我前妻是個很能幹的女人，但相當吹毛求疵，她的責備清單永無止境。而瓦樂莉看到的是一個超級完美的我，她每天都會發掘能讚賞的特別事。」在略帶一絲自嘲的語氣中，朱利安總結道：「而且她真的很有說服力。」

三十九歲的貝絲與三十七歲的道格拉斯剛新婚，她說：「他是我認識的人當中，最腳踏實地的。」道格拉斯則表示：「超多女人都覺得我很無聊，但貝絲懂得我真正的價值。這是我的福氣。」

每對夫妻、每位丈夫、太太會讚美的特質各不相同，但都有共同主軸：透過讚美，在另一半身上催生出一個全新或遭忽視的「可讚賞自我」。這種讚美經常很含蓄。對另一半的幽默發出愉悅的驚歎，就是讚美另一半對世事獨特的看法。「你真是善解人意」，是針對能敏銳領會另一半內心想法與能夠當得力伴侶而給予的讚美。「少了你，我該怎麼辦？」是源源不絕的大力讚美中的要素之一。

和諧婚姻最大的威脅，不是性吸引力的減損，而是不可或缺的讚美過於脆弱。因為人在婚姻中與在其他領域一樣，會自動以正面肯定或負面否定的量尺，來評價每次的人際交流。每個人心裡會以下述問題監測對方的動作、感覺和評判：你欣賞真正的我嗎？你尊重我和我們的關係嗎？你有變成符合我期望的人嗎？我仍舊欣賞你嗎？萬一答案是否定的，失望和責備會逐漸摧毀我對你的愛嗎？

如何持續讚美與管控責備，是婚姻成敗最重要的變數。[6]

婚姻中讚美與責備的黃金比例

過去對婚姻中的讚美與責備機制知之甚少，直到少數心理學家意識到，以他們能取得的大量調查與統計資料，或能借助的寥寥可數臨床案例來說，他們的所知已止步不前。他們要是想對婚姻深層動態有多一點了解，唯一之道是投入「觀察夫妻日常談話和爭執」這種（在研究層面上）耗時、麻煩與高成本的事。[7]

美國著名的婚姻關係研究者約翰．高特曼（John Gottman）就是其中一名心理學家，他從事這種耗時、「難搞」、高成本卻又令人著迷的研究至今將近四十年。他近身觀察超過三千對夫妻的互動，還對其中多對夫妻做了歷時多年的追蹤觀察。他創立的婚姻實驗室，是在家具一應俱全的公寓中，一對夫妻會在屋內討論中性話題，以及他們視為「意見分歧之處」的話題。為了監測每個互動，精心安置了裝備在這個自然、像自己家的場地裡，以攝影機和錄音機捕捉視覺與說話的資訊，包含姿勢、煩躁不安、頓足與眼神。另外，還有會記錄生理和心理訊息的設備，會測量心率、流汗和腎上腺素流動，甚至是血流從心臟至耳垂與手指的流動狀況。一九七〇年代，這個婚姻實驗室開始產出數據，分析出的資料貢獻龐大，揭露「婚姻的維繫或破裂背後，往往有不為人見的無形驅動力」。[8]

在實驗室中的互動，經過仔細觀察與精巧編碼後[9]，就會接著與一對夫妻「會繼續在一起，還是會分開？」的關係存續率相比較。蒐集並對比這些資料的關聯性之後，高特曼再檢測結果，查看是否可能利用婚姻實驗室的資料，來預測夫妻會繼續在一起還是離婚。歷經數十年蒐集進一步資料之後，高特曼證明「單變數」（one variable）如何有效地預測離婚，而且還做為婚姻繼續堅定走下去的可靠預測指標。[10]這項關鍵變數，並不是一對夫妻是否爭吵、是否擁有共同興趣，或者性化學作用是否還持續，而是：讚美與責備在夫妻關係中所扮演的角色。[11]

有些夫妻對高張力的戲劇性場面具備容忍力，甚至還享受其中。他們的例行爭執都會有吼叫、眼淚和甩門點綴其間。但這些夫妻可能也會展現大量的愛意、欣賞和幽默，他們一起歡笑多過吼叫，會以笑到顫抖的咯咯笑聲停止爭執，兩人激烈的意見分歧會順利轉入熱切的討論。他們挑戰與探測彼此的觀點。[12]然而，他們的爭執次數、牽扯範圍或激烈程度，全都無法預測兩人會離婚。

還有，情緒上比較平靜的夫妻不僅很少互相表達欣賞之情，也極少表達批評、蔑視或任何形式的責備。他們都對彼此小心翼翼，都對另一半的敏感點很敏銳。旁觀者或許會認為，這種關係很無聊或空虛，但要是預測這些夫妻可能會離婚，那就錯了。

重點不在於夫妻是否會爭吵或不爭吵。重要的是，讚美量與責備量的比例。責備挾帶的壓力大於讚美，會激起更多情緒，且更牢固地留在記憶中，[13]因此，為了緩解責備造成的破壞，讚美的比例必須高於責備。高特曼的資料分析顯示，婚姻中的互動，讚美的次數必須是責備的**五倍**，夫妻才有可能白頭偕老；這個「五比一」的比數就是如今有名的「黃金比例」，是象徵婚姻關係存續機率的標記。[14]

讚美不能帶有支配與壓力

讚美要適度，按照對方的標準量身打造

浪漫愛情的化學作用與親子情感連結的化學作用非常相似，在被看見、理解和欣賞時，也會激發出類似的狂喜感。[15]讚美對婚姻的重要性與對親子關係一樣，而且高度讚美也有利於對抗

責備。這個特效法可以用來讓另一半放心，使對方確信自己被讚賞與肯定，而且是我們唯一的或命中注定的人，或者是人生中的摯愛。

然而，婚姻中的讚美也如同父母對孩子的讚美，既不可或缺又很複雜，[16]它引爆問題與平息問題的機率參半。和家庭關係一樣，夫妻間的讚美方法也有很多種，有些人的方式與對方的目標和價值觀大相逕庭。開口恭維、說好話，以及使用「最棒」「了不起」「好美」或「太有才」之類的形容詞表述，或許都達不到目的。**讚美想要有效果，必須完全吻合對方特有的評判量尺。**

別用「專制型讚美」操控伴侶

讚美具有很多功能，可以用來**發揮影響力**、**指派角色**與**篡代別人的評判量尺**。當讚美關閉傾聽功能時、當讚美不再回應對方的欲望和需求時，它就會變成專制型讚美（authoritarian praise），變成儼然是施恩於人、操縱他人，有時甚至是恐嚇脅迫。在我研究的伴侶團體中，珍妮和吉爾、艾莉克絲和葛拉漢，以及貝絲與道格拉斯這三對夫婦，都體驗到專制型讚美造成的困惑緊張局面。

珍妮在吉爾出差之前，交給他剛從乾洗店取回來的西裝，吉爾就說：「你記性真好！我完全忘記這件事了。你總是這麼體貼，要是少了你，我就麻煩大了。」他正在表示讚賞，而且是針對小舉動表達溫暖、具同理心的感恩之情，這在夫妻間的讚美中至關重要。不過，吉爾的訊息同時也勾勒出他想要妻子扮演的角色：他特別提到珍妮體貼，是得力幫手，讓他免受自身忙亂所害。這或許只是個人能力的正常分工，但當再三重申「你好體貼」時，它可能就有暗示作用，提醒吉爾指望和要求珍妮成為哪種人。在吉爾下次出差的前一天，珍妮告訴他：「你打包行李前，得先去拿回一堆乾洗衣物喔！」然後吉爾說：「超體貼的你可以去拿嗎？」接下來他驚愕到說不出話，因為珍妮大發雷霆吼道：「我超討厭你這樣說！」在她看來，這種讚美已經成為壓力，而不是讚賞。

當艾莉克絲向葛拉漢提議為三歲兒子找個全職保母時，她提出經過縝密思考的論點。她推算過加長工作時數後，自己可以增加的收入；她特別強調，傍晚有個人幫忙能大幅減輕她晚上的緊繃與疲勞。葛拉漢邊聽邊看著那些數字，反覆思考之後說：「可是你是這麼棒的媽媽，我實在很難想像有誰能像你這麼好耶！你是照顧兒子的最佳人選啊！」

這是給予極度重要特質的高度評價。能成為照顧自己孩子的最佳人選，誰會不開心啊？但這個讚美也同時漠視了艾莉克絲的看法。就在葛拉漢的讚美喚起涉及孩子福祉的情感關聯，也召來完全圍繞於母親職責的強大文化勢力時，她準備好的成本收益分析全被摧毀。

當性別規範介入，善用讚美與責備來協商

婚姻裡的讚美和責備力量，經常會聯合文化規範的勢力。夫妻都太清楚運用隻字片語，就足

以啟動另一半的蒙蔽眼。[17]「應該」這個蒙蔽眼的靠山，會叨叨絮絮地責備，直到我們順服對方的理想標準為止，而這個靠山往往是婚姻評判中的第三方。舉例來說，吉爾對珍妮體貼的讚美和葛拉漢對艾莉克絲母親角色的讚美，都是以常見的性別規範當做支持。

每對夫妻都會用自己特有的方式，去協商是否要順從文化規範，或者是抵抗。比方說，同樣討論孩子的照顧問題，蘇和馬克是聚焦在實際狀況。馬克的評判：「你是全世界最棒的媽媽。若是請保母，孩子或許會有很大的損失。」就被蘇強烈的感受聲明抵銷：「但挫折感讓我如在煉獄，而且我覺得自己的損失可能也很大。」從此以後，蘇的感覺變成他們婚姻中，做決定的關鍵要素，丈夫原先透過讚美努力要施加的影響力，反遭淘汰出局，由互惠關係取代。

令人內疚的讚美，迫使對方配合嚴苛的完美標準

另一種版本的專制型讚美是發出訊號，警示默認的婚姻契約存在背離的危險了。貝絲告訴道格拉斯：「你真的把我照顧得很好。你是我可以永遠依靠的人。」當道格拉斯失業，覺得無精打采和沮喪時，剛開始貝絲會提醒他：「你很強，你向來都很堅強。我相信你有辦法解決問題。」幾個月後，沮喪的啃噬加劇，道格拉斯停止找工作時，貝絲並沒有直接發出抱怨。她不說：「你讓我失望，我沒辦法信賴你。」只是重新搬出她的理想丈夫：「你很強。你會沒事的。你一向都很照顧我們。」藉由這個讚美，她想表達的話呼之欲出：「你沒有成為我需要的那種人。」

專制型讚美會灌注很深的內疚感，程度與直接責備不相上下。它迫使夫妻一方去順服另一半的理想標準。在婚姻生活中，由於伴侶的改變和他們需求的轉變，這項理想標準可能會不再適用（就算以前真的很適合）。道格拉斯或許需要有當個弱者的時候，但貝絲用她嚴苛的讚美，展露出自己無法忍受丈夫的軟弱。道格拉斯之後便面臨兩難：我是要挑戰妻子對我的印象，冒著讓她失望的風險呢？還是忽略自身需求，佯裝成自己明知根本不是我的那種人？[18]如果他選擇開誠布公與誠實，就要冒很大的風險：一旦讓妻子失望或期待落空，我的婚姻就毀了。[19]讚美無法與另一半的需求、渴望和目標契合，就會製造不安、內疚與不和諧。

婚姻裡，誰的評判比較有影響力？

一個人決定順從專制型讚美，或反抗（與試圖改變）配偶的期待，絕大部分取決於婚姻關係中的權力。一直以來，都有諸多方法在分析婚姻關係中的權力。有人認為，收入最多或較富有的一方握有較大權力。也有人認為，是大社會環境決定地位；這或許是雙方原生家庭的社會地位之間的比較、雙方在專業地位上的比較，或者假定在夫妻所處的文化中，有某個性別被定位成做決定的人。

以上所有因素都會塑造一對夫妻的關係，但在婚姻中，有個權力界定的精髓，就是：夫妻一方的情緒影響另一半情緒的能力。[20]這項界定有個衡量標準，就是**看誰的讚美和責備擁有比較大的影響力**。

夫妻一方溫柔的讚美，會讓另一半那天充滿溫情嗎？或對方是以冷淡，甚至可能是輕蔑和嘲弄，來領受這項讚美呢？（例如：「誰在乎你在想什麼？」或「這不就是你該說的話嗎？」）有一方會害怕另一半的責備，而且緊張兮兮地監測對方的任何負面否定反應嗎？每次互動都是踩在地雷區上，任何言詞舉動都可能引爆責備嗎？有一方會對另一半的怒火無動於衷嗎？

和所有的人際權力[21]一樣，夫妻在婚姻中對彼此的相對權力，是在日常互動中進行交涉與實踐的。我們已經看到讚美如何被用來發揮影響力；至於有五倍力量的責備，就更難反擊，且更具殺傷力。

婚姻中的互動危機

以一概全的責備

以一概全、用手指著別人、威脅僵化、自利式記憶的故事[22]，這些常犯的責備錯誤對婚姻特別有破壞力，原因不僅是會造成伴侶的痛苦，也可能對意見分歧的發展狀況有所衝擊。

有些夫妻在對於購買哪台洗衣機、到哪裡吃飯、穿什麼衣服或何時赴宴等事情意見分歧時，很少會表露出否定態度。一起生活難免會伴隨這些現實問題。然而，有些夫妻連芝麻綠豆大的小問題，都會快速且像家常便飯一樣，逐步擴展成大衝突。這兩種夫妻的差別，不在於他們對討論的問題有多在意，而是他們是否將焦點集中在該責怪誰。

當單一問題或爭執變成藉機牽連其他更大範圍的一般抱怨時，責備就是以一概全的；此時另一半的過錯或疏失就被視為是天大的性格缺陷。在最早期婚姻觀察的一項研究中，就暴露出「以一概全責備」的破壞性：有一對夫妻正在討論要看什麼電視節目，突然間，看似憑空出現的攻擊就火力全開了：「該死！」妻子大嚷道：「你老是看自己想看的節目，永遠就只是喝著啤酒看足球賽。你好像都不在乎其他事，尤其是我想要什麼！」[23]

常言說，生氣使人盲目。不過，我發覺人在憤怒痛苦中的觀察力其實很敏銳。我們在幾秒內，就能掌握言語攻擊的掃射範圍，並感受到每個字句的含義。在這個案例中，難聽的開頭話語「該死」表達出長期的鄙視，帶來的訊息是：「這麼久以來，我已經受夠你了！」這個抱怨是在算總帳：他總是隨心所欲、他很自私、他坐享其成、他對婚姻沒貢獻、他很放縱、他很懶，以及他很無趣——「永遠就只是喝著啤酒看足球賽。」在持續不到三十秒的談話中，夫妻一方就強烈譴責了另一半。

以一概全的責備是會傳染的。遭到攻擊的伴侶往往也會以牙還牙：「你老是數落我的不是。你一直對我很不滿。」有時候，我們會對自己在摯愛的人身上施加言過其實的責備倒抽一口氣，意識到自己的不公正並恢復道德良心。有些夫妻會走到這種階段，然後驚訝地望著彼此，對於爭執所經歷的荒謬過程感到不可思議，有時還會覺得好笑。夫妻就會各找個說辭：「我真的沒有那個意思；你也沒有那個意思。」爭執也隨即煙消雲散。不過，人對抗責備的自動防衛機制也可能會接管理智，讓人深信自己的憤怒是另一半該罵的證明。在怒火高漲之際，難聽的字眼衝出口時，我們會否認自己的不公正，並相信自己只是在回應另一半的極度不公正。

❖ 歸因謬誤：觀察者偏誤

奧地利裔美國心理學家弗里茲・海德（Fritz Heider）是研究「婚姻中的責備」的先驅，他稱上述模式為「基本歸因謬誤」（fundamental attribution error），[24]不過如今比較普遍的稱呼是「行動者或觀察者偏誤」（actor-observer bias）。在這種偏誤的支配下，我們會責備一個人性格上的不得體行為，但對自己的不良行為，就會歸咎於外在影響因素。舉例來說，茹絲告訴丈夫：「你老是責怪我。這足以證明你真的很卑鄙和忘恩負義。」但她回想自己刻薄的言詞時，又認為：「我是因為又餓又累，再加上今天過得很糟，才會說那些難聽話。」她指責丈夫傷害人的原因是他的性格有瑕疵；但另一方面，她傷害人則只是受制於臨時、外來的影響。

成為歸因謬誤的攻擊目標時，我們的一切都無法繼續受到保護或尊重。我們遭受指責並不是因為特定錯誤、某項疏忽或暫時缺乏判斷力，而是由於我們本來的樣子而被責怪。我們能夠怎麼修正？我們要如何修復破局？如果我為了讓另一半讚賞，就得變成另一種人，事情又怎麼可能會改善呢？因為我們本來的樣子而遭人批評，而非我們的所作、所為、所言，的確會引發很沉重的無奈感。[25]在無所適從的無奈當中，夾雜著羞愧：「如果因為自己本來的樣子而被罵，那麼我能避開責備的唯一做法，就是躲起來，甚至最好人間蒸發。」

指著人罵與偏誤記憶

另一種危險的責備方式，是用手指著別人。夫妻碰到問題時，心思不是集中在解決問題上，而是指責另一人；或是在許多案例中見到的，雙方相互指責，將焦點擺在怪罪對方是罪魁禍首上。這種情況在我接觸的伴侶團體中相當常見，每對夫妻幾乎都會馬上提及最近的一次爭執，這些爭執都至少有一方用手指著別人罵。當車子引擎在一陣劈啪響之後就熄火時，蘇菲和阿殷發覺他們的AAA[26]會員卡到期了。阿殷立即責備蘇菲「不會安排事情、不可靠」。當家裡水管漏水造成淹水時，瑞秋責備羅傑拖延他們計畫中的修理進度，還選擇小規模的維修工程：「你每件事都想貪小便宜啦，難怪會淹水！」當澳洲曼肯斯金融集團（Menkens）的投資組合價格暴跌時，朱利安就怪瓦樂莉「沒提醒他注意」，而瓦樂莉則責備朱利安「相信那個笨蛋財務顧問」。[27]

用手指著人罵有時不過是片刻的情緒爆發。「要追蹤、掌握所有『雜事』確實有難度。我們應該設定自動扣繳。」在阿殷說了這些話之後，這場AAA會員卡續約爭執也就此劃下句點。

當瓦樂莉將投資組合摘要擱在一邊，最後說：「還好只是賠錢而已！」夫妻收回譴責，很快就忘了這件事。

然而，用手指著人罵也可以輕易就逐步增強成不講理的激戰，互相爭論「該責怪誰」。兩人的關係愈密切，就愈容易觸怒對方，並引發內疚感。夫妻一方為了保衛自己，會利用起初的譴責做為矛頭，回擊發話責備的人：「你說『我』不會安排事情。你也不看看你自己！」和「你現在是說『我』是壞人嘍？」或「你怎麼敢這樣說我！也不想想我為你做的一切！」這時，雙方都會認為自己是被另一半傷害的受害者。

根本的模式大致如下：「我知道我的責備傷害了你，但我也是逼不得已，因為你實在壞透了；你讓我失望；你也沒對我拿出該有的尊重，或對我的感受不夠關心。我不是殘忍的人，所以要不是你真的活該，我才不會傷害你。你的負向人格讓我的行為舉止像霸道的人（或潑婦）。」在基本歸因謬誤的支配下，我們將自己不討喜的行為看作是短暫狀態，而另一半的問題則是持久狀態。

在這類衝突點上，自利式記憶會迸出來助我們一臂之力，儘管這有損兩人的關係。惡劣情緒煽風點火助長的偏誤記憶，會支持我們確信另一半有過失。我們會記得自己長期以來體貼、寬宏大量和支持幫助的所有時刻，至於對另一半的記憶，就是一直對我們的需求有所保留、自私或漠不關心的一切時刻。[28]對另一半仁慈、善解人意、支持幫助和寬容的記憶，全部被埋沒了，而過去惹得我們像此刻一樣生氣的行為例證，則會紛紛湧現。

讀心：臆測對方的想法與動機

「讀心」（mind reading）是夫妻間最令人困惑的一種責備。夫妻一方會臆測對方的想法與動機，這是善解人意的黑暗面，不是令人寬心的「我懂你的感受」，而是帶著不懷好意的指責：「我對你一清二楚」「我知道你現在在打什麼算盤」。[29]有一方聲稱能揭穿另一半真正的動機：「你是想讓我難堪吧！」或「你是要讓我對你感到歉疚」。[30]讀心者會自認是懂伴侶的專家，並在對方抗議與糾正這個不懷好意的觀點時，拒絕傾聽。於是被讀心的伴侶就像是無法發聲的文字，無助地任憑讀心者任意解讀。

隨著爭執逐步擴大，夫妻雙方會面臨被否決的恐懼，以及被婚姻關係摒棄的羞愧。正如我們所見，羞愧甚至會讓人不顧後果極力摧毀自己十分仰賴的人。美國喬治梅森大學（George Mason University）社會心理學家瓊・坦尼（June Tangney）觀察到，心生羞愧的配偶往往會以懷恨的譴責回擊：「都是你『讓』我有這種感覺」和「你很壞，你想讓我不好過」。[31]

當夫妻走到這地步，爭論的根本目標就會轉移，不再尋求兩人問題的解決方法，而是變成「傷害、侮辱與駁倒」。[32]雙方都會集中火力，砲轟對方。夫妻各自持的理由是：「我是好人，除非真的有充分理由，否則我才不會傷害身邊的人。現在（這個善良公平的）我竟然會傷害另一半，一定是他／她咎由自取。」大多數朋友、父母與伴侶所給予的敘述式讚美，出自從複雜的挑戰和有價值的努力來看待對方的生活和性格，而敘述式讚美變成責備敘述（blame narrative）時，每個人就會將自己形容成是被對方中傷的受害者。

這種互相責備會摧毀一段婚姻。當一對夫妻從「你傷害了我」轉移至「你太傷人」時，一把怒火就此引燃。當對方質問：「問題在你，為什麼我應該妥協或跟你協商？」那麼，另一把怒火也被點燃了。接下來，在夫妻一方遭遇糾結的兩難時，又有一把怒火生起：要麼接受因為你本來的樣子而被我責罵，繼續留在我身邊，這樣我才能懲罰你；不然就是離我而去，因為你無法忍受。就這樣，失控的責備毀了一段婚姻。

築起高牆：害怕被責怪的反效果

相愛的伴侶會自行摸索出適應彼此身體、需求和習慣的方法，同樣的，伴侶也會學到該採取哪種途徑面對兩人之間的爭執。在某些婚姻關係裡，爭執會琢磨出夫妻的互動模式，每次的交流會落入其中一種習慣，接著再依循一套既定的途徑。每逢強行展開對話、出現分歧、提出爭議點時，有些夫妻學到的，就是開罵。

甚至在爭執尚未開始前，就已處於僵局。一討論孩子的托育安排、房屋貸款、孩子不理想的學業成績、廚房翻修計畫或暑假計畫時，他們就會面對很可怕的現實，就是發現不知道為什麼，自己在對方的眼中都如同犯了滔天大錯。每當碰到日常生活中無可避免的小錯時，就得面對慣例的責備：「這都是你的錯！」婚姻中的責備，最糟糕的就是：對另一半的責備做出混亂且警戒的反應。

湯姆和艾莎參與了我的伴侶研究，他們承認兩人的關係存在「許多易燃的火種」。湯姆表示：「和艾莎爭吵毫無意義。」艾莎就反擊說：「和**你**爭吵才沒意義呢！」

每當妻子開始「像隻狗緊咬著骨頭不放地責罵（他）」時，湯姆說自己感覺：「腦袋裡有個鈴鐺正在叮噹作響。」他解釋道：「她是個聰明的女人，所以我想她一定會講理，可是我聽到的只有高聲抱怨。我知道她正在說我有問題，但我不曉得自己該如何是好。我討厭她生氣，不過最糟的是我實在很火大。這實在是糟透了……而且我也不會處理。」然而，艾莎說湯姆似乎：「在（她）不高興時，都無動於衷。」她接著表示：「我完全得不到他的半點回應。他會視若無睹，彷彿我根本不存在。這倒是我頭一次聽他說我生氣時，**他**有多痛苦。」

夫妻爭執時，激烈的情緒往往會導致某一方築起高牆——這是人在碰上難以名狀且無法控制的感受時，用來關閉感受器的手段，將自己的身體和心理也轉變成一堵石牆。築起高牆是面對泛濫或廣泛性生理激發（physiological arousal）的一種反應。[33]心跳加速、腎上腺素飆升、血壓升高，全身的生理機能都在吶喊：「你正面臨極度危險！」在這種狀況下，人無法處理自身的感受體驗，聽覺會減弱，視線也會變窄，也無法有條理地思考，因為血液將用來保護感受到危機的器官，並向肌肉發出「戰或逃」（fight or flee）的待命警報，而非提供大腦使用。人的優先考慮事項變成處理自己內在的混亂，而不是去理解與同情對方。我們保留了平常的應話聲音（「嗯」與「噢」）和示意動作（點頭、搖頭、目光接觸），看似對別人的情緒無動於衷，但其實正在捍衛自己，抵禦蜂湧襲向身體系統的刺激。

築起高牆的人中，男性約占百分之八十五。[34]有時候，有些人會說，與男人相比，女人比較難接受批評；又比方，有人也說女人比男人更容易哭泣，或是有更多的「情緒反應」。但整體來看，女人在處理增強的情緒與人際衝突這方面，比男人更為堅強。在夫妻爭執中，男人壓力升高的速度會比女人快很多，所以男人較可能蒙受情緒崩潰之苦。

男女對強烈情緒耐受力的差異，就能解釋女人經常如下述抱怨男性伴侶的理由：吵架時，他變得冷酷、像顆石頭，而且沉默寡言；他拒絕涉入或討論個人問題；他「隱形」了。換句話說，他築起了高牆。從男人的觀點來看，這種封閉會提供自我保護，能對抗衝突所導致的情緒和生理機能上的猛烈襲擊。[35]

築起高牆原本不是打算發起攻擊，它其實是自我防衛。但對伴侶而言，築起高牆會傳達出否定、冷淡的距離，甚至是傲慢。[36]在親密的人際接觸中，不傾聽與不理解是極深重的侮辱，會傳遞出攻擊性的訊息：「我才不想和你打交道」或「你太可笑了，或者對我來說太不重要了，所以不必理你」或「我不在乎你的感受」。

然而莫大的諷刺是，女人極可能在另一半築起高牆時，體驗到情緒崩潰。在目睹另一半情緒封閉時，她會感受到生理機能上的襲擊，像是血脈賁張、出汗，以及面臨威脅時腎上腺素分泌等現象——剛好全都是男人藉由封閉自己所試圖逃避的感受。從女人的角度來看，拒絕感同身受地傾聽或回應，會讓她覺得喪失親人與孤立。雙方都會為了自己不舒服的感受，而責備另一半。

不忠，感覺就像是責備

能摧毀婚姻的，不光是夫妻間讚美和責備彼此的方式，若是伴侶讚美婚姻以外的人，也會摧毀一段良緣。當夫妻一方不再是當初親密關係的唯一讚美領受者，接下來，撐住婚姻的讚美鷹架便會崩塌。[37]

人對不忠行為的強大反應，有堅實的演化基礎。無論愛面子的人們嘴上是多麼貶低「性」，性永遠不只是性。人類的性行為遠遠超出繁衍後代的目的，作用之一是建立夫妻之間的連結，而性在這方面也發揮得淋漓盡致。當人類發生性行為時，在神經與身體層面都會進入徹底轉變的狀態。掌管快樂和酬賞的大腦部位[38]會變得極度活躍；「親密荷爾蒙」催產素[39]與自然生成的類鴉片物質，能給予人毒品般的亢奮感[40]，當攸關**決定性**評價的大腦前額葉皮質部位關閉時，就會觸發這兩種化學物質。人的脈膊、呼吸和血壓的節律都會加快，整個骨盆部位也隨著血液供應增加的組織腫脹而擴大。我們平常不喜歡的身體侵入，就會變成興奮刺激。[41]這時，會經歷美國婚姻心理學家瑪姬・斯卡夫（Maggie Scarf）形容的體驗：「在嬰兒早期階段，被包覆在安全與親密世界中的新生與狂喜感受。」[42]

然而，偶然間在一起的伴侶，他們大腦的化學作用就會模擬愛的大腦化學作用。與性有關的撫摸、碰觸和氣味，也同樣與愛意和連結相關。當一方抱著另一人，就會接收到與對方體驗有關的親密訊息：記住對方的肌肉緊縮、流汗和心跳；也聽到並回應細微、半私密的呻吟——性行為的壓倒性感知便開始和我們的性伴侶有關聯了。當這些關聯銘刻於記憶中，人就會產生感謝、信任和欣賞等類似讚美的情緒，也會產生對未來行為的期待，兩人的結合就會充滿希望，人們會覺得這種親暱行為相當獨特，也讓人十分有安全感。[43]

縱觀四千種哺乳類動物，一夫一妻制是很稀有的，有些研究者甚至認為人類的一夫一妻制是「不自然的」。[44]不過大部分的人類社會裡，性關係的忠誠在婚姻中扮演舉足輕重的角色。[45]雖然對於忠誠的規範或許和文化有關，並非出於本能，[46]但忠誠仍然塑造了人的期望和情緒。一般來說，我們會期待自己是另一半唯一的性伴侶；或指望對方看待兩人親密行為的重要性，勝於一時誘惑。

預測一個人是否會有婚外情的最可靠指標，就是那個人的另一半與其他潛在伴侶之間的「負面評比」（認為原伴侶不如其他人的比較指數），[47]像是「我可以做得更好」「她比較了解我」「和其他人在一起，我感覺很開心／比較放鬆／比較有意思／比較有誘惑力」等諸如此類的陳述，全是預示要去找婚姻治療師的危險訊號。[48]這些陳述暗示著鄙視的責備，也顯露令人不安的忠誠不足，它們會變成背叛的正當理由。有婚外情的伴侶經常認為：「另一半對我的反應不夠正面」或「她（他）不了解我的價值」，所以自此之後對方「就不值得我付出忠誠」。

不忠傳遞的三種責備訊息

❖ 訊息①：認為別人比我們還要好

在關係中，我們確信另一半不會認為其他人比我們還要好，也就是不會把我們跟其他人做負面評比。然而，已婚人士最常用的婚外情藉口就是：「我想有個人讓我覺得自己很不錯」「我想感覺自己重拾往日的魅力」「我需要有人關注我」，或是「我對另一個人的欣賞和欲望讓我無法招架」。[49]在這種思路下，不忠行為就傳遞出第一個責備訊息：「你不能滿足我」或「你沒有另一個人好」，甚至是「你根本不合格」。[50]

❖ 訊息②：說謊

不忠行為傳遞的第二個責備訊息，是伴隨不忠而來、幾乎不可避免的說謊。儘管不忠的一方經常辯解，他們之所以說謊都是為了要保護另一半，或是為了維持婚姻，但謊言確實會摧毀婚姻裡的讚美與傾聽。在這種情況下，夫妻一方之所以傾聽，並不是去享受情感與心靈的親密，而是為了調查或掌控另一半的想法；不忠的伴侶反而是靠說謊（或省略重要資訊）來扭曲另一半對真實的認知，而非支持或享受婚姻。[51]

在我研究的十二對伴侶中，[52]有兩對已經被不忠行為拆散。三十八歲的凱倫留意到丈夫湯尼的「心思在他處」。她解釋道：「他真的很晚回家。他說『工作忙瘋了』，我也相信他。百分之百信任。當我提醒他不做家務後，他竟然對我大吼：『你都不理解我所承受的壓力。』當我試圖談這件事與話中之意，他就說我不會懂，而且在我對他說我真的很擔心他時，他就說我在『胡思亂想』。所以那幾個月，我就相信他的話，認定我是該被責怪的人、我是正在摧毀兩人關係的人、我是嘮叨的人、我太笨或太神經質，所以不了解他。當我發現事情真相時……哎！『氣憤』根本不足以宣洩我的感受。我一直傻傻的以為自己才是該被責怪的人。」

說謊很快就變成不只是逃避策略，它企圖將責備對象從不忠的伴侶身上，轉向受欺瞞的一方。「你在胡思亂想」傳遞的訊息是「你正在摧毀兩人關係，不是我」。一個伴侶的謊言製造了「煤氣燈效應」（gaslight effect），[53]這個詞引自喬治・寇克（George Cukor）於一九四四年拍攝的電影片名，[54]劇情描述一個丈夫逐步操縱妻子，讓她以為自己罹患精神疾病；當夫妻有一方篡代另一半的事實認知，並試圖欺騙另一半，讓其引咎自責，就會出現煤氣燈效應。

當我們覺得被背叛時，與對方的關係愈親密、愈信賴對方，我們的責備就會愈激烈。[55]提供婚外情事件後諮商的婚姻治療師表示，最顯著與棘手的問題都和責備與內疚有關。[56]凱倫說：「我有時很想殺了他，但當下又想讓他活著，這樣他才能懷著自己的罪過，飽受內疚折磨。」湯尼堅稱，起碼有一部分罪責要算在凱倫頭上：「她應該受到和我同等的譴責。我覺得被她排擠。」當丈夫給予愛護的讚美散去、讓凱倫覺得被背叛時，當湯尼明白自己已經粉碎凱倫對他的讚賞時，正面肯定的感覺看來似乎從兩人的關係中消失了。[57]他們的婚姻已經變成針對罪責分攤，展開持續且怨憤的爭執。

❖訊息③：破壞伴侶間的親密關係

不忠行為傳達的第三個責備訊息，是破壞了伴侶間的私密關係。伴侶沉浸在非常私密的世界裡：共享的記憶和反應、共同的興趣，以及為了子女、財務和住屋等等日常家務交流，增進了兩人的親密關係。雙方都會期待得到保護，防止更嚴厲的外來評判，無論這些評判是來自朋友、鄰居，甚至是其他親戚。當道格拉斯得知貝絲週末都和前男友在一起時，他鬱悶地想著他們對話的親密度：「最糟的是，她把我們的事告訴別的男人。你知道嗎，她這樣抱怨我，就是向他證明對我不忠沒關係。最傷人的，就是她假裝尊重我，然後又揭我的瘡疤。」在這段親密關係中，自我揭露原本是安全且專屬的，如今卻被破壞了。

離婚的被摒棄感，會加重責備

無論在婚姻中經歷何種挑戰，我們都會期待另一半透過讚美的堅實鷹架，與我們同結一心。這表示，信賴另一半會映照出我們正面的個人過往經歷、動機和性格。可是，離婚會瓦解這個架構，它是最極端的決裂，也是最極端的責備與「配偶否定」。很多離異的怨偶發覺，就算想對彼此保留任何正面肯定的感受，都不太可能。離異夫妻的親友看到他們的報復情緒，都會驚駭不已：為何兩個在正常情況下明智和理性的人，會變得如此憤怒、小氣和惡毒？透過夫妻一方的評判量尺，離婚發送出怨恨的旋風。

少有離婚的夫妻會冷靜地說：「事情就是不太順利」或「我們不過是漸行漸遠」，反而都是負面地評判另一半，企圖貶低對方的尊嚴：「婚姻會破裂，都是他（她）的錯」或「他（她）不值得我留下來」。這種過程，有時稱為「失諧消減」（dissonance reduction）[58]，是為了降低兩相矛盾看法間的緊張狀態，諸如「我的行為很惡劣」與「我是好人」之類。責備自己的另一半，是為了讓我們免於為婚姻破局自責：「我會離開你、傷害你，讓整個家庭四分五裂，是因為你很差勁。你才是該為婚姻破裂負責的人，而且不值得擁有一切。」

從對餐具、海灘公寓到孩子監護權等每件所有物的司空見慣爭鬥下，「一切都該責怪我的前夫（前妻）」成了爭論的依據。在清算中的任何一個點，都有可能成為繼續爭論誰最該被責備的原因。每個人都覺得傷害對方會減輕被否定、摒棄的羞愧。

夫妻在與對方商議自己（且往往也是競爭）的目標和願望時，其實都會相互讚美與責備。許多婚姻告吹的原因並不是「跟錯人」，而是因為婚姻中的互動被責備所主導，再加上讚美煙消雲散。找到「對的人」只是幸福婚姻的部分要素，伴侶雙方還必須要有像事業合夥人般的經營共識，攜手找出維護讚美鷹架的互動模式。

管控婚姻中讚美和責備的比例

幸福婚姻的前提是，就算有一方惹惱或得罪另一半，也仍然會假定伴侶基本上都是良善與值得讚賞的。[59]這是構成承諾的基礎，在這裡面，裂痕可以輕易修補，也能夠給予寬恕。而一段不幸婚姻的前提，就是假定配偶基本上是惡劣（不體貼、不負責任、自私），因而令我們失望。當一個根深柢固的性格缺陷被認為潛藏在所有問題之下時，後面的補救便很困難。道歉會扭曲、碎解並衍生成追加的抱怨：「我很抱歉，但你真的太為難我了」「我很抱歉，但我需要有個人能懂我」。雙方都將負面動機嫁禍在另一半身上，每次互動都在煽動怒火和衝突。[60]

婚姻破裂是一段具毀滅性的經歷。喪失一段重要的人際關係，會改變一個人的大腦迴路，掌管情感和酬賞的大腦部位活動速度會變慢，血氧含量也會降低。這是預測抑鬱、心臟疾病，甚至是癌症等併發問題的有力指標。喪失親密關係對一個人的健康確實真的很有害。[61]

理解讚美和責備的角色，就能幫助我們維持婚姻嗎？答案是肯定的。一旦我們辨別出反駁責備常見的防衛，就不會再那麼肯定且自以為是地堅持自己的指控。一旦明白責備一個人性格所招致的毀滅性效應，並思量可怕的後果，我們可能就比較不會衝動行事。

不過，了解讚美和責備的黃金比例，是否就足以拯救婚姻呢？答案是否定的。人很難管控責備，也難以察覺自己可能受優越感偏誤（superiority bias，在這種偏誤之下，我們會認為自己應該得到的讚美比實際上多）支配的程度；同理，對夫妻來說，追蹤讚美和責備的比例也一樣有難度。

沒有反饋，難以判定是否真的讚美了對方

首先，在沒有另一半的反饋之下，很難判定我們是否真的讚美另一半了（而且不是使用專制型讚美，或是擺出施恩於人的態度）。讚美是環環相扣的；一個人是無法當最終仲裁者，來判定要給多少讚美或責備。

自利式記憶偏誤：計較誰付出多，易導致不滿

第二，無論衡量自己或別人的評判，必定都會碰到常見的自利式記憶偏誤。人們可能會記得自己正面積極的努力，並將自己用負面評價猛轟另一半的記憶減至最低。儘管在婚姻中必須互相

忍讓，但討論誰給予多少讚美，很可能會轉變成爭執。只有不幸的婚姻才會聚焦在對價關係（quid pro quo）上。[62]

將焦點擺在誰做得比較多、誰付出比較多、誰讓步比較多，會產生不滿。判定自己的貢獻大過另一半，則隱含著責備之意：「你付出得不夠。」隨之而來的爭論，就是：「我已經做得比你多了。」以及「我畢竟為你做了這麼多，你為我做這件事也很合理。」每個人或許都會提及某個看不見的證人，這個人總是能為你本人的投入給予更有力的佐證，並斷定另一半因為並未付出同等心力，所以應該受到責備。[63]

人只看到自己想看到的那一面

最後，我們觀察到的結果，或許是根據我們評判別人的方式。當我們深信另一半該受責備，就不太可能會去留意讚美，甚至是任何正面的示好。已有研究指出，當夫妻意見不合時，他們注意到另一半值得讚美的成果，只有中立觀察者留意到的百分之五十。[64]

正視婚姻裡的不完美，善用讚美與責備

若想善用夫妻間讚美和責備的功效，就得正視讚美與責備的影響力。在婚姻中，對於另一半

的感受、目標和價值觀，必須發自內心讚賞並且感興趣；除此之外，雙方還必須具備一個「優勢亮點」，對方身上的這項優點，便能夠讓自己不拿另一半跟其他潛在伴侶做比較。當婚姻中的評判力量轉變成負面時，唯有透過重新建立夫妻雙方的尊嚴，才能補救毀損。這其中的艱鉅任務，是雙方要將對責備的防衛擺在一邊，並為冒犯行為負起責任，[65]也包括寬恕對方的丟臉和侮辱，而且雙方對另一半為了補救所做的一切努力，要給予讚美。[66]

在婚姻中，也許真正需要的是一份修訂過的關係契約。內容不是「我們會無條件地相愛」，而是夫妻雙方可能都要接受更現實的一些事實：「我知道我們會評判彼此，但我們會竭盡所能不忽視對方身上正面肯定的事，或者不誇大負面否定的事。當我們感覺無力招架負面評判時，會努力協商出一個通過難關的方法，並避免以執意、鄙視的方式怪罪另一半。當有一方真的一團糟時，我們會給予彼此安慰、同情和支持。我們一定會讓負面否定的評判聚焦在特定具體的事情上，而正面肯定評判則集中在根深柢固的性格特質上。我們也明白，有時自己會受到許多偏誤支配，這些偏誤維護了尊嚴，卻威脅到兩人的關係。這是我們必須處理的，因為我們是人類。」

當然，人不只在婚姻關係裡要處理讚美與責備之間棘手的平衡，在下一章，我們將會看到評判量尺如何影響職場上的人際關係。

第七章
職場上的讚美與責備

讚美和責備：工作滿足感的關鍵

進入職場時，我們或許會暫時拋開與家人、親近朋友之間濃烈的親密關係，但不會撇下我們的評判量尺。在會議中，我們傾聽同事的發言，針對他們的重點給予回應，但也會掂量他們的性格和動機：「我可以看出她為何會升官，她發言時都能切中要點，而且似乎打從心底關心該議題。」我在位高權重的同事發言時，抱持著這樣的想法，並一邊留意其他人點頭示意的方式。我察覺到其他人的評價和自己所見略同，我也因擁有如此不同凡響的同事而感到驕傲。當另一名同事喋喋不休時，我就會認為：「他都不讓別人發表意見。」當我提出構想，希望往下進行討論時，要是看到有人轉著戒指、煩躁不安，還對著整個會議室左顧右盼，我就會很疑惑自己是否讓對方覺得無聊了。十分鐘之後，對桌有人提出新意見時，我留意到他圖私利的論調，心想：「這個意見不新啊！我五分鐘前就講過同樣的事了，他現在只是邀功圖賞罷了。」我和另一個同事交換會意、玩味的眼神，於是我們藉由共同的評判，建立了關係。

別人對我的評判、我對別人的評判，在工作滿足感上扮演關鍵的角色。美國心理學家班．達特納（Ben Dattner）在不同組織工作十多年後，得出結論：薪水和升遷的實質利益，通常不比它們所象徵的尊重或輕視來得重要。對工作滿意度的關鍵，其實多半牽涉到「對不公平（的讚美）義憤填膺，或遭到不公平的責備而滿腹怨氣」。[1]偏偏這種不公平似乎在職場上很常見。美國佛羅里達州立大學商學院（Florida State University College of Business）教授韋恩・霍奇華特（Wayne Hochwarter）和同事以直屬上司為主題，詢問了一千兩百人，其中百分之三十一描述上司會誇大自身的成就和功績，還有百分之二十七表示上司為了得到讚美，會向他人吹噓。[2]

離開組織最常見的理由之一，是在工作上感覺不受賞識。[3]在一項研究中，百分之三十七的離職人士表示，離開的理由是**當他們自認該得到讚揚時，上司未能給予**；而百分之二十三的人提到，離職是由於**上司為了掩蓋自身錯誤而責備別人**。[4]至於未得到相應讚美或受到不當責備卻仍留在組織的人，會蒙受極大的壓力之苦，士氣也很低落。由於壓力和低士氣具有感染力，[5]因此理解讚美和責備在職場上發揮作用的方式，對每個工作者和組織都很重要。

辦公室政治：職場評判的個人面

見解獨立的學者，也會因為別人的評判而抑鬱寡歡

學術圈經常被稱作是「象牙塔」，這個詞引自《聖經》中提到的高雅潔白，[6]暗喻全心全意埋首於腦力工作的人，不受到褒貶之類的個人虛榮心染濁。我在大學擔任學生與教職員的學監[7]長達十五年，但另一方面，研究帶我進到截然不同職場環境的核心，[8]包括一所醫院、兩間學校、一家律師事務所，以及一家製造大廠。我集結研究發現與回想自身經驗，所得出的結論是：學術

界並非免受日常評判侵擾的安全避風港，反而是探究職場讚美和責備動態相當理想的起點。

學者非但擺脫不了個人的評判量尺，還被它纏擾。學術職場中，充斥著英國心理學家奧利佛．詹姆斯（Oliver James）所說的「辦公室政治」（office politics），[9]以及班．達特納所謂的「推卸責任把戲」（the blame game），[10]大家藉此為自己贏得讚美的機會布局、保護自己免受責備，以及很多時候就是極盡所能地防止同事獲得讚美。

學者會（理所當然的）自豪於明察秋毫與見多識廣的評判。他們會評定別人的研究品質，可能很愛幫別人的智能分等級，他們也會評價別人對該領域的貢獻，並小心謹慎地監看同事的地位狀態。當等級分別非常迴異與細微，而且報償經常無足輕重時，這種評判就會有難度。在象牙塔內，看起來和他人微乎其微的差異，會被放大。這遵循了塞爾定律[11]，也就是**對尊重本身的興趣與其報償多寡呈反比**。根據美國政治學家華萊士．斯坦利．塞爾（Wallace Stanley Sayre）所言：「學術界政治之所以是最惡毒刻薄的政治形式，就是因為報酬很少。」[12]

我身為學監的職責重心是傾聽，不管學者的資歷深淺，我都要和他們多方討論他們的職涯。與其他資深大學教職員在一起時，我印象最深刻的，就是這些有獨立見解的人，會因為別人對他們、他們的價值和工作給予的評判，而抑鬱寡歡。這種憂鬱情緒會讓士氣蒙上深沉的陰影，導致得要審查教職員職場身心健康。身為審查員之一，我留意到教職員與我討論時所提出的話題，並記下他們貫注於對地位和尊嚴的焦慮的時間比例。當我與教職員會面時，我會解釋我將一邊做筆記，並且會與校長和副校長一起查看大家對工作的不滿之處。[13]這些歷時一學年記下的紀錄顯示，有大約百分之五十五的會談時間環繞著讚美和責備的問題。

我與吉瑪會面時，她要求減少排課量，但潛藏在這項實際請求之下的，是攸關讚美和責備的問題。年近五十的吉瑪認為自己致力於教學，導致疏於關注研究工作，卻又覺得自己在教學上的貢獻，也並未受到賞識：「我發覺自己在教學方面的傑出表現，竟然連大學評鑑作業都沒列入，這實在很令人氣餒。現在大家都必須炫耀自己的研究，才會受到肯定。」吉瑪並未贏得在教學上該得到的讚美，又因為低落的研究狀況而遭受不當的責怪。

艾拉斯德來找我，是想請求一份資深升等作業的推薦書，但會面時，大部分談話重心都集中於抱怨本校和他的原屬學校都沒有讚美他：「我去的那些高峰會，大家都想聽我要講什麼，（在國外）我是對爆滿的聽眾發表報告。我說的爆滿，是指現場擠滿站著的聽眾。而在本校，同事認為我的高人氣是膚淺象徵，他們認為這算不上有本事。噢，你知道這是什麼意思嗎？同事覺得除非他們自己就是那隻開屏孔雀，否則誰都沒有真材實料。我知道這種把戲的一部分，就是吹捧自己壓過其他同事，然後把他整垮，但這漸漸讓我厭煩。如果沒辦法快點升等，我打算離職。」

琪亞拉是為了增加祕書支援的事來找我，但潛藏其下的尊嚴問題和工作負荷量的問題一樣多：「我做的辛苦工作多半是沒人會看到的，而且在共用我這個祕書的狀況下，更是不容易看到。我不介意大家要求我做這個、做那個，我是很樂意幫忙的。但我很介意他們是因為瞧不起我而使喚我。」

馴化的大腦：我們很難對別人的評判無動於衷

我經常聽到這種論調：我們應該對於了解自身價值而感到滿足。如果我們了解自己的價值，其他人的評判就一點也不重要。但**其他人的評判真的很重要**。我們或許高度重視自己內在的裁判，也可能會特別在意那些我們看重的人（無論在個人面或專業面）所給予的評判，但我們**很難對別人的評判無動於衷**。

心理學家布魯斯．胡德觀察人類心智演化時，了解到人擁有一個「馴化的大腦」（domesticated brain），對別人的觀點高度敏感。事實上，胡德的論點是：「人類是十分社會化的動物，所以別人對我們的看法會完全盤據內心。也難怪一談到自我感覺良好時，總會先想到名聲地位。人需要適應的社會壓力，包括獲得團體的重視，因為畢竟大多數的成功確實是由他人的想法所定義的。」[14]

這不代表要被動接受他人對我們的看法。吉瑪、艾拉斯德和琪亞拉都試圖要**管控他們對別人看法的敏感度**。他們也和自己內在的評價員協商，對讚美和責備動用相當個人的衡量標準。反抗、協商及列舉分撥讚美和責備的條件，是持續不變的職場活動，而且在離開辦公室很久之後，它們還會延續到我們的思考以及和伴侶與朋友的交談中。

蒐集情報、尋求盟友：職場的評判風向

職場就是一個上演著每日評判戲碼的劇場，我們則是身在其中的觀眾兼演員。現代工作將一群人聚集一起，當中有人們可能反而選擇忽視彼此，也會有那些感覺起來不喜歡我們的人，還有我們在社交上絕不會選擇去打照面的人。很多時候，我們必須尋找共同的立場、遵照他們的指示，以及加入他們的爭執。這給我們帶來的挑戰，是監測與掂量我們不容易看透的人。

碰到必須解讀或掂量讓我們摸不著頭緒的人，還有面臨取決於該信任誰的工作保衛戰，以及要如何與我們覺得難搞的人合作的時候，或許我們會求助評判量尺似乎和自己一致的人。我們會問：「你對喬爾的工作有何看法？」「你和艾蜜莉的溝通會有困難嗎？」「葛斯一直都這樣嗎？還是他今天剛好諸事不順？」奧利佛・詹姆斯在他的職場研究中，發現這些事太常見了：「職場上，大家幾乎每天都在明確或含蓄地徵求關於彼此個性與能力的意見。」[15]

這些非正式的交流或八卦會製造盟友。有人和我們有共同的評判，似乎就是志同道合的人。我們向某人尋求對某位同事的意見時，若碰到一個唐突或警戒的反應，我們會意識到誤判了「那個」人對我們的評判。我會記下：「噢！我明白他不太想對我坦誠！」未來也會避開對他八卦。不過要是詢問衍生了長時間的談話，以及聽到「是啊，他老是那副德行。他在你的團隊裡，你就得小心」的時候，我不僅接收到重要的訊息，還基於共同評判組織了一個聯盟。

個人的評判在職場中，擁有十分強大的職業影響力。管理者針對一位副理的領導能力徵詢回饋意見，聽到「她做簡報時，總會搞砸事情」的時候，原先對該名副理尚未形成的評判，便會轉變成絕對負面的評判；但若聽到「太有趣了！我好喜歡她脫稿行事的方式」時，對於該名副理在簡報中不太精練的部分，也會一掃疑慮。同樣的，競爭者或許也會在簡報上給予同事錯誤資訊，讓同事的預測失準，試圖藉此在專案上取得優勢。這種競爭者可以透過隨口警告別人的方式來灌輸懷疑：「別相信他的預測。他老是胸有成竹，但一直誤判。」運用巧妙的手腕，職場八卦就是快速、有效率與具殺傷力的傳達讚美與責備的媒介。

這種挾帶權威光環、再三複述的評判，會變成猶如事實般深植人心，之後要再提出異議就難上加難。被人講成「一直誤判」的同事或許會抗議：「我的預測通常是正確的，沒有一個預測者的推斷每次都能準確無誤啊！」但萬一他不明白別人背地裡對他的意見、不知道別人已經準備要提防他的錯誤，那他就無力為自己辯護了。

我們或許未能耳聞負面八卦，但可以感覺到。有時候，它對我們的工作有正向效應：知道自己是同事的八卦話題，會提高我們想協力合作的動機。[16]但我們常常在談話時，捕捉到同事的微表情，以及他們之間迅速互瞥的眼神，這時職場就成了危險的地方，它包圍在背後議論與不定形的指控藩籬中。神經科學家理查．戴維森發現：「例如，要是你沒掌握懷怨競爭者之間互傳的無聲訊息，就無法與同事互動，那你極可能無法在未分心的最佳狀態中，正常工作。」[17]起初無稽的八卦，最終演變成事實：我們無法專心，也喪失信心，執行能力深受其害，然後我們就這樣證實了負面評判所言不假。

競爭與不應得的讚美

管理者經常被訓練要用三明治法（sandwich technique）來給予負面批評。首先，讚美職員：「你工作很賣力，在團隊的表現也很好；上星期的簡報就幫了傑瑞一個大忙。」接下來陳述負面否定的評判：「你為顧客做的簡報真的還不夠好。（顧客）顯然很不滿意，但你沒有留神傾聽，只是重複說著自己的初步構思。」然後，為了緩和衝擊力，要將重點聚焦於未來：「這次應該是很好的學習經驗；往後去見顧客前，先運用你在團隊合作方面的才能，和其他人演練過內容。我們會找人提供你客戶的深入背景資料，這樣你就可以做更充分的準備。」聚焦於未來，能夠讓負面批評維持在正面肯定的評判系統內，因為它把如何受到應得讚美的概念具體化了。

潛藏於三明治法背後的原則，即讚美是豐富與實用的資源，而且批評不該是帶有譴責，它應該具建設性，並聚焦於未來。然而，當利潤下滑、顧客數縮減，以及大家覺得自己的工作、地位和價值面臨威脅的時候，讚美會被緊盯不放地看守住，所有的批評（包括具建設性的批評）也會被轉成責備。[18]

幾年前，我參與一項生活與工作平衡的研究，對象是一家中型律師事務所和一間製造公司，[19]兩者都正在進行組織重整。我很快就領略到，每個人對工作上所得到的評判的關心程度，遠大於職場提供了他們什麼東西。二十九歲的葛倫告訴我：「任何關於身心健康或工作與生活之間的平衡，全都無濟於事。重點在於，這裡的人是否認為你是關鍵人物，或者你是否為無用之人。你必須向眾人展現出其他人都覺得你很了不起，想達到這種目的，你要顯露出自己忙到不可開交的樣子。有些傢伙採取這種手段時，還會帶著假惺惺的牢騷說：『噢，我希望我可以剛好抽出一點空檔，但實在有太多事要做了。』然後，他們接下來就會羅列自己被交代要做的所有事項，而且專挑我收文夾裡的待辦文件變得很少的時候。」

二十四歲的阿吉特表示：「你簡直無法相信，連要在這家公司謀得一份最低階的職位，竟然都難如登天。讀法學院時，我們花了大把時間在練習自我介紹上，他們說：『在面試時，你必須給人留下深刻印象。要向面試官展現你為了得到工作，下了哪些工夫。』然後我錄取了，進入這家公司工作，但競爭同樣激烈殘酷，每天就像殘忍無情的面試。說服合夥律師相信你日後一定會很傑出，比實際執行的任何工作都更重要。」

對三十二歲的凱莉來說，每天最重要的事，就是在別人對她愈發嚴格的審視中，避開責備，因為在當前的形勢下，責備對組織有益：「我知道公司想要縮編這個部門，任何小差錯都能夠成為懲處你的理由。沒趕上截止日期、流失一名顧客、在會議中的表現失色，接著高層主管就會衝著你來了。」

在凱莉公司的每個階層、每個部門裡，面臨責備威脅的員工會迅速推卸責任給其他人。[20]凱莉的主管亞當抱怨：「我做了我該做的事，但會計整個搞砸了。他的重複計算把我的目標都毀了。」凱莉的同組夥伴艾倫辯解道：「我們設計出一項很優異的產品，但銷售團隊就是沒善盡職責。」凱莉的同事都困在推卸責任的把戲中，全副的心力都放在尋找代罪羔羊，以及說服對方相信自己不該遭受責備。不過，凱莉明白高層主管才是真正手握重要評判大權的人。透過評判「何人的讚美與責備至關重要，何人的又無足輕重」，權力再次獲得彰顯。

自戀與操縱讚美

在日常用語中，自戀者是指自我意識很強的人。然而，在心理學上，自戀者是**玻璃心與浮誇偽裝的人**，他們會強迫性地以從別人身上索求而來的讚賞，鞏固自己的尊嚴。這些索求在職場上可能會帶來毀滅性的後果。自戀者會推動能引來個人讚譽的新舉措，例如高風險投資，但這就嚴重破壞了組織的健全。自戀者會氣勢洶洶地擊退批評，恐嚇與自己意見分歧的人。他們利用咄咄逼人和表面上的自信，在職場上經常無往不利。有些心理學者估計，大約有百分之四的企業執行長集自戀者、缺乏同理心與操縱他人的欲望於一身，[21]但有些研究者主張，擁有這些擾人（有些人會說變態人格）特質的企業執行長高達百分之二十一——監獄裡擁有這些特質的受刑人也差不多是這個比例。[22]

基於種種理由，自戀者成了很麻煩的同事。很多自戀者會犧牲他人來誇大自己的重要性，他們吹噓，然後不斷企求讚美。他們索求別人的誇獎，遇到有任何人對他們不崇敬，他們就會暴怒。無論對他們的批評是多麼必要，而且是以正面肯定的方式表示，他們都不太買帳。最重要的是，他們會藉由形塑職場讚美與責備的動態，破壞工作環境。對他們而言，每次的交鋒都會變成索要讚美與貶低別人的機會。他們的行為舉止對別人所造成的影響，他們全都無關痛癢，只在意自己是否閃耀出眾。

莎拉提及一名共事的資深外科醫師時，[23]表示：「一旦她被要求執行她自認有失身分的事，就會大呼小叫。而且，如果開會時不聽從她的意願行事，她會批評整個團隊與決策流程，並威脅要辭職。她開始列舉自己負責執行卻沒獲得讚揚的一切工作。這讓大家筋疲力竭，我們還必須想方設法去遷就她，整個單位也因此士氣低落。」

四十二歲的蜜雪兒是某家律師事務的受雇律師，她說共事的所有人都試圖要爬上金字塔頂端出人頭地，讓她接觸到很多自戀者：「我看到有些人會靠不斷的自吹自擂熱身，蓄勢要爭搶風頭。一旦有個人開始吹捧自己，就是替他與其他人的較勁揭開序幕。這為每次的對話奠定基調。但我就是閉口不言，我覺得很可笑，對這種爭奪讚美的事很反感，卻很難置之不理。你明白自己會被邊緣化，因為你無法全心全意地自賣自誇。」

自戀者的自我評估或許會浮誇到很離譜，但他們的自信也會高度有說服力。當其他人見識到一個自戀者的作風是多麼有效力時，他們可能就會開始效尤這種虛張聲勢的威嚇和咄咄逼人。據估計，一九七九年至二〇〇六年間，當職場文化獎勵過分膨脹自我能力的人時，自戀者的比例增加了百分之三十。[24]有些人認為，自戀者拒絕反省與修正自己的評判，而且對他人評判心懷敵意，他們這樣**箝制回應、省思與變通的評判**，會導致組織更可能倒閉，為組織健全帶來最大風險。[25]

判定工作表現的優劣

量化評判和設定目標

很多組織意識到某些人會造成損害，像是會以巧妙手段誘來不應得的讚美的人、會轉移究責目標的人，還有會表現出對組織成就功高威重的模樣，但實際上貢獻極少的人。不少組織也察覺到，讚美和責備分撥不公平會導致士氣低落。為了解決這些問題，有的公司採取更客觀的評價標準及有效的衡量標準，刻意迴避自我膨脹的咄咄逼人者。然而讚美和責備的分撥，是否能做到客觀呢？

在後工業年代，缺乏像是小機件生產數、管柱充填數或汽車組裝完成量等明確的生產力衡量標準，[26]奧利佛．詹姆斯指出，大家身處在「各種急遽成長的職業對表現評價沒有客觀衡量標準的環境中」。[27]如果我是在技術支援之類的服務產業，大量的來電數或許間接表示我把工作做得很好，但也可能代表我的指導並未解決顧客問題，所以他們必須再度來電。如果我是月刊編輯團隊的一員，那麼該如何區分我與其他人貢獻的心力呢？對我來說，提出構想比較重要？還是落實別人的提案重要？

在有些組織裡，讚美與責備的規則存於虛無縹緲的某處，神祕難以窺見。美國作家漢娜・賽林格森（Hannah Seligson）在《老鳥不告訴妳的事：如何打敗穿Prada的惡魔》（*New Girl on the Job: Advice from the Trenches*）中，描寫自己身為職場菜鳥時的迷惘困惑。親切友好是助力嗎？或者友善會讓人看起來似乎可有可無嗎？完成或未完成一項任務的重要性，為何遠高於勝過別人或製造他人的麻煩？為什麼職務說明與實質工作之間的落差這麼大？為何官方的公司組織結構與實際的權力中心所在大相逕庭？再者，當我其實做得比其他同事還多時，為何別人會認為我不及格？[28]

要是一個職場裡的工作者沒辦法回答以下問題：「大家對於我目前的工作表現有何想法？」與「為什麼他們認為我做得很好或不好？」那麼這個職場就是個機能失調的職場。為了避免如此，許多組織會祭出讚美與責備的「計量指標」。它們的設想是：如果可以呈現出量化的評判，也就是清楚計量的評判時，組織便能顯示這些評判是客觀與公平的。此外，量化的評判也能讓員工互相比較，在這些計量指標中，得分較高者就表示工作表現較優異。

可是，有些屬性很難估量。如何才能量化團隊精神或創意？如何估量細微差異？如何量化鼓舞、傾聽或開發別人創意的能力？將計量擺在第一位時，其他無法量化的屬性就會在評價中消失。[29]即使所有屬性都估量了，但計量本身可能就是極度主觀的。管理者或許可以緊盯著計量指標，但給分仍然和評判有關，而且這種評判可能完全是依據管理者對員工的好惡、員工迷人的魅力，或員工在自我呈現上的技巧為基礎。

組織為了矯正偏誤的計量指標，或許會採取設定目標這個步驟；但基於許多職場的本質，目標得要靠人編造。有時端出目標的唯一意圖，是要訂下分撥讚美與責備的條件。

三十九歲的葛瑞格任職於顧問公司三年。他說，他的日子是「職業版的好寶寶貼紙，就是我五歲女兒表現好會拿到的那種貼紙。我覺得好像自己實際執行的事和付出的努力，全在運算等式中消失無蹤。運算等式中有很多讚美與責備，但根本沒談到關鍵要點。」

莎拉是英國某大醫院的外科醫師，她認為醫院設定的目標與她的工作互相違背：「有項目標是手術後的併發症數目。然而，病患能否在沒有併發症之下捱過手術，往往也取決於術前病況的嚴重程度。為了達成目標，有些醫院的管理人員會將棘手病例轉送至其他醫院，這樣就不會妨礙我們手術無併發症的目標。」[30]

以組織和組織人員所能獲得的讚美或被發現缺失來設定目標，會改變整個組織文化。在未具備葛瑞格提及的關鍵要點之下（也就是得要注重他人評判的根據並受到這些評判所鼓舞），設定目標會**增強**人類競逐讚美與避開責備的衝動。

還有另一個問題。**要是我們工作的組織所設定的目標無法與我們自身的評判量尺同步，那麼就會嚴重打擊士氣**。這些目標的宗旨，原本是想提升士氣，以及透過公平的評價來增強動機，這下全背道而馳了。於是，就出現考核這個流程，員工可以藉此發表自己的評判，無論是針對自己或包括上司在內的同事。

考核：評判與權力

泰莎說：「考核前，我失眠了好幾天。我很興奮，因為這是難得能引起高層關注的樂事，但我也很緊張，還夾雜一點怒氣：該死，他們怎麼知道我做了哪些事？所以他們怎麼能評判我呢？我雖然已準備好自己的績效清單，以及我應該得到讚揚的事蹟，但對談的掌控權不在我手上。考核結果並沒有『不好』，但那些『改進之處』讓我火冒三丈。他們從哪得到這樣的結論？我的成就是如何消失無蹤的？我感覺他們講的彷彿是另一個人。當初交託我的事與我實際如何執行工作之間，根本毫無關聯。」

考核是正式且具證明文件的評鑑，它迎合了人對評判的著迷。原則上，考核需要探查員工的評判，但在實踐上，它們是提醒員工**去留意其他人對自己的評判**。考核內的評鑑包括對生產力（但這是以人為方式去衡量）、領導力與合作。

在典型的考核過程中，會請員工表達對自我評鑑的意見：你擅長什麼？你有什麼地方需要支援？但這種三百六十度評鑑的原則（就是組織與每位參與者的評判都能獲得發言機會），忽略了**權力的平衡**。在職場中，很明顯就是會有某個人的評判分量遠大於另一個人。正式的考核或許會衝擊到被考核者的薪水與升遷，但並不會影響考核者。

與在家庭、友誼和伴侶關係中一樣，權力會浮現在「誰的評判占比較多分量」這個問題上。泰莎回想說：「我猜我預先投入這麼多精力在這些考核上，是因為我知道自己的心聲未必真的能被聽到。我的評價要怎麼贏過管理者？贏不了的，從來都不可能贏的。」

面對考核，女性比男性更加鎮定

二十八歲的鄧肯是一家百貨公司的採購，在接受部門主管萊斯利考核的兩天後，鄧肯預言：「最多六個星期，我就會被炒魷魚。問題在於我比直屬主管聰明，他根本就不可靠。這些考核者中，有個人無時無刻掛著笑臉，而且……你能想像有人把所有錢都砸在一套西裝上，卻還是一副很俗氣的模樣嗎？沒錯，他就是這種人。而且你知道嗎？我很聰明，我不會有問題的。我只是需要有一家公司，裡面共事的人能看到我提出的構想所具備的價值。」

三十歲的雪倫是一家設計公司的顧問，最近也剛歷經考核。她說可以看到「大禍臨頭的徵兆」，不過她承認自己事前完全沒意識到問題：「這是出乎意料的打擊。我不斷想著：我事前不就應該要察覺到嗎？因為在被狠狠訓斥之前，其實一直都進行得還不錯，或者至少有照計畫進行。然而，就算事後看來，我怎麼也想不到那會象徵這種事的訊號——沒有失誤、沒有批評。重點不過就是沒有變成他們心目中的樣子，或思維不符合他們想要的，或者沒有為自己做長遠的思考。這種類型的公司不時解雇很多人。像這樣的產業會有高峰期與低谷期，遇上這類時期，你知道的，就會出現以下現象：握有影響力的人，將罪責歸咎於無法為自己辯護的人，因為他們不是參與關鍵討論的成員。這些高層人物決定誰該論功行賞，誰又該捲鋪蓋走路。所以，我沒察覺到（與我不和的）搭檔都昭然若揭的事，除了很難不覺得自己愚蠢之外，我其實也沒太介意啦！我得到一些經驗；我是領公司薪水的人——儘管沒有我應該領到的多，也不是按我工作的全部時數支薪，但至少我的債務沒有增加。我只是得再傷點腦筋思考自己的專長，以及可能適合的環境。」

鄧肯和雪倫都投入很多精力在失諧消減上：**試圖藉由認為自己理當得到讚美與不該蒙受責備的信念，抵銷在職場上得到的負面否定評判**。每當經歷的痛苦和任何責備的痛苦一樣時，我們就會試圖讓它變形，鈍化它的銳角、拔去它的芒刺，這樣我們才有辦法承受，並繼續前進。這往往需要在我們思考時，一次又一次重播事發經過。我們或許會跟搭檔或朋友討論，但對方可能是證實我們的觀點、為我們的自利偏誤背書的人。鄧肯對於「他們覺得我不夠好」這項訊息的反應，是重新塑形，如此一來，這就不再是對他的評判，而是代表考核者不中用的象徵。針對打擊自身尊嚴的人，詆毀他們的性格、評判、動機，甚至外表，都是很典型的防衛做法。[31]

鄧肯指責萊斯利或許能帶來安慰，但這種防衛也**局限了他汲取經驗的能力**。鄧肯無法記取別人發覺他哪個部分有所缺失的觀點。當我逼他面對這一點時，他只說：「他們說我沒拿到最划算的交易，其他採購同事拿下的交易，讓我們的利潤空間高了不少，但這是胡扯。說真的，他實在不懂自己在說什麼。」

雪倫的心思同樣集中在失諧消減上，但方法截然不同。她避免將考核者轉變成滑稽諷刺的反派角色。她接受這類公司的管理者都是採取這種做法，沒有責備主管挑她毛病，也並未主張對方有錯（像鄧肯就以聲稱自己的主管「不可靠」來強調對方犯錯）。她反而是著眼在公司雇請與開除員工的模式，以及質疑自己（為何我沒有察覺到這種事臨頭？）。她特別強調正面肯定事項（公司付她的薪水足以讓她不增加負債），然後展望日後的新可能。

這是兩位個別當事人的反應，也與所有獨立個體的反應一樣，採取各不相同的方式；但鄧肯與雪倫的例子顯示出，男性與女性常見的反應差異。常有人說，相較於男人，女人看待考核比較針對個人面，而且較依賴讚美，也對批評特別敏感。[32]然而，在我採訪的職場人士中，[33]**女性應對負面否定的考核，比男性更加沉著鎮定**。

有些人主張，差異是源自於女人生性傾向於**理解自己**，而男人比較可能**高估自己**的能力。[34]兩者反應上的差別，或許也是因為女人比男人**更習慣**中立或負面否定的考核。[35]當雪倫促請直屬主管解釋，為何會對她下了貢獻「最小」的評定時，主管就說明在招攬更多顧客這方面，雪倫無法達到他的標準。雪倫很驚訝，因為有兩個大客戶是在她與一名同事對他們做完構想簡報後，才被吸引至公司的。她的主管將此歸功於同事，這名同事是男性；而對雪倫的貢獻則評為「支援性質」。雪倫明白她沒有辯駁的理由，她的結論是：「這真的讓我覺得自己是局外人。或許是有點生氣，但其實大部分是優越感。」

我發覺，在反應上，女性會比男性更敏感的部分，是讚美隱含**施恩於人**的訊息。費麗預先備好顧客斷然要求的資料，以支援智庫營運長的簡報，當她獲得營運長讚揚有先見之明時，怒氣衝衝地說：「她只注意到我有能力辦到這件事嗎？她只注意到這個我例行做的事嗎？我一直都會備好支援資料，她留意到了嗎？」當大學校長告訴凱蒂：「你應對學生的做法太讚了，讓我知道：『有位輔導老師太稱職了！』」凱蒂愣住了：「這樣他就印象深刻了？這還是至今最簡單的案例耶！這只是我的執行工作中的一小部分。就他的觀點來說，這就算是我的貢獻極限了嗎？」

正如英國《金融時報》（*Financial Times*）專欄作家露西．凱勒薇（Lucy Kellaway）的觀察，職場上的讚美，「要精準無誤，比登天還難。」[36]有位朋友向凱勒薇抱怨，說她執行了一項簡單任務，上司居然讚美她，還誇她勤奮。這類的讚美是「愛的炸彈，會在她面前爆炸，給她留下創傷」。潛藏其下的，是讓她覺得「可怕與提不起勁」的訊息，就是無法對她執行簡單任務的良好表現視為理所當然，還有她是以賣力工作見長，而非在工作推動、才能或整體上有傑出表現。

讚美在職場中錯綜複雜的程度，就像在我們較親密的人際關係裡一樣。**當讚美與人的目標、價值**

觀和自身尊嚴無法同步時，它就會和責備一樣侮辱無禮。[37]

職場中的性別偏見

無論是訝異於費麗有能力採取萬無一失對策的主管，還是忽略雪倫對職場貢獻的上司，都可能不會認為自己存有偏見。主管可能從來不會說：「我認為女人的工作不如男人的有價值。」但總會在不知不覺中，洩漏潛意識的偏見。

有個方法可以一瞥根深柢固的偏見，就是透過一系列名為「內隱聯結測驗」（Implicit Association Test，通常簡稱為 IAT）的題組來檢測。測驗會量測我們把某些（無論正面或負面）特性與人物類型聯想在一起的速度。[38]這項測驗一再且經常令參與者吃驚，它揭露出一個群體對另一個群體的偏見（例如：男人對女人、白種人對黑種人、亞洲人對白種人，或有魅力的人對不起眼的人所抱持的偏見）。

內隱聯結測驗中最常見的題組，就是發現職場中的性別偏見。題組是以受測人將女性和男性聯想到特定角色與能力的速度來測驗。結果顯示，大部分的人（不論男女）仍然將女人與支援性、培育的角色更密切地聯想在一起，而對男人的聯想則與事業、領導力和權力較緊密相關。[39]即使我們帶著誠摯的善意試圖克服偏見，但它往往銘刻於心、未曾被意識到，但其實很活躍。

女人之所以在職場上會有較難熬的時刻，**並不是她們對批評特別敏感**；因為管理者（不論是男性或女性）都會有意識地評判女人的能力較不如男人，所以這不會是起因。原因也並非女人缺乏野心或勇氣。較常見的原因是不管女人或男人，都會**較慢留意到女性工作表現上的強項和影響力**。這是由於男女對他人的能力與潛力上的評判，實在是太常根據**內隱偏見**的緣故。雇主較可能忽略女人對團隊成就的貢獻，更可能視她為支援配角，而且不太可能會關注她表達的想法。[40]這勢必會影響雇主對讚美和責備的分撥。

偏見為何會留下來？

偏見在人的評判上能取得這樣的立足點有個原因，就是它**把持了基本且通常有用的學習機制**。人的心智吸收資訊是透過基模（schema）——也就是有效處理與組織經驗的模式。心智基模（mental schema）會針對預期的事物預先封裝資訊。少了基模，我們或許在辨識像是桌子、椅子或鉛筆之類的平常事物上，效率會遠遠低落許多。基模也有助於我們與人互動，這時針對別人可能說的話、做的事，我們會去提取大腦儲存的反應與期待的記憶。儘管如此，當基模幫我們遊走於社交世界時，**封裝於基模內的關聯性也會使我們的評判有偏見**。

心理學家寇德麗雅・范恩將心智基模比喻成擠成一團取暖睡覺的小狗；[41]當一隻小狗醒來，

其他小狗也會蠢蠢欲動，然後開始四處竄動。同樣的，從我們本身的經歷、接觸其他人的觀點，以及在文章、電影和書籍中接收到的文化表徵等日積月累的關聯性，全部會一起醒來。提及特定族群的人（無論是女人、亞洲人、同性戀者、基督徒、猶太人或伊斯蘭教徒），就會攪動其他與這些族群有關的集結資訊。即使我們覺得自己以全新和公平的眼光看待單獨個體，但有些刻板印象的關聯性（不是正面肯定，就是負面否定），很可能在大腦忙於解讀與評判人的艱難工作時，突然紛紛湧現。

人往往認為偏見（通常是在別人的心智中）是固定不變，而且與自身融合為一體的。但其實一絲絲暗示，就可能引發偏見，在平常很公平的心智上，產生瞬間的偏見。舉例來說，透過看富有魅力的模特兒照片，會讓人更注意到女人的身體表徵。看到廣告中的女人舉止像無腦花瓶一樣，會讓我們往下修正對女人智商的期待。同理，接觸的是女性領導者的圖像，比較容易使我們將女人與領導特質聯想在一起。[42] 抓住與揭露偏見的難度特別高，因為**偏見會不斷變形**。但無論它是何種樣貌，都會影響人的正面肯定與負面否定的評判。

職場中的內隱偏見與施恩於人的讚美

四十九歲的蜜雪兒想跟一家工程顧問公司合作，在過程中，她體驗到偏見與帶偏見的評判如何擺盪不定，在他們大聲咆哮的前一刻瞬間沉默。她解釋道：「大多數的合夥人和顧客都很熱情友好，而且會給予支持。因為女人始終是工程界的異類，所以『有時候』我也很吃香。當我大顯身手，再加上我的成果或許看起來比較好時，就會出現議論聲，大家都會驚訝我竟然能做到。[43]但其他無意義的事還是會繼續上演，真的搞得我筋疲力盡。有些老派的男人覺得他們必須對女子獻勤周到。當我走進第一場面試時，這種古板守舊的人會帶著笑容為我拉椅子，然後說我是他們整個星期見到最迷人的應徵者。諸如此類的事（甚至還會讚美我的鞋子，而且通常是出自女性之口）就可以弄僵氣氛。」

很多女人發現，職場上隱蔽的偏見壓力很大，也令人疲憊不堪。[44]讚美女同事或應徵者一些與她工作不相干的事（比方說，蜜雪兒在面試一開始，被稱讚外表），會觸動所有聽聞者的帶偏見聯想。然而，隨著文化轉往更留意自身偏見時，人的大腦為了抵拒既定模式，會更賣力運轉。**當有人追究我們的責任時，我們或許會比較願意以批判的方式，來反省自己的反應。**[45]就像蜜雪兒反思說：「有個很大的改變就是，當有人因為你是女人就擺出恩賜姿態或排擠你時，你知道會有其他人留意到這種狀況。當那堆愚蠢評論向你襲來時，你就挺身接下。我告訴你，這真是大快人心啊，因為我非但沒有領受對方的假恩假惠，還讓他成了大家的笑柄。這可是二十年前的大改變。」

然而，這項大改變並不足以消除所有偏見。[46]多數人依然認為，有些人就其所屬族群來說，是值得讚美的。近來有項研究調查學術科學家審核應徵申請的公平程度，就揭露出根深柢固的性別偏見其實持續存在。

偏見就這樣不知不覺鑽入：腦中飛快成形的評判

世界各地著名大學的理學院中，大多數聘任委員會的成員，都想要錄取最優秀的應徵者。[47]最優秀的應徵者，是指學術論文實力雄厚到足以替學院形象增色的人、表現出前途發展可期的人，以及能和在職研究團隊成員融洽共事的人。聘任委員會的成員有男、有女，他們本身都是科學家、理性思考者，致力於排除偏見，努力要讓讚美適得其所。這類委員會裡的大部分教師都認同，男性和女性在數學與科學能力上，與生俱來的差異是微乎其微，或是完全不存在。[48]儘管如此，比起名字為「珍妮佛」的應徵者，名叫「約翰」的應徵者依然更有可能被任用。[49]

在一項研究中，一百二十七名來自備受尊崇且擁有研究型科學系所的大學的教師，要替一項科學性職務評估應徵申請書：候選人的能力要多強？他們過往的研究經歷的價值為何？他們有什麼潛力？各個應徵者的合理起薪是多少？[50]當研究對象覺得應徵者是男性時，相較於申請書內容相同，男性名字的應徵者就會被評估為能力更強。研究對象為男性的應徵者的起薪，也會高於申請書內容相同，但身分顯示為女性的應徵者。相同申請書之下，比起女性應徵者，研究對象還會視男性應徵者為比較理想的指導徒弟。女人和男人都會根據應徵者的身分顯示為男性或女性，來對應徵條件相同的人做不同的評判。

這些評判並非源自對女人能力抱持著有意識的偏見，也不是出於刻意想排擠女人的意圖，而是腦中有效率的訊息處理程序，往往會**快速幫我們做出評判**，讓評判容易受到潛意識、隱而不宣與極其不公平的偏見所影響。

刻板印象與蒙蔽眼

當別人對我們的樣貌和可能做的事有了無稽的假設時，他們的刻板印象就會影響我們。當我們擺明違抗他人的刻板印象時，或許就被譴責為反骨之人。女性首相可能會被批評為「尖銳刻薄」，至於和女性首相有同樣作為的男性首相，就會被視為「強硬有力」。[51]透過扭曲的偏見來觀看，正常的女人就不會展現魄力，但正常的男人就可以。

刻板印象同樣會在人的自我評判上發揮作用。刻板印象灌注了蒙蔽眼，內在聲音就會援引社會和文化規範來提醒我們：別人期望我們成為哪種人。很多時候，這些評判隱藏我們較私人、複雜，以及細緻入微的自我評判。這些帶偏見的評判最令人煩擾的，就是即便周遭環境只給了一丁點暗示，也能觸發它們。

依照常見的刻板印象，女性天生不擅長數學。儘管許多女性懷著自信無視這種刻板印象，但它仍舊可能會在她們身上產生顯著的效應。在一項驚人的研究中，要求女性在一個計量測驗開始時，標明性別，光是這種做法就足以觸發刻板印象，並影響她們的表現：與她們在測驗開頭未被要求標明「女性」或「男性」時的程度相比，她們在前者的表現會較差。[52] 接受測驗時，要是在場女性占少數，她們的表現也會變得不理想，因為身為少數，她們會想起「女人『不碰』數學」這個刻板印象。相較於在更中性條件下接受相同測驗的女性所獲得的成績，當女人剛看完廣告裡的女性表現得像無腦花瓶，或在她剛試穿完泳衣而非毛衣時，她們隨後的測驗表現相對就會比較差。從穿泳衣改成穿毛衣，並不會影響男性在數學測驗上的表現，因為**突顯他們的性別並不會觸動對數學能力上的負面聯想。**[53]

互相滲透的評判，讓刻板印象更加內化

自己與他人的評判界線之間，具有高度的可滲透性。人或許覺得自己不斷努力在抵制負面否定的刻板印象，但即便如此，它們仍然已內化於心。於是，聰明的青少女會判定自己不是念理科的料，職場女性會認為自己的能力沒好到足以提出升職要求。就算一而再，再而三地無視刻板印象的人，可能還是會突然落入它們的魔咒。或許，前英國首相柴契爾夫人（Margaret Thatcher）即是如此，就在她找來發音教練修整她的「尖銳刻薄」的嗓音時，還有在她堅決主張「我不是靠身為嗓音尖銳的女性而取得今日的成就。我不喜歡嗓音尖銳的女性」時，[54] 她也成為了評判的

偏執者。按照女人被期望的方式說話，別人也許就認為她的氣勢不足與缺乏自信；說話果斷、有自信，有人可能又會詆毀她是不得體的女人。深植於刻板印象中的偏見扭曲了評判量尺；不管在刻板印象魔咒下的人會如何表現，男人或女人都會被圍困於負面否定的評價中。

能避開評判中的偏見嗎？

我們對別人所採取的初始反應，是藉由與原始求生評估息息相關的「趨避傾向」（approach and avoidance tendencies）來獲知訊息：趨近這個人，安全嗎？或者我該迴避他？面臨立即的危險，為了有用、為了幫助活命，做這些評估就必須當機立斷。於是，見到一個素未謀面的人，我們要在七秒內從面貌、聲音和姿勢中，判斷自己是否喜歡這個人、是否信賴對方，以及是否認為這個人有能力、積極進取或親切友善。[55]

過去三十年來，整個研究界已經展開對這些快速評判的探究；[56]這些根據經驗法則的快速評判，或許在人類演化史或個人歷程的某個階段中，一直很實用，但如今它們常常將人引入歧途，阻礙我們公平分撥讚美與責備。在求職面試時，我的能力、討喜程度與能否勝任該工作，很可能在我踏進面試房間的前幾秒就已被人評估完成。無論我面試過程中做了什麼、或說了什麼，可能對於那個飛快成形的評判沒太大影響。[57]透過滲入在我們語言中的隱喻，似乎也能離奇地觸發聯想：當我們一直端著一杯熱咖啡時，評判一個人是暖心人的機會就更高；[58]拿了冷飲之後，我們似乎比較可能會評判一個人很冷酷。[59]

潛意識在上個世紀的大部分時間裡，都被塑造成一個大熔爐，匯集了人類意識中禁止的欲望和情感。這些未被承認的力量，會引導人們以不可思議的方式致力於強迫行為，或是口誤，或者做逼真清晰或擾人的夢。然而，過去三十年來，心智裡的潛意識更可能被塑造為一部**快速回應的引擎**，形塑了人的評判。為了縱橫於複雜的社交環境，大腦會運用強大的記憶與關聯性的儲存庫，但也正是這個支撐著我們生存的天賦機制，讓人的評判容易受到偏見影響。

職場裡的讚美與責備，究竟有多重要？

結束一天的工作後，與朋友聊天、與伴侶用餐、看電視、閱讀或瀏覽雜誌、購物或上網時，很多人覺得是從職場評判中解脫了。我們都設法要從監測和適應別人與自身評判的日常苦差事中，得到暫時緩解。追蹤、質疑與推敲這些評判，會令人疲憊不堪。在自己私人與輕鬆自在的社交空間裡，評判量尺會安靜下來，就像一隻漸漸入睡的貓。在這種狀態下，我們可能難以列舉出任何掛懷一整天的些微評判。或許我們會聳肩表示不屑理睬。畢竟，這些評判又不是真實自己的一部分，不是嗎？

基層公務員比CEO更容易得心臟病

想積極投身在某社群[60]、得到別人正面肯定評判的強烈渴望，與性需求的強烈程度不相上下。在職場上能否獲取自己應得的讚美，會影響人的健康程度與壽命長度。事實上，一九八〇年代有幾項研究已清楚顯示，職場上對他人評判的敏感，是階層式組織成員罹患心臟疾病的起因。那個年代，有人認為身在組織高層的壓力，對健康特別有殺傷力。然而，證據顯示根本不是這麼一回事。

倫敦大學學院（University College, London）流行病學與公共衛生學教授麥可・馬穆爵士（Sir Michael Marmot）主導的一項研究，觀察英國公務員罹患心臟疾病的狀況，以及他們的整體健康和壽命。[61]馬穆發現，蒙受壓力與併發健康不佳之苦的人，並非身處組織頂端的人士。這些居高位的人確實肩負最大的責任重擔，而且要處理的要求最多，時間不夠支配；儘管如此，但似乎有些東西保護他們免受壓力相關的疾病侵擾。夾在組織中間與陷在底層的員工才是最高風險族群。

馬穆發覺，中階與低階公務員感受到的壓力較大，因為他們擁有較少權力。讓他們的健康蒙受威脅的是**權力不足**，並非權力重擔。權力較少意謂著地位較低、**認同度較低**，以及辛苦工作得到的功勞也較少。向來被認為承擔過重責任而冒著健康風險的高層人士，實際上是從讚美與責備的權力結構中受益。擁有更多以尊敬和欽佩形式呈現出的讚美，是抵禦疾病的一道防護牆。

馬穆對於這個出乎意料的結果感到相當震撼，於是又著手將這些發現與不同國家的各種機構和社群核對。他查看了美國、澳洲、俄羅斯、日本與南印度的資料。他一次又一次發現，一旦提供人們非常基本的生活需求，能決定身心健康的，絕大部分就是我們在社會階層組織中身處的位置。**地位愈高，我們就愈能免受疾病侵犯；地位愈低，我們承受生病與壽命縮短的風險愈高。**

已有發現顯示，獲獎會增加一個人約四年的壽命，尤其是贏得吸引廣大公眾讚譽的獎項，例如諾貝爾獎。[62]另一方面，馬穆的結論認為，地位低下是一種「有毒元素」。它會讓一個人面對的社會環境充滿挫折、失望與藐視，也可能產生「尖角效應」（horns effect），[63]地位低下的陰影，會籠罩住一個人可能擁有的任何正面特質，還會導致別人以負面角度看待此人的一切。這些有毒元素對一個人的健康很不利。

其他不利健康的危險源，例如：抽菸、酗酒、久坐或體重超重等，也會出現在地位低下的不健康狀態內。吸菸、進食與飲酒帶來安慰，或許也補償我們未能從尊嚴或地位中得到的安慰。由於地位低下而心情消沉時，人可能就沒什麼動力運動，也不太有活力。不論好壞，日常經歷的讚美與責備會影響人的行為。就像馬穆發現：「與身處高位時相比，你在地位低時選擇抽菸的機率會比較高。」[64]

地位不只是尊嚴，更是讚美

馬穆最初進行的一些研究對象都是男人，地位緊扣著他們的工作性質。後來的研究發現，地位同樣會影響女人，但她們對地位的詮釋不一樣。女人可能聚焦於她們的一般社會地位；[65]她們在職場地位和在公眾世界中的地位，對她們所產生的影響較小。

我認為，地位對大多數人來說，通常不是什麼重要的事，也不是像獎盃勳章一樣，一旦授予就是終生的。地位或尊嚴，是每天生活中各種小小讚美與責備累積而成的效應：走路去上班時，別人如何問候我；大家如何對我說話；開會時，我的構想是否被聽取；掃描周邊的社會環境時，我是否能捕捉到自己受人讚賞的訊號；全力以赴時，我的成果是否被承認與讚許；設定好目標時，我是否擁有對我的成功抱持高度期待的後援人脈網；我們的評判是否對別人很重要。

❖ 疑點利益與光環效應

經常有人以為，地位是來自財富或頭銜，但它真正的主軸是**相應的讚美**，[66]以及我們是否在別人對我們的評判中，得到了「疑點利益」（benefit of doubt）。疑點利益就是對某人或某事存疑時，仍願意姑且相信，不會怪罪。身處高位的人，更容易擁有受到認同的努力和成就。這些人有更多機會參與他們的社群，並獲得更進一步的認同。萬一他們表現失色或甚至搞砸事情時，也許還是得利於「光環效應」（halo effect）。在光環中，他們的所做所為似乎仍令人讚賞，因為大家下意識的假設會認定，如果讚賞一個人的特質，那麼對方的其他特質似乎也會跟著受到讚賞，眾人根據這種未被公開承認的假設，就會不知不覺變更自己的評判。[67]或許所有人在受人讚賞的特質要驅散籠罩其上的缺陷陰影時，都需要這個至關重要的「疑點利益」。

只有在錢財變成是讚美的象徵時，地位或相應的尊敬才會圍繞於錢財。[68]作家兼哲學家的艾倫．狄波頓（Alain de Botton）提出的論點是，**地位是愛的替代物，浸泡於讚美之中**。地位提供保證，確保我們是某團體內的尊貴成員，以及我們仰仗的人會因為我們的存在而歡喜。人之所以會在地位低下或遭輕視時生起苦惱，是由於隨之而來的脆弱容易受到被忽視或排擠、孤單和過錯的傷害。[69]

恰當的責備，對個人和組織有利

哈佛大學心理學家喬治．威朗特花了五十年研究人類長期的因應與興盛策略。他相信這對人而言，與享有讚美同樣重要；接納適當的責備也很重要。**缺少忍受責備的能力，人的評判量尺就無法運作**。他表示：「最難以理喻的人，就是口吐責備的人。」[70]

然而，接納責備在組織中變得愈來愈罕見。[71]國際知名商業領導者及暢銷書作家羅莎貝絲．肯特（Rosabeth Moss Kanter）提到，當每個員工彼此指責，而不是考量組織變革時，對組織的傷害便隨之而來。[72]當公關人員因為銷售額下降遭指責，或會計人員為了赤字被歸咎責任時，接下來就會妨礙整個組織退一步採取全新視角，來發現可能的問題。面對失敗的批評與證明，所有層級的合夥人、經營者與員工，往往會運用自己的才智去否認或辯解，搪塞衰退的證據與變革的必要。[73]

即使有頂尖的聰明人才參與，即使當事人可能是被認為最尊重實際證據的人，依然會出現這種狀況。學者艾德・夏恩（Edgar Schein）被尊為管理學界的企業文化大師，他說，接納變革的發生時機，只會在「生存焦慮」變得比「學習焦慮」更強烈的時候。[74]我們（無論是個人或組織中的一部分）對於責備威脅的回應方式，是生存的關鍵，但任何人都不該低估我們會抗拒這類學習的可能性，就算這麼做似乎對我們最有利的時候，我們也可能會抗拒。[75]

在職場的讚美與責備中生存

職場生存術並非全都和工作職責的優異表現有關。**職場生存取決於理解他人的評判，並尋找方法影響這些評判，或者避免因為評判而失去鬥志。**專門訓練管理者發揮團隊最大功效的企業主管教練，會採行一項常見練習，就是聚焦在接納不同的人格類型，[76]以及伴隨他們而來的不同處事方法（包括面對問題、處理資訊與優先考慮事項）。當葛瑞格聚焦於負面結果，而阿吉特鎖定正面結果時，葛瑞格說阿吉特是在否認或痴人說夢，阿吉特則認為葛瑞格拒絕承認公司的成功。當蜜雪兒的心思擺在十年期間的結果統計分析，而蓋文是憑直覺做事時，兩人各自都認為對方是盲目或自欺欺人。反觀教練給予領導者的建議，卻是**善加利用人的差異，來思考技能組合與互補觀點**。這種做法的目的是靈活我們的反應，以及學習去讚賞我們本來可能比較傾向去責備的特質。然而，在我們對同事的評判遠遠超出我們對他們實際工作的意見之下，這還只是我們必須處理的眾多任務之一。[77]

職場與家庭一樣，形形色色、各有不同，但有幾個大主題是與其他人共事的所有人都認同的，例如：偏袒與背黑鍋、出風頭與邊緣化、融入與排擠。人在職場上體驗到的評判，是透過一套潛意識的偏見來獲得訊息：誰碰巧發現我有魅力或很迷人？誰剛好看到我勻稱的臉蛋與某個討厭親戚的臉極其相似？誰會發覺我的笑容令人安心或帶威嚴，只因為太像他記憶中親切幼稚園老師的笑容？誰在交談時發現我的聲音刺耳，以及留意到有人因為仰慕而瞪大雙眼？誰讚賞我在電視節目、書籍或政見上提出的觀點？誰又不重視我的評判？這些特徵沒有一項和我們的工作方式有任何關係，但全部都可能大幅牽連到我們是否會因為所做所為而被讚美或責備。

勇於檢視自己、反省自己的評判

要能與別人融洽共事，大半取決於我們**解讀與回應他人的方式**。而且我們的成功，也得**仰賴**

我們監測自己平常評判的能力，還有知道何時該遵循評判、何時該懷疑評判。一般來說，人都比較善於察覺別人評判中的瑕疵與弱點，而不是自己的評判。[78]自問以下的問題是需要謙卑與紀律的：我們對別人公平嗎？有哪些偏見或盲點會扭曲我們的看法？認為身邊有人頑固、不講道理，而我們是否也愈來愈像這種人？一旦了解人類評判大腦的運作方式，我們的評判才會運轉得更好——無論是在職場上，或者是在下一章所探討、特別具挑戰性的社群媒體領域。

第八章
社群媒體的讚美與責備

低資訊與專家評判

對於評判一個人有信心，和準確評判人無關

許多職業都必須依據非常有限的資訊來評價人。警察、海關人員與律師都不時要和說謊者打交道，他們的專業成就也取決於評估人性。即使如此，他們的評判可信度卻大不相同。[1]

卡洛琳是家事律師，必須評估一個人告訴她關於財產、孩子需求或人際關係之類的事是否屬實。她需要對自我讚美與轉移責備中的自相矛盾有所警覺，例如先說：「我不是那種會打老婆的人。」後來又說：「我只打過她一次。」或者是「我所有的存款我老婆都知道」和「只有一筆私房錢，但那是用於特別開支上的」。她注意到扭轉局勢的資訊往往都會在**無意間**說出口：「我最近都能完全掌控狀況，只有去年有一次吸了一點點古柯鹼。」她知道**真誠無法抹滅證據**：「我不是那種會丟下小孩不管的人！」這名激動、自認為道德高尚的家長如此堅稱，不過此前鄰居發現他的寶寶獨自在家中大哭。

修正的必要：評判只是「可能」，而非「必然」

經過三十年的歷練，卡洛琳對自己的快速判斷引以為傲。然而，她承認，自己不時會認為某人是在說謊，或者不相信某人很誠實。這些糟糕的評判引領她更進一步磨礪自己的觀察技巧。首

先，她會仔細傾聽聲音，包括聲音的穩定性、音色，以及是用身體哪個部位發聲。是出自胸腔深處，反映著個人情感的聲音嗎？或者發聲位置是在口腔前半部呢？人胡謅的時候較常用這個地方發聲。她還會考量姿勢：它表現出願意建立關係嗎？它是防衛、緊張、懷有敵意或過度控制呢？接著她會留意眼球運動（eye movement）。卡洛琳推翻下面這個常見的假定：「目不轉睛的直接凝視，是說實話的證明。」她認為，有些人直視她的雙眼，或許只是在裝出一副刻意與虛偽的誠實模樣。她改換成捕捉不同的眼球運動，等待一個人深思問題時，眼球向下或側邊的瞥視，再拼湊出真正答案的眉目。她表示，最重要的是她將自己的評判看成是「可能」，而非「必然」；她永遠準備好觀察進一步的證據與修正自己的評判。

多數人開始評價別人時，只憑藉自己可取得的少量資訊。我們那經過演化的評判量尺，會迅速處理從臉部、聲音和肢體動作而來的大量資訊，[2]當中有的可信賴，有些又不可靠。儘管依據前文，我們已經理解偏見與防禦心理（例如：威脅僵化現象，或害怕我們一直遭受責備）如何妨礙可靠的評判，但我們通常會贊同應該審慎看待第一印象，並認為應該準備好在了解更多時，重新評估。整體而言，我們特別擅長根據新的證據來推敲與調整評判。

然而，大環境有一股新勢力正在扭曲我們的評判量尺。它加快我們的評判速度，但同時也**降低了可信度**。它靠著低級資訊蓬勃發展，造成**優質與複雜資訊特別難以處理**，[3]並**減少我們蒐集新證據的可能性**。這股新勢力就是：社群媒體。

社群媒體帶來的評判危機

臉書（Facebook）提供一種歸屬感，以及吸引關注的機會。它在二〇〇四年新創時，是一所大學裡的社群網站，但如今已開放給十三歲以上的任何人使用。[4]臉書網站每個月的活躍用戶數為十六億五千萬。[5]使用者可發布訂婚、新工作、新伴侶之類的個人資訊。透過臉書，使用者不必靠電話長談或郵寄信件，就可以了解朋友的新動態，甚至可以透過在網站上發布照片與影片，利用社群媒體即時向朋友展示自己在假期、派對和出遊中做了什麼事。

身為迫切交際者，我們有欲望想告訴別人自己正在做什麼，尋求他們的**關注與贊同**。[6]臉書敏銳地覺察到這項需求，讓使用者在貼文上按讚與張貼留言。一如既往，當人索求評判時，就可能存在負面關注。臉書上沒有「不讚」的按鈕，[7]但使用者可以利用表情符號來代表不贊同的訊息，也可以發表負面否定的留言。對某些使用者來說，沒有吸引到大量按「讚」數與遭人排斥一樣令他們失望。[8]

儘管每個月都有新網站搶占社群網站的市場，但臉書、Instagram、Snapchat與推特依然是大受歡迎的龍頭網站，它們已經成為許多人周遭世界的一部分，但也對青少年生活施展特別的力量。這些網站提供青少年社交知識的養分，他們透過這些網站，可以確保自己熟悉內情或很正點。透過這些網站，青少年與自己的朋友建立關係，享受融入感的溫情。透過這些網站，他們也攪動其他使用者的評判量尺，而這些評判量尺讓現在的青少年覺得自己永遠無處躲藏。

社群媒體會扭曲人的評判

差不多三十年前，我進行了一項青少女與其母親的研究。[9]當中不少青少女如今也成了青少年的母親，在我早期研究的三十六名青少女中，我現在還能聯繫到其中十四人，探究她們對青少年的觀點有何轉變。

我很興奮有機會可以回頭聽到那些年輕女孩當年在父母與朋友的強大影響力之下，奮力奪回自己的評判時的心聲。我和這些如今已步入中年的母親一起重讀當年的文字紀錄，上頭記載著我們一九八〇年代末期進行的全部訪談對話，[10]當時她們才十幾歲。接下來，我們回顧她們過去的經驗與較近期教養青少年的經歷時，這十四位母親都特別強調社群媒體引來的巨大社會與心理上的轉變。這些母親認為社群媒體帶來侵入式、扭曲評判的新危險。

❖ 現在青少年面臨的社交困境

今年四十三歲的艾美有個十四歲女兒，比她當年參加我早期研究時還小一歲。十五歲時的艾美羅列了一長串清單，全都是她自認為的身體缺陷：她覺得自己的鼻頭「太肥」、皮膚「有斑點」且「蒼白」，還有無論是站著或走進一個房間，她都覺得不自在：「我有點像佇立在這具笨重身體最厚重的地方……別人的注視真的會讓我冒汗……覺得有人在看我時，我會無法衝破那團就是會令我窒息的可怕烏雲。」[11]艾美在我唸這些文字時直喘氣，她接著發表意見說：「這勾起我的記憶了。哇！我的臉皮真薄。這算正常嗎？我猜瑪莎一定這麼認為。但對我來說——是啊，那時我可以關上房門就沒人會看我了。我還可以逃開。但瑪莎不行，因為社群媒體始終存在，所以她看得到。就算她沒有登入社群媒體，她在意的人還是在那上面，而且那些人總是在評論她，評論她的留言、她的照片、她的新動態。她的日子一直不好過。聽到你讀出我自己的話，唉呀，真的大開眼界，我的心直奔向我可憐的女兒了。」

當我和瑪莎對談時，她解釋了母親說她的日子一直不好過的意思。她的朋友是 Instagram 的經常使用者，而 Instagram 在很多方面都突顯出臉書最令人心煩意亂的影響。使用者張貼的照片，模樣看起來都很快樂、有趣，還有瑪莎認為的「實在美呆了、酷斃了，而且集女孩該有的一切於一身」。她張貼了一張自己的照片，那還是她大費周章準備和請教朋友之後，精心拍攝與挑選出的照片。「我盯著照片好久，看到都要覺得很怪了。於是我心想：就發吧！立刻就有幾名好朋友留下令人相當愉悅的訊息，我也因此心情大好與開心。但之後不知道從哪冒出這些實在很討厭的人。」瑪莎的聲音發抖，她瞄了自己的手機一眼後，打了個寒顫，就把手機遞給我。她說：「你看這些訊息。」

我滑著螢幕瀏覽留言時，發覺它們與其說是具毀滅性，不如說是輕蔑：「這個小妞幾歲？我分不出她是十歲還三十五歲。」和「她頭上是有一堵牆還是『瀏海』？」最惡劣的留言是：「她連影子都很醜。」比起有些青少年經歷的網路霸凌，這些留言還算是不惡毒的，但讀取關於自己的負面留言，從來不會讓人覺得心情好過。事實上，個人留言上的負面否定意見愈多，我們就愈可能為它們心神不寧[12]——即使在我們沒必要看重這些評判的時候。就像瑪莎說的，這些留言是來自「自以為可以把你批評得一無是處的陌生人。有時候，對方也是你認識的人，他們覺得酸言酸語很有趣。」

琳達是伊旺和戴安娜的母親，我第一次與琳達對談，[13]是在她十三歲時。青少年時期的琳達曾描述，她對於人人都喜愛、人人都覺得漂亮的女孩子有一股隱隱作痛的嫉妒感。琳達唸出多年前告訴我的那些話，然後又唸一遍給伊旺和戴安娜聽。她曾說：「我很愛把自己打扮得漂漂亮亮。這會像有個根基……有個東西感覺可以確保……我能到任何地方、做任何事，以及有種安全感。」[14]十三歲的琳達想像中的安全，是認同感與融入感的安全。要在負面評判、不認同與排擠中安然無事，得仰仗她有能力達到理想美。但沒人能倖免於負面評判的傷害，況且，在網路上會接觸到的負面評判量更多。十三歲至十七歲的青少年當中，有百分八十九的人曾受到嘲笑、貶損或威嚇他們的訊息所影響。[15]這些青少年中，有百分之五十四的人覺得生氣、丟臉與意志消沉。[16]

琳達的兒子伊旺今年十三歲，對他來說，臉書已經變成「一種噩夢」。針對母親說：「你為什麼不乾脆別看？不要看就好了！」他回應道：「不看現在正發生什麼事會更慘，甚至比看到那些叫我『膽小鬼』『三腳貓』或其他任何和棋藝社有關的留言還慘，也會比看到有人討厭我之類的其他任何留言還慘。」他的十五歲姊姊戴安娜則堅持，弟弟的苦惱比不上她的痛苦：「如果發布的照片得到『真美』『哇』和『我可以看更多照片嗎？』之類的留言時，我會很亢奮。但是當我張貼自認實在很棒的內容，有人不按讚，反倒中傷你時，那感覺就像有人直接朝你吐口水。」

戴安娜繼續注視著她的手機，瀏覽其中一個社群網站。她說：「你看這些臉書和 Instagram 上面的完美人物。你看這些名人——你知道的，就是擁有一大群追蹤者和一大堆貼文的人，而且他們做的任何事都會成為大新聞。他們的一切可以說是受上天所眷顧；我有幾個朋友差不多也算是臉書紅人。你當然也會想要竭盡所能的……你知道的，求取成功，並確信大家都認為你很了不起。」伊旺補充說：「還有，你也會想洗掉惡劣貼文。或者也許會撐住，然後把所有惡劣貼文頂回去。」戴安娜也同意，忽視這些網站並不是辦法。畢竟，「如果不在社群媒體上，你就不存在了。」[17]

❖ 連成人都被社群媒體搞到垂頭喪氣

當我準備離開他們家時，琳達把她的手機遞給我，畫面是 Instagram 上她榮獲教學獎的受獎照片。就在我道賀時，她又看了一次手機，然後臉上的喜悅霎時一掃而空。她解釋道：「我最近才用Instagram的。事實上，這是我第一次在上面張貼照片。」琳達又停頓了一下，顯然是在回想她與青春期孩子的談話。「我領教到他們面臨何種困境了。我開始會瀏覽Instagram，看著所有幸福快樂的照片，入鏡的人似乎全都看起來很漂亮、有趣與春風得意。就算他們是我認識的人，像是我的堂兄弟姊妹和他們的孩子，看起來似乎也是令人稱羨。我心想，這裡的所有人都在做這些事啊？我做的夠不夠多呀？我變得相當……不安。老實說，更糟的是，我覺得很自卑。」

琳達的反應縈繞在我腦海中。她擁有卓越的職業生涯，平常得到很多讚美，但在其他社群媒體使用者精心編寫以攫取讚美的「個人檔案」中，她仍然會覺得矮人一截。看樣子，連成人都會被他人表面上的完美生活樣貌搞到垂頭喪氣。

失真的比較

❖社會比較

和琳達的話一樣令我驚訝的是，有許多證據顯示她的反應很常見。人的內在裁判對於心理學家所稱的「社會比較」（social comparison）相當敏感。一九五〇年代，美國社會心理學家利昂・費斯廷格（Leo Festinger）察覺到，「比較」是自我評估的重要衡量標準。[18]人們會自問：「我要如何與周遭的人並駕齊驅？」「看看別人，我對自己該有什麼期許？」

在大學同學會上，我看到同學一副擁有魅力與世俗認為成功的樣子。有些人在政府的核心部門工作，有的正在司法仕途上平步青雲，而有些人打從內心顯耀出成功的光采，雖然可能沒有受到什麼明顯的讚揚。我就像發現野心家一樣興奮，就像靠近幸福與成就的閃耀標誌一樣開心，但我也同樣感受到琳達對矯飾過的獎牌、頭銜與品牌認知的那種不安。

這類同學會惡名昭彰之處，就是充斥著社會比較的問題。當我和別人比較之後，對我的尊嚴會有什麼影響呢？當晚同學會一結束，大家分道揚鑣，帶著我們通常不會呈現在社交活動上的消沉沮喪，回到各自的平凡生活。當我們被比較具體的嗜好吸引，社會比較的壓力會減緩，我們的自我感也會穩固下來。但對於每天的時間都花在社群媒體上的人而言，變本加厲的社會比較會成為他們日常生活的既定行程。

❖ 失真的資訊，讓評判變得毫無價值

每次查看臉書、Instagram 或 Snapchat（這是青少年最常使用的三個社群網站[19]），大家都要面對看起來似乎完美的臉蛋和完美的生活。密集使用者每天會查看這些網站數次。[20] 他們面對的是一個完美表象，它所連結的是精挑細選的使用者個人檔案，而非真實面貌。這些個人檔案向來禁不起面對面仔細查看。

當我們與人打交道、交換觀點、一起做事時，無論是準備餐點、決定看哪部電影，或者是取

得修訂團隊簡介的共識，我們對這些人的了解，都遠多於我們可能可以從社群媒體貼文得來的訊息。就算是隨意的互動，也能讓我們一探究竟。我們能夠忖度：他們的構想好嗎？他們有在聽嗎？他們有趣嗎？他們有多熱愛？他們的觀點有多具獨創性或新鮮感？我們的評判有時會出錯，但當擁有的是被精簡、美化與矯飾竄改過的資訊時，那麼我們的評判就**不只是錯**了，而且還**毫無價值**。

跟人面對面時，我們會捕捉到對方回應的臉部表情、以擴張的瞳孔呈現興趣、不贊成或表示同感的吸氣、表達安心或不自在的輕笑或尷尬笑容。我們或多或少能感受到一個人的主觀世界，然後開始在生活中評價此人，而非透過一些精心呈現、美國科技社會學權威雪莉・特克（Sherry Turkle）所稱的「零星片斷」（bits and pieces），這種抽象自我（notional self）在被細察後便會支離破碎。[21]社群媒體使用者展現出他們希望自己被人看到的樣子。他們的生活彷彿做了霧化處理，所以不會露出粗糙邊緣、不完美與自我懷疑。

透過這種**失真**、**美化的濾鏡**檢視別人時，我們複雜的內心世界會在**比較**中感受到自慚形穢。愛爾蘭小說家瑪莉安・基茲（Marian Keyes）簡明扼要描述了這種新評判文化：「拿我的內在與其他所有人的外在做冷酷無情的比較，然後發覺自己永遠有缺陷。」[22]

就算我們可以辨別與清楚說明潛在問題——也就是「拿我的內在與其他所有人的外在做比較」的扭曲——但**仍可能受其支配**。畢竟承受社群媒體最猛烈衝擊的青少年族群（雖然這項衝擊並不僅限於對青少年）的確有能力清楚陳述問題。美國作家南希・喬・塞爾斯（Nancy Jo Sales）在採訪青少女時，聽到嘉莉的回饋：「你會在不知道真相的狀況下，就認定很多與社群媒體上的人有關的事，這會讓你根據錯誤資訊思考瘋狂的事。」同樣是塞爾斯採訪對象的達拉說：「你會拿自己和別人比較。我猜這會讓我更容易動輒品頭論足。」[23]青少年會談論到必須「起床、戴上面具，然後試著成為另一個人」，[24]但他們對以評判為基礎的社群媒體膚淺表象的認識，並不會削弱這些媒體對他們的影響。

❖ 社群媒體讓讚美的品質變差

評判別人（無論正面肯定或負面否定）是基本的人類活動，但社群媒體讓它**降格**，轉變成一種**痴迷**。正面肯定的回饋訊息會讓大腦短暫釋出多巴胺，我們會感受到一股欣喜感，陶醉在關注與讚美中。[25]然而，這股欣喜感很快就會煙消雲散。很多社群媒體使用者認為自己所需要的，是擁有更多追蹤者、更多「讚」、更多觀看影片的人。最後，他們會發覺，更多的讚美只會讓他們**不滿足**。在用有限、設計過的個人資訊為基礎的狀況下，我們的不滿足並非因為獲得的讚美不夠多，而是**讚美的品質太差**。

社群媒體的讚美、責備與匱乏

網路使用vs.自我不滿

最早證實網路使用與自我不滿有所關聯的研究中，有一項發表於一九九八年，早於社群媒體大幅崛起之前。美國社會心理學家羅伯・克勞特（Robert Kraut）與他的研究團隊，以七十三戶家庭裡的一百六十九人為對象，追蹤他們第一年的上網過程。在他們名為〈網際網路的矛盾：社群科技會降低社會參與和心理健康嗎？〉（Internet Paradox: A Social Technology that Reduces Social Involvement and Psychological Well-Being?）[26]的研究成果論文表示，在這段期間內，網路使用者的沮喪感與孤寂感增加。當時，網路的用途主要是人際溝通，比較像是電話，而不是電視。儘管如此，社交活動並沒有因而增加，反倒**網路的使用取代了社交活動**。有人開始變得愈來愈孤立，但他們補救寂寞的方法不是透過面對面接觸，反而是花更多時間埋首在虛擬交流上。後續的研究證實，**高度使用臉書與不快樂**[27]、**不穩固的自我感**[28]**之間有持續的關聯**。然而，孤立還只是問題的一部分，更大的問題在於**評判的扭曲**。

沒有滿足感的讚美迴圈

人渴望獲得的評判（也就是明確且聚焦的認可與讚美），很難透過社群媒體得到。在一個活躍、帶有迴響的人際關係裡，讚美具有重要價值。在面對面互動，或甚至電話交談時，我們聽得到在呼吸與聲音中的細微反應；我們也能充分感受到出口評判的那個人。當自己的照片或貼文得到很多「讚」時，我們會感受到一股欣喜感，那只是因為我們期待這種人與人之間的讚美。在期待時，中腦神經元釋出產生愉悅的神經傳導物質多巴胺，[29]但預期的滿足感並沒有隨之而來。如果我們的注意力依然擺在社群媒體，就會落入一個迴圈裡，在當中期待愉悅，卻得到**沒有滿足感**的愉悅，於是又透過無用的相同途徑再次尋求獎賞。

一般來說，當有人稱讚我完成的事時，我會很開心自己達成一件事；也對於這種認可的關係感到快樂與溫暖。我感到愉悅，是因為自己帶給別人的生活正面影響。可是，如果我只是發布精心擺好姿勢的照片，那麼一個追蹤使用者的熱情到底有什麼**意義**？誰正在受到讚賞？為什麼？讚美很有力，但讚美對於我們重視的事、我們認為自己應得的，以及我們看重何人的評判，也很敏感。

我們看到有人不時查看社群網站時，經常會斷定他們成癮了。[30]更精準的說法是：他們受到尋求心滿意足回應的希望所驅使。社群媒體可以提供的只有虛假的承諾：愈多匿名交流（例如簡訊和即時通訊），就會愈不滿足。[31]無論我們獲得多少「讚」，社群媒體只會留給我們對讚美未滿足的渴望。

負面偏誤

惡意留言反更引人關注

在社群媒體上，負面否定的留言與正面肯定的留言具有相同的特性。它們都一樣含糊不清、令人費解，我們會反覆思考一些無法辯駁的問題，[32]例如：為什麼這些回應如此負面？為何大家這麼反對我？什麼事讓他們這麼生氣？伊旺一直查看自己的手機，想搞清楚自己貼文下的那些負面否定留言。他解釋道：「我想知道他們是看我哪裡不順眼。」社群媒體上的糟糕體驗，看來似乎會讓人斷了使用它的念頭，但其實不然。[33]我們反而會上癮，這時我們的做法就像遇到帶有自己負面消息的八卦，或者有人侮辱自己一樣，深陷於追蹤別人如何談論我們。因為執迷於評判，我們就很難對負面否定評判置之不理，不去爭辯、糾正或報復。

人無法忽視針對自己的負面評判

惡意留言吸引人注意力的力量，來自所謂的「負面偏誤」（negativity bias）。[34]這種偏誤的意識可以追溯到一九三〇年代，源自俄國心理學家布魯瑪・蔡格尼（Bluma Zeigarnik）的發現。當時還是年輕學子的蔡格尼，在德國柏林聽到她的教授評論說，服務生似乎對於未付帳單的記憶力勝過已付帳單，於是她決定探索這種記憶的古怪之處。透過分析夢境內容，以及分析會讓我們非常不安、討厭、分心思考的事，她發現人較可能夢到和掛念「未竟經驗」（unfinished experience）。[35]蔡格尼的同事瑪莉亞・歐西安基納（Maria Ovsiankina）更進一步確認，「未竟事務」（unfinished business）會滋生固執、侵入性思考。在這些未竟經驗中，有個很常見的主題是：**衝著我來**的負面否定評判。

對我們來說，處理責備得花很長的時間，絕大部分原因在於它會產生**焦慮**。碰到無法理解自己犯下什麼錯，或暴露了何種缺陷，我們會反覆重述這個侮辱，試圖消除它。但耿耿於懷經常會讓負面念頭更尖銳，變得像是「鞋子裡的石頭」，不斷刺激我們、不斷引發疼痛，讓人不可能忽視。

整個演化史中，**能適應壞事**的生物存活的機率都比較高。演化心理學家主張，[36]錯過正面肯定的結果，或許會心生懊悔和失去機會，但這些損失比不上忽視危險來得可怕。如果我有個祖先放棄機會，沒加入一個有趣且明智的早期人類團體，可能就只是讓人覺得難過。萬一早期人類忽視有個人心懷敵意的訊號，那麼他們可能就無法將基因傳給我了。因此，從演化史的觀點來看，負面偏誤是可調整適應的，[37]但它在社群媒體上會施加邪惡的力量，為作惡者提供動機，並剝奪受害者的防護。

厭惡效應

網路霸凌：當評判不被當成人際交往的行為

「你可以先自我了結嗎？」在美國社群問答網站 Ask.fr 上，有個使用者這樣要求十六歲的潔西卡・藍尼（Jessica Laney）。還有一名使用者稱她為「蕩婦」，另一名則稱她「去你的王八蛋」。[38] 當這些負面留言逐漸攀增，潔西卡的世界似乎被它們所填滿。她認定了斷生命都勝過忍受一連串的責備攻擊。

如今大家都知道這樁「網路霸凌」（cyberbullying）的悲劇後果，父母、老師和立法者對此高度關切。[39] 然而，這些做出抨擊行為的行凶者，動機令人費解。他們發動這個過程是要惹是生非嗎？或他們單純只想說出自己的心聲？他們發表的評判與他們的真實信念有何關聯？他們有病嗎？他們很惡毒嗎？他們是誰？

在社群媒體上抨擊別人的人，往往在其他環境中，會展現同理心、自制力，甚至包容力。[40] 他們的人際關係行為是敏銳、敏感的，沒有跡象顯示他們會在社群網站上變成霸凌者。[41] 這些人在社群媒體上會表露南轅北轍的性格，並非因為他們平常會隱藏真正黑暗的那一面，而是由於他們的評判量尺**不再把他們的評論當作是人際關係行為**。此時，他們就像是在電玩情境中做出回應，他們和自己對付的人不過就是電玩裡的人物。[42]

負面的留言就像磁鐵，會助長更多劣行

再者，在社群媒體中，要伶俐、猛勁但膚淺的評判才會紅——尤其是負面否定的評判。這和我們的社會實況一樣，言之有據與文明有禮的評論所能發揮的影響力，遠遠不及粗魯無禮的評論，[43] 在社群網站上，也是辱罵的留言會吸引更多的追蹤者。凌辱暴行變成使用者用來爭取舞台的一種娛樂。這種競爭伴隨憤怒傾向與具傳染力的負面觀點，會強化與逐步助長凌虐毀謗。此外，在社群媒體上，對於他人的不認可，沒有立即反駁的機會，因此惡劣行為（以及伴隨它而來的多巴胺分泌）就搭上順風車了。人身汙辱愈嚴重，措辭就更惡毒殘虐，網站上其他人加入爭鬥的機率就更高。這種不良影響的循環，稱為「厭惡效應」（the nasty effect）。[44]

網路世界：看不見真人，冷漠比同理心更常見

網路使用者如此容易就能接觸到他人的評判，令人膽戰心驚，而且也和權力一樣腐蝕人心。這些激憤噴發的侮辱和毀謗，鎖定的閱聽眾並非是一個真正的人——真實的人會深受傷害，他們的親人也會深感痛心，而且他們的人生也會被徹底顛覆。畢竟，在這個使用者淪為個人檔案的世界裡，在這個照片傳達的訊息只是一個人零星片斷的世界裡，冷漠比同理心更常見。我們不會見到明顯的痛苦神色；這裡沒有嘶啞的聲音、含淚的雙眼或下垂的嘴角。這裡不會有人對漠視輕忽的殘暴嗤之以鼻，也看不到眼周緊繃、嘴角肌肉牽拉的表情，來傳達這種行徑不公平、這不會有

好下場的訊息。於是，對這類凌虐毀謗的邪惡認可，會以轉發貼文、增加追蹤者與志同道合的留言等形式出現，受到獎賞的是厭惡效應，而非明智評判。負面否定的評判會像傳染病一樣蔓延。

同溫層使你更自戀、觀點更僵化

雖然經常有人認為，社群媒體讓人接觸到各式各樣的意見，但其實它比較可能吸引到的，是**志趣相投的貼文**。部分原因是我們對「誰值得信賴與誰不可信賴」的評判：我們都會傾向於認為，從朋友處得來的資訊和評判，會比源自不認識的人更可靠。當我們喜歡與讚賞的人表達的評判與自己不同時，我們可能會與對方交流看法，但也只會質疑：「為何你會這樣想？」與「你怎麼會被那個政客騙了？」但在社群媒體上，只會有個人檔案、只會有留言，所以沒有理由要去跟那些讓我們不安的人交流。

事實上，社群網站的使用者對於評判觀點與自己不契合的人，很有可能就會取消追蹤（unfollow）或刪除好友（unfriend）。[45]當我們不理會意見與自己不一致的留言，而且讀取愈多肯定自身觀點的貼文，也許就會有錯誤印象，以為所看的內容是證實自己的評判。再者，這些網站用來抓住使用者注意力的運算法則，是根據使用者早先已經觀看的內容去演算，進而提升使用者看到與自己同調的評判的機率。[46]結果就產生了回音室（echo chamber，又稱「同溫層」）：一個人表達一項意見的心聲，接著其他人以贊同回應，這就像身處密閉空間，人的回聲會傳回自己說過的每句話。[47]這種回音室效應會降低提出懷疑與反思評判的動力。已有發現顯示，這會讓人對自身的觀點更僵化，甚至對不同的觀點更具敵意。[48]人也因此變得不只是更帶偏見，而且對於厭惡效應肆虐所造成的傷害，更加冷血。

炫耀拙劣評判，引來鄉民公審

二〇一二年，美國女子琳賽・史東（Lindsey Stone）在臉書發布了一張照片。照片中的琳賽傾身彎腰，在大聲呼喊的同時，比出了一個不雅手勢。如果不是因為照片背景，這看起來似乎不過是一個尋常女子的搞怪蠢照片。[49]在這張照片裡，琳賽旁邊是美國阿靈頓國家公墓（Arlington National Cemetery）裡的無名戰士墓，該處有個告示牌寫著：「肅靜與尊重。」

網路引發的幼稚心態，讓人做出蠢事

琳賽拍這張照片時的姿勢，她和朋友都自認不過就是在搞笑，就像他們以前會在禁止抽菸標示前，拍下自己抽菸的照片。炫耀的誘惑、正面肯定回饋的引誘，以及缺乏觀察力，在社群媒體上很常見，也經常被稱為「網路去抑效應」[50][51]。

透過數位裝置溝通時，我們不會感受到面前有一個複雜、具人性的閱聽眾存在。當期待追蹤者鼓掌喝彩時，我們的心理似乎就退回到**兒童版的「請注意我！」**狀態。人或許會感受到自我效能[52]的刺激：「大家正在對我的評判做出回應！」[53]也許會想像吸引新追蹤者鬧烘烘熱議的畫面，並可能誤以為這群追蹤者是讚賞者。[54]伴隨這些刺激而來的，是欠缺真人的暗示，提醒我們自己的行為可能會以其他方式遭人評判，[55]我們就身處在這些刺激包繞的唯我論泡泡（solipsistic bubble）內，遠離批判性反思。

琳賽．史東的貼文到頭來並沒有吸引到讚美。似乎沒人覺得她挑釁那個標示很酷。不過，一開始的責備還很溫和。一名在軍隊服役的臉書朋友留言說：「這是一種無禮冒犯……很低級。」[56]有幾週的時間，這張照片仍然只是社群媒體上引人注意的愚蠢、品味差的貼文照片之一。但突然間，評判的風向球轉變了。「開除琳賽．史東」（Fire Lindsey Stone）的留言吸引了一萬兩千名使用者按讚，為這股憤慨情緒火上加油的，也許是琳賽的行徑與她的專業形象之間的**矛盾**：她是為弱勢成人服務的照護者。聲稱她「痛恨軍隊」以及她是「美國恥辱」的負面否定評判逐步擴散。這些大力叫嚷自己的譴責言論的人，在吸引追蹤者與讚賞者的同時，琳賽的人生也因為厭惡效應而翻轉。

愚蠢的推文，讓人丟了飯碗

平時明智有理的人做出特別卑劣評判的類似例子，比比皆是。原本在美國紐約工作的賈絲汀．薩柯（Justine Sacco）休假去非洲旅行，途中發了推文提到：「奇怪的德國佬」和得愛滋病的非洲人。當時（二〇一三年），賈絲汀是一家網路媒體公司很成功的公關部門資深主管。在工作上，她向來要快速評估一個措辭的聯想力、避免冒犯，並保護自己與雇主的尊嚴。然而，在數位裝置詭譎怪誕的隱蔽性時常引發的幼稚心態包圍下，賈絲汀的評論看來似乎（當下對她而言）是可愛、活潑，甚至慧黠。但在數小時內，她就遭到成千上萬的憤怒回應攻訐。一名 Instagram 使用者幸災樂禍地表示：「我們快看到這個……婊子捲鋪蓋走人了。」賈絲汀在公關領域的職涯宣告終結。[57]

社群媒體，讓評判量尺功能失調

這些在社群網路上炫耀拙劣評判而備受注目的例子，並非例外事件；它們是**社群媒體的力量腐蝕評判**的徵兆。在這種衝動、沒有反思的過程中，評判容易出現令人驚愕的疏忽。它會忘記留意環境與觀察力。士兵的死亡、他們個人的悲劇與為天職的犧牲，全被輕忽了。收發簡訊的精簡與快速，**喚起我們平常會避開的刻板印象**，[58]例如：非洲人與愛滋病，或身為白人就有受到免患病保護的特權等**粗心大意的聯想**。就像蝙蝠在全黑的洞穴中，是透過隱約的回聲效應找到路一樣，我們在他人陪伴中感受到迴響，會讓我們琢磨與調整自己的評判量尺。然而，當只有數位裝置與未受到挑戰的思維時；當遇到有發表評判的權利存在，卻沒有反思的觸發刺激時；以及當我們愈偏激就得到更多關注時，評判量尺就會變得過度活躍且功能失調。

同理心危機

社群媒體原本被宣揚成是聯繫他人的一種方式，而它的整體效應竟造成雪莉．特克所說的「同理心危機」。[59]第七感包含了理解別人的能力，以及在包容的社群中，團結一心的能力。這項很了不起的人際技能，建立在人的同理心能力上。然而，近來的研究[60]發現，透過研究中使用的自陳式量表，得到的結果顯示，有將近四分之三大學生同理心低於三十年前的大多數學生。同理心最大幅度降低的時間，是在過去十年內——**社群媒體就是在這幾年崛起的**。同理心正如我們在嬰兒與兒童的發展中所看到的，是人類天生就有的，[61]但當第七感降低時，就會抑制同理心。社群媒體將人性面向變得很淡薄。其他人變成使用者、追蹤者或虛擬朋友，而且對真人的同情心也被冷落一旁。

網戰特性：簡化與兩極化

在社群媒體上，另一個對評判的攻擊，來自評判的**精簡**與隨之而來的**兩極分化**。訪問宣傳極端與攻擊性觀點的人時，這個結果就顯得特別突出。英國智庫德莫斯（Demos）旗下社群媒體分析中心（Center for the Analysis of Social Media）總監傑米．巴特利特（Jamie Bartlett）留意到，會掀起軒然大波評判回應的網路小白（trolling）都依循一個模式。當一則帶著極度負面否定內容的訊息張貼出來、之後遭受攻擊時，蠻不講理的程序就開始了。在回應這個攻擊時，負面否定的評判就會被反覆重述並擴大。也設定了交戰條件：加入戰局的所有人，必須判斷自己贊成或反對該評判。評判每重述一次，就擴大這兩個極端。評判變成牢不可破且單一；讓步、調解與反思就變得逐漸無足輕重。

巴特利特表示，保羅這位臉書群組管理者所採取的行動，就是典型例子：「他在其他臉書頁面上開始攻擊穆斯林，然後他們回擊他，雙方彼此完全對立與偏激。保羅就活在一個非敵即友、大是大非的摩尼教世界（Manichean world）裡——他在當中是首席領導者。」[62]衍生的結果就是「定型心態」（fixed mindset），在這種思維中，會認定人非「彼方」，就是「我方」，而且在沒有觸發同理心之下，要見到「彼方」陣營的人吃到苦頭。[63]

❖ 彼方的痛苦就是我方的快樂

以「彼方」與「我方」為基礎的扭曲評判，帶著傾向自己所屬族群與反抗對立族群的偏見，其擴散範圍會遠超出社群媒體，但要是不了解這種心態發揮作用的速度有多快，就無法完整理解社群媒體在人的評判上有何影響。神經科學迅速成長的領域，提供了這種過程的重要背景資料。

❖疼痛環路vs.心智化環路

大腦活動相當擅長橫跨大腦各區域運作。當我們一方面想到諸如痛苦和恐懼之類的原始情緒（proto-emotions），另一方面又思考涉及信念、需求與前因後果的次級情緒（secondary emotions）時，就會活化大腦不同的區域。大腦的疼痛環路（pain matrix）記錄憤怒、恐懼、喜悅和悲傷等原始情緒，至於心智化環路（mentalizing matrix）記錄的是更複雜的次級情緒，[64]例如：驕傲、渴望、好奇、懷疑和焦慮等。當我們琢磨與評判別人時，就會活化這兩個大腦網絡。

記錄別人痛苦與愉悅的初始網絡，使用到的神經系統機能與我們記錄自身痛苦的部分一樣。[65]看到有人燙到手、被車子撞或遭刺殺時，我們的確「感受到他們的痛苦」：同理心的神經疼痛環路看起來與記錄我們自身疼痛的神經活動十分相像。我們目睹到的痛苦強度也會影響神經活動：當場見到他人被灼傷時，會有強烈的反應；如果看到的是別人腳趾頭撞傷，則會有反應較平淡的神經活動。自身的痛苦與別人的痛苦之間的神經連結，為同理心奠下基礎。同理心一啟動時，我們會急著伸出援手、捐贈財物、當志工提供服務。

❖蜂巢開關：同理或反同理？

同理心可以觸發強納森．海德特所稱的「蜂巢開關」（the hive switch），進而轉向團隊合作。[66]蜂巢開關一打開，其他人就是「與我如出一轍」，其他人的困境會帶給我們一種道德的迫切性，而且我們會為了一個共同目標而工作，就像同屬一個蜂巢裡的蜜蜂。不過，在「我方」之間製造團隊合作的蜂巢開關，也會製造團體與團體之間的競爭與衝突，關閉對「彼方」的同理心。因為認為某人屬於外來的蜂巢或團體，所以關閉同理心時，很可能就會貶低對方，甚至享受對方的痛苦。[67]

同理心具有**痛苦**與**洞察力**這兩個面向。產生同理心時，我們不只會感受到別人的痛苦，也會理解他們的想法、渴望和感受。我們會理解他們做抉擇與下決心的前因後果。這就是動用「心智化環路」這個次級神經網絡的階段。當我們忖測別人正在想什麼、思慮如何解釋一個人的行為，或者預測對方可能的做法時，就會激活心智化環路。[68]但有時候心智化環路會因為恐懼、偏見、衝突或極度的生理需要，**掙脫疼痛環路**。[69]有時候這種狀況會出現，是因為這個「別人」缺乏現實真人的形貌——就像社群媒體的「使用者」或「追蹤者」。發生這種狀況時，我們的確可以想像他人的痛苦與羞愧，但感覺是冷淡的，更可能是「幸災樂禍」——對其他使用者的痛苦感到快樂。在這種模式下，社群媒體就挑撥出一場人類的評判危機。

數位裝置會增強刻板印象

電腦、平板電腦或手機螢幕並無法取代我們帶著多種訊號的臉龐，也無法取代我們用各種加強語氣與含糊不明的聲音，傳達自己正在尋找正確用字遣辭的訊息。在對談的活動中，構想是協力完成、爭論是受歡迎且是意料中事，不同觀點的分享也是正常的，而數位裝置同樣沒辦法代替這種活動。這些裝置會增強刻板印象，而不是挑戰刻板印象，並且在編造的「彼方」與「我方」之間，拉出不成熟的界線，因為這些裝置遺漏了大量的前因後果細節，而這種細節會激起更加敏銳精細、能夠在我們實際的人際互動中被啟動的評判量尺。

第九章
鍛鍊被批評的勇氣

同理心的擴展

有強力證據顯示，過去幾千年來，人類的評判量尺整體來說，在同理心、細微差異與深度上，已經有所增長。任教於美國普林斯頓大學（Princeton University）的哲學家彼德・辛格（Peter Singer）強調，人類評判量尺的進展，橫越史前時代與歷史時代：過去有個時期，只有評判最親近的家族親人時，才會具有同理心。後來，同理心進展到含括範圍更廣的社區族群，然後擴展至國家，接下來又延伸至各個物種。[1]辛格所稱的「同理心的擴展圈」（the expanding circle of empathy），會藉由語言、想法交流和接觸形形色色的人等方式，得到力量。

這個進展並不平順，且經常是未定數；它會如股市指數一般，受到漲跌的侵擾，但正如股市的長期趨勢，它確實也會升漲。加拿大著名認知科學家史迪芬・平克（Steven Pinker）提出令人注目的證據，顯示幾千年來謀殺、軍事衝突、種族滅絕、拷打和虐童等暴行已經減少。[2]當然，評判持續遭受恐懼與盲從偏見的挑戰，但由於同理心、自制力、道德感和理智等「人性中的良善天使」，人類在行為、包容力和理智運用上，隨著時間推移，整體來說已經提升。這些「良善天使」的強度之所以增長，正是借助於被人的評判量尺驅策、且供評判量尺使用的活動。人是社會性生物，所以會渴望探知他人的評判，來對照我們自己檢測出來的評判。而人天生就有趨向冒險的驅動力，所以會接觸各種人和他們的不同評判。由於我們擁有推論的能力，所以最後可能會修正與琢磨這些評判。[3]

鍛鍊被批評的勇氣：在別人與自己的評判間尋求平衡

然而，本書一直聚焦在我們評判量尺極度個人面的歷史，而不是人類評判量尺的浩瀚歷史。孩子取悅自己所愛之人的需求，為一輩子與他人的評判打交道奠下基礎。在嬰兒期，別人的評判並非嬰兒的憂慮，但這會是身為社會個體的人類投入大量賭注在別人的讚美和責備上的徵兆。人持續不斷監測別人對自己的反應，可能每天都會反覆思考好幾回的事包括：我剛剛說的話觸怒她了嗎？我剛剛讓父親失望了？我做了什麼事惹另一半這麼生氣？為什麼朋友會覺得我背叛她？同事現在認為我不稱職嗎？她的不贊同是暫時的，還是她的看法已經有實質轉變？在他們的目光下，我是失去或得到尊嚴？我在這段關係中的位置，依然安適、穩固嗎？

無論人的依附關係如何有保障，從自己喜愛的人而來的讚美或責備，仍舊是令人深感興趣的重點。我們在意的不只是人我之間紐帶的強度，也在乎他們是否帶來安慰與溫暖，以及你我之間是否充滿認可或不贊同。人一輩子最重要的挑戰之一，就是在別人的評判與尊重自身的評判之間尋求平衡。年幼的孩子很難想像踏出父母讚美的溫馨圈，或對父母的責備無動於衷，這麼做極可能就等同於尋求被驅逐。

青春期的劇烈變化，受到青少年為了區別自己與父母的評判時的所作所為所驅使。在此同時，青少年也像嬰幼兒時期一樣，為了讓父母讚賞他們全新萌生的自我而奮戰著。那些青少年與父母之間典型的爭執，對抗的不只是眼前的父母，還包括青少年腦袋裡的，也就是孩童時期對讚美、責備的記憶，以及與父母評判持續磨合的記憶。青少年會轉向朋友求助，幫他們從父母的評判中，慢慢解開自身評判的糾結；然而，在這個過程中，青少年的評判也可能會與同儕評判產生全新的糾葛。這象徵著我們終其一生，都要下工夫來辨別兩種影響力，分別是：夠擴展與認可自身評判的影響力，以及會讓自身評判緘默、受限或扭曲的影響力。

對於讓自身評判成形和證明自身評判有理的追求，就與走路、說話的衝動一樣，都是很基本的人類發展。為了達成這個目的，人會逼迫自己跳脫舒適圈、投注心力在批判性的自我評價，也會觀察其他人，並探究他們的評判。

我們的心智整天都會活躍地監測自己的評判量尺：「我現在公平嗎？」「她對我的不滿帶任何偏見嗎？」，以及「我的朋友／伴侶／父母如何看待這件事？」我們感受到別人責備中的譏諷時，就會立刻開始為自己辯護，但懷疑會徘徊不去，激起了反思：「這是我的錯嗎？」和「是我神經大條，還是思慮欠周？」我們透過對話、閱讀、爭論和私下反省，展現出想提升評判能力的衝動。

日復一日，大多數的人在與父母談話、和朋友聊八卦、閱讀書籍、聆聽新聞，或睡前回顧一天互動交流的過程中，都持續不斷檢測自己的評判。努力琢磨與檢查自己的評判，就和源自自我保護的偏見一樣，是我們心理狀態的主要一部分。

想要檢測與推敲評判的基本人類渴望，在我們周遭隨處可見。它會在熱門的公眾議題中浮現。理智的論據一挑戰人的評判，就會刺激人心。當我們練習防衛與辯護自己的評判，或者享受糾正評判的滿足時，這些論據會帶來有利鍛鍊的議論聲。在政治、公共政策、道德和宗教上，爭論會刺激我們鍛鍊被批評的勇氣，去辨別與清楚陳述自身的評判、探索讚美與責備的盤根錯節，解析它們的歸屬對象，以及箇中原因。有時候，我們對爭論會只做壁上觀，不受攻防中的唇槍舌劍波及。

膾炙人口的故事：評判量尺的練習場域

對說故事的熱愛，也會展露出人對擴展自身見解的衝動。我們會像英國小說家伊恩．麥克尤恩（Ian McEwan）所說的「文學動物」，享受故事囊括的關鍵問題，包括：該信任與讚美誰？該譴責誰？該如何對待自己不贊同的人？我們如何應對別人的責備和自身受傷的尊嚴？[4] 故事鋪陳的想像經驗，為我們的評判量尺提供了練習場域。[5]

傑出的小說令我們滿足之處，是講述有關於評判上的小弱點與道德嚴重淪喪的情節；[6] 它們引人進入自利偏誤的滑稽鬧劇和心胸狹隘的感傷。**許多小說之所以膾炙人口、歷久不衰，就是仰仗在人際關係的故事中，將評判突顯出來做驅動故事發展的力量**。十九世紀的英國作家珍・奧斯汀（Jane Austen）在《傲慢與偏見》（*Pride and Prejudice*）中，刻畫了鮮明生動的人物，描繪這些人誤以為自身的智識能庇護自己免受差勁評判的衝擊；還有他們與有相同偏見的人一起聊八卦，而且也會懷疑挑戰自己見解的證據。面對自己的傲慢與偏見，他們謙遜，甚至因為自身評判的漏洞而羞愧；但對於親密關係獲得圓滿結局的任何故事而言，這些困難課題不可或缺。身為讀者，我們在不必親自蒙受羞愧的情況下，能夠記取人類評判量尺的漏洞，也得到提醒，留心我們有時會沒聽到自身評判量尺裡比較深層的回聲。

至於戲劇受眾人青睞、經久不衰，原因在於人都渴望觀察人類的困局、抉擇和危機，也迫不及待想縮短時間，如此一來，好壞評判的下場在幾小時內就會上演完畢。我們所知的、以責備與讚美的難題揭開序幕的戲劇，發端於古希臘悲劇作家索福克里斯（Sophocles）劇本中的家族世仇情節。中世紀懸疑的戲劇帶來了從責備（與罪過）轉移至讚美（與認可）的範本。我們在觀眾專屬與享有特權的視角中，享受一個替代經驗（surrogate experience），擴展自己的視角。

讚美、責備和羞愧的力量，以及我對別人的評判與別人對我的評判帶來改變一生的衝擊，全是我們每天全神貫注觀看的電影和電視劇裡的主要戲碼。這些戲劇充滿困窘、羞辱、責備（公平與不公平都有）、偏見、衝突和自我發現等危機。有時候，情節布局和角色人物會不動腦筋地為過分單純化的評判背書，但大家仍然對這些故事百看不厭，擁有更廣泛的共鳴。故事的敘述可以推動我們**超越自身經驗的界線**，無論是以全新、異國風情的樣貌呈現在我們眼前，或者是透過精細入微的觀察，以我們自己可能無法看到的更微小視角帶給我們的刺激。不管這些故事根據的是自傳與歷史，或者虛構杜撰，都為人們判斷情緒提供了全新的參考框架，因為任何令人全然滿足的故事，都包含了讓人驚奇與心滿意足的細節。

仔細評判過的細節、來龍去脈、人物性格描述和敘事手法，之後便成為我們**反應紀錄中**的一部分。無論是直指別人或自己的刻板印象，都可以被悉心拆解成額外高品質的資訊。在強而有力與靈巧的敘事中，原本開頭時應該受譴責的人物，或許會轉型成值得稱許的角色——反之亦然。對於一開始覺得與自己天差地別的人，我們會探索他們的內心世界，並發覺他們和自己沒什麼不同。[7]就這些牽動人心與消磨時間的活動的普遍吸引力看來，它們能達到極度有效的成果。

伴隨著我們對別人的評判，以及接觸別人對我們的評判的，是**我們對於如何評判自己**其實非常在意。對自己抱有高度評價的需求，可以強烈激勵每天的行為和長期目標。以墨西哥灣暖流[8]驅動天氣現象的方式來引導我們的隱性自尊經濟，[9]只是我們想在別人眼中擁有尊嚴的需求的一部分。缺少正面肯定的自我評價，我們就無法欣然接納自我。我們經常會轉向更高標準的評判，臣服於《但以理書》（*Daniel*）所說的「你被秤在天平上，顯出你的虧欠」[10]的驚懼中，並帶著希望，期待害我們遭受責備的一切被一掃而空，讓自己回歸被讚美的狀態。

不同人生階段，重新觀看自己的評判

人生的每個轉折點，都會帶來重新觀看自身評判的機會。我們成為父母時，會回顧自己童年與青少年時期對父母的評判。有時候會覺得：我以前怎麼會責備父母對我過度保護呢？現在我體會到他們的心情了，因為我知道這就是我對自己子女的感覺。當我們犯錯時，或許就會想到：為何我會對別人如此不寬容，還百般想羞辱他們？我沒領悟到再怎麼優秀的人，有時也會表現不好嗎？我們遭逢不幸時，或許就會體認到曾經責備過處境和當前的自己一樣需要幫助的人，並質疑自己為什麼當初會覺得他們該罵呢？

中年時會出現新契機，以更寬廣的眼界回顧過往**對自己的評判**。[11]有時候被稱為「中年危機」的狀態，是一場全新、強烈的對決，較量的對象是體現他人觀點、隱藏自己較深層評判的蒙蔽眼。改變習慣、尋求冒險、舉止不符合一貫性格，全源自於**想擺脫他人評判的渴望**。人會自問：我追求這種職涯、留在當前的工作，或者接受這個伴侶，是因為我一直在追尋認可，避免別人的不贊同嗎？我向來都公平權衡自身評判與他人評判的力量嗎？

評判帶有深厚的信念與深藏的情緒

我們的評判包括了道德評判，但遠不止於此。有些哲學家將這些涵蓋範圍更廣的評判歸類為「純屬偏好」（mere preferences），[12]因為它們屬於個人，也未必一直都以普遍原則為基礎。不過，我們在讚美與責備時，就會捲入深厚的信念與深藏的情緒中。它們會支持與引導我們。人的評判量尺——想要評判別人以及為自身的評判辯護與宣揚的衝動——是龐大評判機制的一部分，[13]形塑了我們的人際生活風貌。

我們的評判具有一段追溯到早年的愛、需求與恐懼的歷史。當這些評判成為我們獨有的時候，會帶來見解，洞悉好好過日子、有所成就與尋找目標對「我」而言，代表什麼意思。對一個人的身分來說，它們至關重要。

事實上，就認定「我是誰」而言，自身的評判比記憶更不可或缺。我們都知道，大腦損壞可以改變一個人的性格：例如，失智症患者有時會讓人覺得不再像同一個人了。雖然如此，可是對一個人是否為「同一個人」的感知，更多是取決於由評判**形塑**的那些反應、偏好與互動，而不是人留存的記憶。[14]這可能是我們能否成功扮演父母、朋友、伴侶、同事或公民等角色的最重要特質，不過這項特質——也就是評判量尺——通常仍然被認為應該要壓抑。

即使我們可以壓抑它，那又如何？即使人不讚美或責備、不批評或串通，或者不在共同的評判基礎下組成聯盟，那又如何？活在一個沒有評判的狀態中，人類的生活就會比較好嗎？

人有可能從評判中解脫嗎？

從我們不斷運轉的評判量尺中解脫，其實有些地方很吸引人。就像是分派任務給大腦和身體，一旦從任務中脫身，我們就會從暫時緩解中受益。運動與放鬆，以及電影、朋友、食物與藝術帶來的樂趣，會提供我們感到安全、不受挑戰與不受質疑的空間。有些常見的逃避方法，像是喝酒、追劇與打電動的益處，則少了一點。另外還有一些更講究與更正規的做法，例如：冥想與正念（mindfulness）。

正念源自古老的佛教禪修[15]，從一九七〇年代開始，已經發展成世俗技巧，人在其中要留意自己的念頭與感受，但要逐漸剝離自己的評判。很多人在進行正念的過程中，會從日常評判的拉鋸戰裡，找到暫時的緩解。他們的反抗心與防衛心會變低，而且也更能管控連結自身正面肯定與負面否定感受的強烈情緒。他們會因此感覺更放鬆、更平靜；原先的缺乏自信、自我質疑、憤怒譴責的鞭笞，以及自以為是的耗損，全都會平息下來。很多人的專注力會提升。[16]在有些案例中，正念甚至緩解了慢性疼痛。[17]

這些體驗都透過大腦成像研究得到證實，顯示冥想可以改變大腦的活動；冥想時，大腦的恐懼與疼痛中樞的活動有一段時間會減少。[18]即使如此，正念也會帶來經常為人忽視的重大風險。

正念的陷阱：斷開評判，也會關閉喜悅與判斷力

由於正念鼓勵對自己的所有念頭採取不帶評判與接納的方式，這就代表有些正面肯定反應得連同負面否定反應擱置一旁。[19]擺脫所有評判時，我們會剝奪自己的許多樂趣、喜悅和動力。

正念暫停了我們對思維、信念與記憶的批判性評價，心理學家發現在缺少這種批判性評價之下，我們會**更輕易聽信別人的提議**，甚至會**對錯誤記憶信以為真**。[20]我們的評判量尺的功能之一，就是記錄正面肯定或負面否定的意見。但我們的評判量尺還會評估這些初始反應。我們斷開評判時，也會關閉更高標準的評價與鑑別力。

冥想技巧（包含正念）提供一個精神修養與充電的所在，但要是以它們做為生活方式，則會導致**與個人熱情大幅脫離**。[21]再者，因為我們的情緒和他人的評判（包含對我們自己和其他人的），對於「我是誰」的身分認定十分重要，所以有些實行正念的人，會覺得**自己的身分認同破裂**了，也因此在他們試圖尋找生活方向時，會更加焦慮與困惑。[22]

我相信，評判對我們的互動與熱情的人際關係而言，極度重要。因此，我強調的是**理解與反思評判**的重要性，而不是壓抑評判，就算它們永遠不會「沒問題」。

為情緒命名：反思自己的評判

觀察我們究竟會投入多少精力、時間和情感在評判上時，和在體會到多數人通常都想要自己的評判達到公平與均衡時，我們也會看到自己的評判在偏見與單一化方面是多麼的薄弱。因此，我們要如何加強後續的努力，才能避掉拙劣評判的隱患，又同時信賴自己深藏內心的極個人評判呢？

首先，我們必須有動機去探索與挑戰自己的評判。而動機往往要建立在自我接納（self-acceptance）的基礎上：當我們接受自己是評判的生物、接受我們的評判量尺是身為社會性人類的生活必要元素，那麼對於留意與承認我們的評判的焦慮也會減少。諸如「我不是要批評你」之類的常見措辭，將會暴露出困惑與虛偽。取而代之的，是會產生疑問：「我的評判是什麼？」和「它們公平嗎？」

這個步驟會帶我們繼續進行下一步：鑑別我們的評判，迫使自己查核事實。我們會思考：我對這個人或對自己的評判，真的與我所知的事實吻合嗎？我的假設以及隨之而來的反應模式，已經過時或不恰當嗎？為自己的評判命名，或只是一窺評判在自己人際關係中扮演的角色，就能幫助我們區分優劣。

從心理學作為有療效的「談話治療」（talking cure）的一開始，[23]就已經證實，為我們的想法與感受命名，能緩解產生不良後果的反應。這種對我們想法的情緒內容命名的方式，如今稱為「情緒標籤化」（affect labeling），已可見到它降低杏仁核（這裡會觸發焦慮、恐懼，和因兩者而來的防禦心）的活動，並增強額葉的反應（涉及反思與衝動控制）。[24]常見的防衛與偏見會保護我們的尊嚴，也會貶低他人的尊嚴，我們在識別這兩者的情緒力量時，得到了評價它們的工具。

最後，我們可以藉由一連串的反思問題，關注我們的評判對自己的人生有何影響。

六個問題，體檢你的評判量尺

❖ 我的評判對我有利，還是不利？

也就是：我讚賞的人是滿足我的需求、渴望、價值與利益嗎？或者，我接近與依附的人是帶我通往陰暗窄巷與死胡同，我在當中沒有獲得滿足、愉悅或意義，還要投注大量的情緒能量？

❖ 我的評判是有彈性與容易受影響的嗎？

我會吸收和其他人有關的新資訊嗎？我重新評估自己對別人的觀點時，情緒起伏會非常大嗎？這種時候，我可以在不偏離自己已投注情感的依戀和立場之下，對他人的觀點做出負面回應嗎？在情緒穩定與情緒僵化之間，是否有恰當的平衡，讓我可以忠於自己，又不陷入負面漩渦中？當我的評判是負面否定時，還能接受他人批判性的修正嗎？

❖ 我的評判對自身利益太簡單思考了嗎？

我能區分過錯的嚴重性和過錯對我的影響嗎？舉例來說，我看得出一個造成我極大麻煩或反感的錯誤，可能是因為其他部分無關緊要的過失嗎？

❖ 我願意與別人交流評判嗎？

一旦我這麼做，就會願意改變自己的觀點嗎？[25]當我看到支持相反立場的證據，或者是我不喜歡的人所提出的證據，我能覺察到內心有所抗拒嗎？我可以質疑這個抗拒、壓抑它，並採用擺在眼前的證據嗎？非常不同的觀點也可能是有道理，我能牢記這點嗎？

❖ 我能察覺到自己會以一個人的外表、宗教、種族、性別或政治立場，做出沒根據的假設嗎？

最能清楚看出容易受這種偏見影響的指標，就是輕易誇口說「自己沒有偏見」。我們有很多反應會包含潛意識的聯想。有些聯想引導我們進入自己深層的價值觀，而且我們可以像利用指南針一樣，運用它們指引自己實現目標。然而，有些潛意識的聯想會導致對別人與自己有不公平的反應。承認與檢視它們必須當成日常努力的功課。這項功課應該會有正面肯定的感覺——因為評判量尺的易受影響性，不應該造成我們不信賴自己的所有反應。

❖ 就算我的評判充滿情緒，我還是能相信它們嗎？

這是至關重要的問題，不可能有一勞永逸的答案；我們每天訓練自己的評判量尺時，必須將此列入思考。這意味著要利用我們的能力來辨識出對周遭環境有偏見的情緒。[26]

持續不斷檢視與修正自己的評判

我們打從一出生，就準備好要審視與評判自己遇到的所有事物；我們打從一出生，就會體驗到別人對我和這個世界做出的評判。我們如何遊走在每天接收到的，以及自己不斷分撥給別人的讚美與責備之中，會形塑我們的身分、行為和人際關係。這些評判源自於我們深切的個人利益與欲望。對所有人來說，首要與終生的任務，就是聆聽自己的評判量尺並從中學習，同時也要挑戰並樂於修正自己的評判量尺。持續不斷檢視與琢磨自己的評判，可能令人筋疲力盡與覺得羞愧，但也會有所回報與振奮人心，而且這也是我們能好好生活在摯愛的人、以及與我們共享世界的人之中的最佳方式。

原書註解

作者序 讚美與責備：左右人類生存的心理決策

1. 約翰・巴吉（John Bargh），〈第一秒：社交互動中的前意識〉（First Second: The Preconscious in Social Interactions），《潛意識的意見》（*Unconscious Opinion*），發表於美國心理學協會（American Psychological Society）的會議上，華盛頓哥倫比亞特區（Washington, DC），1994 年 6 月。
2. 理查・戴維森（Richard J. Davidson）與夏倫・貝格利（Sharon Begley），《情緒大腦的祕密檔案：從探索情緒形態到實踐正念冥想》（*The Emotional Life of Your Brain: How Its Unique Patterns Affect the Way You Think, Feel, and Live—and How You Can Change Them*〔New York: Plume, 2012〕），頁 39。
3. 雪莉・蓋博（Shelly L. Gable）、哈里・芮斯（Harry T. Reis）與安德魯・艾略特（Andrew J. Elliot），〈雙變數證據：跨域渴望與厭惡的經驗性測試〉（Evidence for Bivariate Systems: An Empirical Test of Appetition and Aversion Across Domains），《性格研究期刊》37（*Journal of Research in Personality* 37〔2003〕），no. 5，頁 349–372；雪莉・蓋博與艾咪・斯特拉奇曼（Amy Strachman），〈趨近社會獎賞與迴避社會懲罰：欲求與厭惡的社會動機〉（Approaching Social Rewards and Avoiding Social Punishments: Appetitive and Aversive Social Motivation），《動機科學手冊》（*Handbook of Motivation Science*〔New York: Guilford Press, 2008〕），頁 561–575；查爾斯・卡弗（Charles S. Carver）與麥克・席爾（Michael F. Scheier），〈在行動與影響同步規範中的反饋過程〉（Feedback Processes in the Simultaneous Regulation of Action and Affect），《動機科學手冊》（New York: Guildford Press, 2008），頁 308– 324；羅尼・亞諾夫布曼（Ronnie Janoff-Bulman）、莎娜・薛克（Sana Sheikh）與塞巴斯帝安・赫佩（Sebastian Hepp），〈禁止性與規範性道德：道德規範的兩面〉（Proscriptive Versus Prescriptive Morality: Two Faces of Moral Regulation），《個性與社會心理學雜誌》98（*Journal of Personality and Social Psychology* 98〔2009〕），no. 3，頁 521– 537。
4. 這項在英國倫敦伊麗莎白蓋瑞安德森醫院（Elizabeth Garrett Anderson Hospital）做的特別研究從未公布，但在許多後來稱為「紐帶」（bonding）的時機與本性研究中會見到。
5. 泰莉・艾普特，《自信的孩子》（*The Confident Child*〔New York: W. W. Norton, 2006〕）。
6. 泰莉・艾普特，《自信的孩子》，頁 102– 104。
7. 泰莉・艾普特，《改變的愛：母親與青春期的女兒》（*Altered Loves: Mothers and Daughters During Adolescence*〔New York: Ballantine, 1991〕）；泰莉・艾普特，《你真的不了解我：母親與青春期的女兒為何爭執，如何找到雙贏方式》（*You Don't Really Know Me: Why Mothers and Teenage Daughters Fight, and How Both Can Win*〔New York: W. W. Norton, 2004〕）。
8. 同上，泰莉・艾普特，《你真的不了解我》，66– 73。
9. 泰莉・艾普特，《自信的孩子》；泰莉・艾普特，《你真的不了解我》；泰莉・艾普特，《難相處的母親：理解與克服她們的力量》（*Difficult Mothers: Understanding and Overcoming Their Power*〔New York: W. W. Norton, 2012〕）；泰莉・艾普特與朱瑟琳・喬塞爾森（Ruthellen Josselson），《好朋友：女孩與女人友誼的喜悅與險境》（*Best Friends: The Pleasure and Peril of Girls' and Women's Friendships*〔New York: Crown, 1998〕）。
10. 泰莉・艾普特，《祕徑：新中年的女性》（*Secret Paths: Women in the New Midlife*〔New York: W. W. Norton, 1995〕）。
11. 這些廣羅的資料來源會在本書各章的附注中引用，但我特別引用的是彼德・馮納吉（Peter Fonagy）、詹姆斯・吉力根（James Gilligan）、羅賓・鄧巴（Robin Dunbar）、布魯斯・胡德（Bruce Hood）與瑪莎・納斯邦的著作。
12. 羅賓・鄧巴，〈社會腦假說〉（The Social Brain Hypothesis），《演化人類學》6（*Evolutionary*

Anthropology 6〔1998〕），no. 5，頁 178。

13. 布魯斯・胡德，《自我的幻覺：為何腦袋內不會有「自己」》（*The Self Illusion: Why There Is No "You" Inside Your Head*〔London: Constable, 2012〕）。

14. 斯威伯特・奧特（S.R. Ott）與史帝芬・羅傑斯（S.M. Rogers），〈群居的沙漠蝗蟲改變的大腦比例明顯大於獨居蝗蟲〉（Gregarious Desert Locusts Have Substantially Larger Brains with Altered Proportions Compared with the Solitary Phase），《英國皇家學會報告》277（*Proceedings of the Royal Society* 277〔2010〕），B，頁 3087– 3096。

15. 每個大腦細胞都擁有樹突（dendrites）或分支（branches），延伸至其他的大腦細胞，在當中打造連結。這些連結稱為突觸（synapses），它們在腦細胞和腦細胞之間傳送電子訊號。當這些突觸以同樣的方式一次又一次受到刺激時，形成的路徑能讓訊號快速又有效率地傳導。這些神經連結根深柢固的模式，有時被稱作大腦中的「硬接線」（hard-wiring）。英文「hardwired」一詞經常被誤用成代表某些路徑是「與生俱來」的，但即使是表面上固定不變的路徑也會學習。簡明的說明可參照：伊蓮・希弗（Elaine Shiver），〈學齡前階段的大腦發展與語言掌握〉（Brain Development and Mastery of Language in the Early Childhood Years），美國跨國文化發展研究協會（Intercultural Development Research Association），http://www.idra.org/resource-center/brain-development-and-mastery-of-language-in-the-early-childhood-years/。

16. 羅賓・鄧巴與蘇珊・舒茲（Susanne Shultz），〈社會腦的演化〉（Evolution in the Social Brain），《科學》317（*Science* 317〔2007〕），no. 5843，頁 1344– 1347。

17. 麥克・馬穆（Michael Marmot），《地位症候群：社會地位如何影響人的健康與壽命》（*The Status Syndrome: How Social Standing Affects Our Health and Longevity*〔New York: Holt, Reinhart, 2005〕）。

第一章　人類評判的起源

1. 「第七感」一詞是由美國精神科醫師丹尼爾・席格（Daniel Siegel）引進大眾心理學領域。可參照：丹尼爾・席格，《第七感：自我蛻變的新科學》（*The New Science of Personal Transformation*〔New York: Bantam, 2010〕）。然而，第七感的實質內容——自我內在的省思過程，以及根據他人的內在世界去理解別人，要參照「心智化」（mentalizing），這項概念的發展人主要是匈牙利籍的心理學家彼德・馮納古（Peter Fonagy），可參照：彼德・馮納吉等人著，《情緒調節、心智化和自我的發展》（*Affect Regulation, Mentalization, and the Development of the Self*〔London: Karnac Books, 2003)〕）。

2. 我們必須視他人為「意圖主體」（intentional agents）。例證可參照：麥可・托瑪塞羅（Michael Tomasello），〈人類的文化適應〉（The Human Adaptation for Culture），《人類學年鑑》28（*Annual Review of Anthropology* 28〔1999〕），頁 509– 529；布魯斯・胡德，《馴化的大腦》（*The Domesticated Brain*〔Gretna, LA: Pelican, 2014〕）。

3. 威廉・詹姆斯，Chapter X：「自我意識」，於《心理學原則》（*The Principles of Psychology*〔New York: Holt, 1890, 291– 401〕）。詹姆斯其實是引用〈我大概無法活到今天〉（I would not be *extant* today）一文。

4. 卡拉・沙茲（Carla Shatz），〈MHC 1 類分子：神經可塑性意想不到的作用〉（MHC Class I: An Unexpected Role in Neuronal Plasticity），《神經元》64（*Neuron* 64〔2009〕），no.1，頁 40– 45。也可參照：安妮塔・亨德瑞克森（Anita Hendrickson），〈視網膜層在胎兒期視網膜中的發展〉（Development of Retinal Layers in Prenatal Human Retina），《美國眼科雜誌》161（*American Journal of Ophthalmology* 161〔2016〕），頁 29– 35。

5. 泰瑞莎・費羅尼（Teresa Ferroni）等人著，〈人類打從出生開始的目光接觸偵測〉（Eye

Contact Detection in Humans from Birth），《美國國家科學院院刊》99（Proceedings of the National Academy of Sciences 99〔2002〕），頁 9602– 9605。

6. 寶寶也會對歌聲有肢體反應：幼兒時唱的歌曲，記憶也會伴隨人一生，並留存了人際連結中豐富深刻的安慰感。可參照：傑恩．斯坦德利（Jayne M. Standley）與克里夫德．麥德森（Clifford K. Madsen），〈嬰兒對聽覺刺激的偏好與反應比較：音樂、母親與其他女性聲音〉（Comparison of Infant Preferences and Responses to Auditory Stimuli: Music, Mother, and Other Female Voice），《音樂治療期刊》27（*Journal of Music Therapy* 27〔1990〕），no. 2，頁 54–97；Eugenia Costa- Giomi,〈嬰兒對歌聲與口語刺激的注意力優先性〉（Infants' Preferential Attention to Sung and Spoken Stimuli），《音樂教育研究期刊》63（*Journal of Research in Music Education* 63〔2014〕），no. 2，頁 188– 194。
7. 丹尼爾．斯特恩（Daniel Stern），《當下片刻》（*The Present Moment*〔New York: W. W. Norton, 2004〕），頁 107。
8. 唐諾．溫尼考特在強調以平凡普通的方式專注投入的母親對孩子發展的重要性時，提出「夠好的母親」（good enough mother）一詞，反擊「完美」母親的觀念。唐諾．溫尼考特，《孩子、家庭與外在世界》（*The Child, the Family and the Outside World*〔London: Penguin, 1964〕），頁 17 與頁 44。後續由精神科醫師艾德．特羅尼克（Ed Tronick）做的研究顯示，孩子的健康發展，可能要在父母能理解嬰兒百分之三十時間的暗示行為。艾德．特羅尼克，《嬰兒與兒童的神經行為與社會情緒發展》（*The Neurobehavioral and Social-Emotional Development of Infants and Children*〔New York: W. W. Norton, 2007〕），頁 20。
9. 希維亞．海恩斯（Sylvia M. J. Hains）與達爾文．繆爾（Darwin W. Muir），〈在嬰兒與成人互動中意外刺激事件的作用〉（Effects of Stimulus Contingency in Infant-Adult Interactions），《嬰兒行為與發展》19（*Infant Behavior and Development* 19〔1996〕），頁 49–61。
10. 艾莉森．高普尼克（Alison Gopnik）、安德魯．梅爾佐夫（Andrew Meltzoff）與派翠西亞．庫爾（Patricia Kuhl），《嬰兒的思考方式：孩童期的科學》（*How Babies Think: the Science of Childhood*〔London: Weidenfeld and Nicolson, 2001〕）。
11. 蘇珊．費斯克（Susan T. Fiske）、艾美．柯帝（Amy J.C. Cuddy）與彼德．格力克（Peter Glick），〈社會認知的整體面：溫情與能力〉（Universal Dimensions of Social Cognition: Warmth and Competence），《認知科學的趨勢》11（*Trends in Cognitive Sciences* 11〔2007〕），頁 77– 83。
12. 艾曼達．伍華德（Amanda L. Woodward），〈嬰兒選擇性解譯一個行動可及範圍的目標〉（Infants Selectively Encode the Goal Object of an Actor's Reach），《認知》69（*Cognition* 69〔1998〕），頁 1– 34。
13. 克里斯帝安．凱瑟爾斯（Christian Keysers），《同理心的大腦》（*The Empathic Brain*〔Los Gatos, CA: Smash-words, 2011〕）。
14. 克里斯帝安．凱瑟爾斯，《同理心的大腦》。
15. 有些人的第七感就像擁有視覺一樣，會比其他人好。而有些人是心盲，無法透過表情、聲音或肢體動作的方式很自然或輕易掌握含義與意圖。亞斯伯格症以這種狀態著稱。
16. 查爾斯．達爾文，第 13 章「自我注意力－羞愧－羞怯－謙遜：臉紅」，於《人類和動物的表情》（*The Expression of the Emotions in Man and Animals*〔London: John Murray, 1872〕），頁 325。然而，心理學家達契爾．克特納（Dacher Keltner）見到其他靈長類動物也透過有人性的臉紅，表露出這種尷尬的根據。在打架之後，牠們可能會透過轉移視線、低頭、彎腰駝背或內縮顯得身形變小等等，露出尷尬；克特納主張，這展現出遵從其他同類的認可。可參照：達契爾．克特納，《人性本善》（*Born to be Good*〔New York: W. W. Norton, 2009〕），頁 76– 97。

17. 查爾斯．達爾文，《人類和動物的表情》。
18. 達契爾．克特納，《人性本善》。
19. 這種發自內心的微笑的指標是「杜鄉的微笑」（Duchenne smile），由保羅．艾克曼（Paul Ekman）辨別出。可參照：保羅．艾克曼，《表情透露的真相》（*What the Face Reveals*〔New York: Oxford University Press, 1998〕）。
20. 布魯斯．胡德，《馴化的大腦》，頁 272。
21. 例外狀況是，孩子已經放棄別人會注意他的希望。可參照：約翰．鮑比（John Bowlby），《依附與失落》1（*Attachment and Loss* 1〔New York: Basic Books, 1983〕），第二版。
22. 哲爾吉．吉爾葛利（György Gergely）、凱塔琳．艾傑德（Katalin Egyed）與伊迪高．基拉伊（Ildikó Király），〈教育學〉（On Pedagogy），《發展科學》10（*Developmental Science* 10〔2007〕），頁 139– 146。
23. 布魯斯．胡德、道格．威廉（Doug Willen）和喬恩．德賴弗（Jon Driver），〈嬰兒期時眼睛的方向偵測觸發視覺注意力轉移〉（An Eye's Direction Detector Triggers Shifts of Visual Attention in Human Infants），《心理科學》9（*Psychological Science* 9〔1998〕），頁 53– 56。
24. 約翰．弗拉維爾（John H. Flavell）、蘇珊．席普斯塔德（Susan G. Shipstead）與凱倫．克羅夫特（Karen Croft），〈幼兒閉上眼睛時的想像〉（What Young Children Think You See When Their Eyes Are Closed），《認知》8（1980），頁 369– 387。
25. 詹姆斯．羅素（James Russell）、布里奧妮．吉（Brioney Gee）與克里斯蒂娜．巴拉德（Christina Bullard），〈為什麼幼兒以閉眼方式躲起來？自我能見性與自我的發展概念〉（Why Do Young Children Hide by Closing Their Eyes? Self-Visibility and the Developing Concept of the Self），《認知與發展期刊》13（*Journal of Cognition and Development* 13〔2012〕），no. 4，頁 550– 576。其他研究更全面的顯示，兒童（至少）到四歲為止都認為，看見或知道某人在場完全取決於能夠看見雙向「交流」的溝通。可參照：亨里克．摩爾（Henrike Moll）與艾莉．克魯里恩（Allie Khalulyan），〈不看、不聽、不說：少了互動之下，學齡前兒童認為他們無法察覺或應付別人〉（'Not See, Not Hear, Not Speak': Preschoolers Think They Cannot Perceive or Address Others Without Reciprocity），《認知與發展期刊》18（2017），no. 1，頁 152– 162。
26. 麥克．馮格呂瑙（Michael von Grünau）與克里斯蒂娜．安斯頓（Christina Anston），〈注視方向的察覺：人群中的凝視效應〉（The Detection of Gaze Direction: A Stare-in-the-Crowd Effect），《認知》24（*Perception* 24〔1995〕），頁 1296– 1313。
27. 雷金納德．亞當（Reginald Adam）等人著，〈凝視效應和杏仁核對憤怒與恐懼臉孔的敏感度〉（Effects of Gaze on Amygdala Sensitivity to Anger and Fear Faces），《科學》300（*Science* 300〔2003〕），頁 1536。
28. 視覺並非彼此交換關注的唯一方式。天生失明的兒童會透過碰觸發展他們對自己或他人心理的感知，包括：肌膚接觸，甚至是和一個人握手的方式，會帶來彼此存在、識別與應答的立即管道。但對大部分兒童而言，看見彼此是代表一個人存在或缺席的首要條件。
29. 安東尼．迪卡斯帕（Anthony DeCasper）與威廉．菲勒（William Fifer），〈感情紐帶：新生兒偏愛母親的聲音〉（Of Human Bonding: New-borns Prefer their Mothers' Voices），《科學》208（1980），no. 4448，頁 1174– 1176。可參照：約翰．高特曼與茱莉．史瓦茲．高特曼（Julie Schwartz Gottman），《三人更美滿》（*And Baby Makes Three*〔New York: Crown, 2007〕），頁 31。
30. 過去通常會假定，被剝奪一項感官輸入的人，會學習從自己健全的感官去多留意線索。舉例來說，失明的人會比較留心聽覺訊號；至於失聰的人對視覺和觸覺會比較敏銳。然而，如今會認為代償作用的機制更加顯著：大腦會根據現有的經驗做改變，而且其實是以強化其他感官的方式，對自身進行重組。這種適應作用稱為「跨感官可塑性」（cross-modal plasticity），這種神經可塑性經常出現在腦傷後。可參照：克莉絲汀．凱恩斯（Cristina Kairns）、馬克．道（Mark Dow）與海倫．納維爾（Helen Neville），〈先天失聰成人在主要聽覺皮質區上改變的跨感官處理：視覺體覺的功能性磁振造影研究與雙閃爍錯覺〉（Altered Cross-Modal Processing in the Primary Auditory Cortex of Congenitally Deaf Adults: A Visual-Somatosensory fMRI Study with the Double-Flash Illusion），《神經科學期刊》32（*Journal of Neuroscience* 32〔2012〕），no. 28，頁 9626– 9638。

31. 菲利普．李柏曼（Philip Lieberman，《夏娃說話：人類的語言與人類的演化》（*Eve Spoke: Human Language and Human Evolution*〔New York: W. W. Norton, 1998〕）。
32. 在動物溝通上，過去三十年來已經有長足的進步。識別其他動物聲音中的含義，格外困難，但舉海豚的例子來說，牠們顯然就明白人類語言中的某些元素，並擁有自身的複雜語言，這種語言包含聽覺與視覺訊息。可參照：約翰．雷德（John Stuart Reid）與傑克．凱西維茲（Jack Kassewitz），《與海豚對話》（*Conversations with Dolphins*〔Los Angeles, CA: Story Merchant Books, 2013〕）。也可參照：哈爾．霍德森（Hal Hodson），〈海豚解碼：電腦即時解譯海豚哨音〉（Decoding Dolphins: Dolphin Whistle Translated Instantly by Computer），《新科學人》（*New Scientist*），March 29, 2014,http://www.newscientist.com/article/mg22129624.300-dolphin-whistle-instantly-translated-by-computer.html#.V VR6MNjbKcM。
33. 艾莉絲．葛拉翰、菲利普．費雪與珍妮佛．菲佛，〈嬰兒睡覺時會聽見什麼：父母衝突與嬰兒情緒處理的功能性磁振造影研究〉（What Sleeping Babies Hear: a Functional MRI Study of Interparental Conflict and Infants' Emotion Processing），《心理科學》24（*Psychological Science* 24〔2013〕），頁 782– 789。
34. 然而，嬰兒會以不同方式處理情緒語調。在家裡持續接觸到更多爭執的嬰兒，對憤怒顯露的警覺心，會大於鮮少體驗到憤怒聲音的嬰兒。可參照：艾莉絲．葛拉翰、菲利普．費雪與珍妮佛．菲佛，〈嬰兒睡覺時會聽見什麼〉，頁 779-782。
35. 勞倫斯．柯爾伯格（Lawrence Kohlberg），《道德發展論文集．第二輯．道德發展的心理：道德階段的本質與正確性》（*Essays on Moral Development, vol. 2, The Psychology of Moral Development: The Nature and Validity of Moral Stages*〔New York: Harper & Row, 1984〕）。
36. 理察．阿皮格納內西（Richard Appignanesi）等人著，《梅蘭妮．克萊恩》（*Introducing Melanie Klein*〔Cambridge: Cambridge University Press, 2006〕），頁 173。
37. 妮哈．馬哈真與凱倫．韋恩，〈「我們」與「他們」的起源：前語言期的嬰兒偏好同類型的人〉（Origins of 'Us' versus 'Them': Prelinguistic Infants Prefer Similar Others），《認知》124（2012），頁 227– 33。
38. 布魯斯．胡德，《馴化的大腦》，頁 54– 55。
39. 馬切伊．裘德克（Maciej Chudek）等人著，〈文化－基因協同進化論與兒童的選擇性社會性學習〉（Culture-Gene Coevolutionary Theory and Children's Selective Social Learning，《駕馭社會世界：嬰兒、孩童與其他動物帶來的啟發》（*Navigating the Social World: What Infants, Children and Other Species Can Teach Us*〔New York: Oxford University Press, 2012〕），頁 181– 185。
40. 凱莉．哈姆林（Kiley Hamlin）、保羅．伯倫（Paul Bloom）與凱倫．韋恩，〈嬰兒進行的社會評估〉（Social Evaluation by Preverbal Infants），《自然》450（*Nature* 450〔2007〕），頁 557– 559。
41. 布魯斯．胡德，《馴化的大腦》，頁 55。
42. 麥可．托瑪塞羅（Michael Tomasello），《人類道德的自然史》（*A Natural History of Human*

Morality〔Cambridge, MA: Harvard University Press, 2016〕）。

43. 延斯・謝爾德高－克里斯蒂安森（Jens Kjeldgaard-Christiansen），〈邪惡的源頭：流行文化反派角色的達爾文系譜〉（Evil Origins: A Darwinian Genealogy of the Popcultural Villain），《演化行為科學》10（*Evolutionary Behavioral Sciences* 10〔2016〕），no. 2，頁 109– 122。
44. 理查・戴維森與夏倫・貝格利，《情緒大腦的祕密檔案：從探索情緒形態到實踐正念冥想》（*New York: Plume*, 2012），頁 35。
45. 理查・戴維森與夏倫・貝格利，《情緒大腦的祕密檔案：從探索情緒形態到實踐正念冥想》，頁 40。
46. 區分道德信念和個人偏好的著作相當多，包括：阿弗雷德・艾耶爾（Alfred J. Ayer），《語言、真相與邏輯》（*Language, Truth and Logic*〔London: Gollancz, 1936〕）；理察・黑爾（Richard Mervyn Hare），《道德思考：思考層次、方法與重點》（*Moral Thinking: Its Levels, Method, and Point*〔Oxford: Clarendon Press, 1981〕）；大衛・修謨（David Hume），《自然宗教對話錄》（*Dialogues Concerning Natural Religion*〔New York: Bobbs- Merrill, 1947〕）；康德（Immanuel Kant），《實踐理性批判》（*Critique of Practical Reason*〔Cambridge: Cambridge University Press, 1997〕）；康德，《純粹理性批判》（*Critique of Pure Reason*〔Cambridge: Cambridge University Press, 1998〕）；康德，《道德形上學探本》（*Groundwork of the Metaphysics of Morals*〔Cambridge: Cambridge University Press, 1998〕）；喬治・愛德華・摩爾（G.E. Moore），《倫理學原理》（*Principia Ethica*〔Cambridge: Cambridge University Press, 1903〕）；約翰・羅爾斯（John Rawls），《正義論》（*A Theory of Justice*〔Cambridge, MA: Harvard University Press, 1971〕）。
47. 例證可參照：〈二〇一三年世界級思想家〉（World Thinkers 2013），《展望雜誌》（*Prospect Magazine*），April 24, 2013，https://www.prospectmagazine.co.uk/magazine/world-thinkers-2013。
48. 強納森・海德特（Jonathan Haidt）提出道德評判的社會直覺模型，道德評判在當中是根據自動處理的直覺，並非基於有意識的推理。可參照：強納森・海德特，《好人總是自以為是：政治與宗教如何將我們四分五裂》（*The Righteous Mind: Why Good People Are Divided by Politics and Religion*〔New York: Vintage, 2013〕）。
49. 強納森・海德特，〈感性的狗和牠理性的尾巴：道德評判的社會直覺方式〉（The Emotional Dog and Its Rational Tail: A Social Intuitionist Approach to Moral Judgment），《心理學評論》108（*Psychological Review* 108〔2001〕），no. 4，頁 814– 834。
50. 查爾斯・洛德（Charles Lord）、李・羅斯（Lee Ross）與馬克・萊珀（Mark Lepper），〈偏見同化和態度極化：後續認定證明的先驗論效應〉（Biased Assimilation and Attitude Polarization: The Effects of Prior Theories on Subsequently Considered Evidence），《性格與社會心理學期刊》37（*Journal of Personality and Social Psychology* 37〔1979〕），no. 11，頁 2098– 2109。
51. 必須注意的是，強納森・海德特仍然認為詳細審視評判是值得的。他也認為，理解他人的評判模式可以讓人更有包容力。實例可參照：強納森・海德特，《好人總是自以為是》。
52. 強納森・海德特相當支持透過多元性與角色取替（perspective taking）省思與修正評判的方式，他其實已經變成是這種做法的積極行動者了。可參照他的網站：HeterodoxAcademy.org。
53. 保羅・史洛維奇（Paul Slovic）、梅麗莎・芬紐肯（Melissa Finucane）、艾倫・彼得斯（Ellen Peters）與唐納・麥葛瑞格（Donald MacGregor），〈情感啟發式〉（The Affect Heuristic），《歐洲運籌學期刊》177（*European Journal of Operational Research* 177〔2007〕），頁 1333– 1352。
54. 神經科學家安東尼歐・達馬西歐（Antonio Damasio）成功推翻的長久迷思就是：情緒與理

智是分開的機制。以往都認為思考的過程只會根據理智和邏輯，而他已證明情緒的評估、與這些評估關聯的趨避傾向，也在思考過程中扮演很關鍵的角色。可參照：安東尼歐·達馬西歐，《笛卡兒的錯誤：情緒、理智與人類大腦》（*Descartes' Error: Emotion, Reason and the Human Brain*〔New York: HarperCollins, 1995〕）。達馬西歐提出證明顯示，一個人可以在推理上特別出色，但缺少情緒增添有意義、可評價的銜接連結他的世界，他就會動彈不得。少了這些評估性的情緒，人就無法與他人進行有意義的互動；對於該做哪些事與行動的方式，也無法做出決定，因為沒有價值觀和優先考量的事。

55. 針對與情緒智商相關的有力論據，可參照：瑪莎·納斯邦，《思考的劇變：情緒的智能》（*Cambridge: Cambridge University Press*, 2004）。

56. 讓情緒主導評判的社會直覺模型，並不會排除透過理性提升評判的可能性。事實上，強納森·海德特的主張強力支持，利用理性去理解自己與他人的評判，並用理性去調整這些評判。實例可參照：強納森·海德特，《好人總是自以為是》。

第二章　讚美背後的心理、自尊與社交作用

1. 克莉斯汀·埃爾斯沃斯（Christine P. Ellsworth）、達爾文·穆爾（Darwin W. Muir）與西維亞·海恩斯（Sylvia M. Hains），〈社交能力與人物－對象的差異〉（Social Competence and Person-Object Differentiation），《發展心理學》29（*Developmental Psychology* 29〔1993〕），頁63–73。

2. 亞當·古斯特拉（Adam J. Guastella）等人著，〈催產素會影響嬰幼兒對生氣與高興臉色的探測嗎？〉（Does Oxytocin Influence the Early Detection of Angry and Happy Faces?），《心理神經內泌學》34（*Psychoneuroendocrinology* 34〔2009〕），頁 220–225。

3. 馬庫斯·海因瑞克斯（Markus Heinrichs）等人著，〈催產素對人類記憶造成的選擇性健忘效應〉（Selective Amnesic Effects of Oxytocin on Human Memory），《心理與行為》83（*Physiology and Behavior* 83〔2004〕），頁 31–38。

4. 坦妮亞·辛格（Tania Singer）等人著，〈催產素與親社會行為對於大腦反應直接與間接感受疼痛產生的效應〉（Effects of Oxytocin and Prosocial Behavior on Brain Responses to Direct and Vicariously Experienced Pain），《情緒》8（*Emotion* 8〔2008〕），頁 781–791。

5. 馬庫斯·海因瑞克斯、伯爾納德·馮達萬斯（Bernadette von Dawans）與葛瑞格·多姆斯（Gregor Domes），〈催產素、血管升壓素與人類的社會行為〉（Oxytocin, Vasopressin and Human Social Behaviour），《內分泌學前線》30（*Frontiers in Endocrinology* 30〔2009〕），no. 4，頁 548–577。

6. 麥克·科斯費爾德（Michael Kosfeld）等人著，〈催產素增加人類的信任感〉（Oxytocin Increases Trust in Humans），《自然》435（2005），no. 7042，頁 673–676。

7. 貝蒂·哈特（Betty Hart）與陶德·雷斯理（Todd R. Risley），《美國兒童日常體驗與影響深遠的差異》（*Meaningful Differences in the Everyday Experience of Young American Children*〔London: Brookes Publishing, 1995〕）。也可參照：珍妮佛·亨德隆（Jennifer Henderlong）與馬克·雷波（Mark R. Lepper），〈讚美對兒童內在動機的效應：回顧與綜整〉（The Effects of Praise on Children's Intrinsic Motivation: A Review and Synthesis），《心理學公報》128（*Psychological Bulletin* 128〔2002〕），no. 5，頁 774–795。

8. 蘇珊·哈伯（Suzanne N. Haber），〈靈長類動物的基底核：平行與一體化的網絡〉（The Primate Basal Ganglia: Parallel and Integrative Networks），《化學神經解剖學期刊》26（*Journal of Chemical Neuroanatomy* 26〔2003〕），no. 4，頁 317–330。

9. 約翰·朗德斯托姆（Johan N. Lundström）等人著，〈母體的狀態控制對新生兒身體氣味的皮層反應〉（Maternal Status Regulates Cortical Responses to the Body Odor of Newborns），《心

理學前線》5（*Frontiers in Psychology* 5〔2003〕），http://dx.doi.org/10.3389/fpsyg.2013.00597。

10. 賈科莫・里佐拉蒂（Giacomo Rizzolatti）與萊拉・克雷希羅（Laila Craighero），〈鏡像神經元系統〉（The Mirror-Neuron System），《神經科學年刊》27（*Annual Review of Neuroscience* 27〔2004〕），頁 169– 192。
11. 安德魯・梅爾佐夫，〈天生就會學：嬰兒從觀看人中學到什麼〉（Born to Learn: What Infants Learn From Watching Us），《早期經濟在發展中的作用》（*The Role of Early Experience in Development*〔Skillman, NJ: Pediatric Institute Publications, 1999〕），頁 1–10。梅爾佐夫剛開始在一九七〇年代出版的著作，針對嬰兒多早就與他人交流的理解上，改變了以往的認知。在過去，知名的發展心理學家尚・皮亞傑（Jean Piaget）認為，嬰兒在九個月之前還不會開始模仿人。不過，也有人挑戰梅爾佐夫的經典研究發現，可參照：吉尼・伍斯丹布洛克（Janine Oostenbroek）等人著，〈綜合縱向研究挑戰人類新生兒模仿的存在〉（Comprehensive Longitudinal Study Challenges the Existence of Neonatal Imitation in Humans），《當代生物學》26（*Current Biology* 26〔2016〕），no. 10，頁 1334– 1338。
12. 安德魯・梅爾佐夫與M・凱斯・摩爾（M. Keith Moore），〈解說表情模仿：理論模型〉（Explaining Facial Imitation: A Theoretical Model），《早期兒童發展與教養》6（*Early Development and Parenting* 6〔1997〕），no. 34，頁 179– 192.
13. 塔尼爾・查特蘭（Tanya L. Chartrand）與約翰・巴夫（John A. Bargh），〈變色龍效應：感知與行為鏈結與社會互動〉（The Chameleon Effect: The Perception-Behavior Link and Social Interaction），《性格與社會心理學期刊》76（1999），頁 893– 910。
14. 潔西卡・拉金（Jessica L. Lakin）與塔尼爾・查特蘭，〈利用潛意識的行為模仿建立聯盟和融洽關係〉（Using Nonconscious Behavioral Mimicry to Create Affiliation and Rapport），《心理科學》14（2003），頁 334– 339。
15. 海姆・吉諾特（Haim Ginott），《親子之間》（*Between Parent and Child*〔New York: Macmillan, 1965〕），頁 39。
16. 約翰・巴斯孔塞略斯（John Vasconcellos），《自尊的社會重要性》（*The Social Importance of Self Esteem*〔Berkeley: University of California Press, 1989〕），前言，頁 xi– xxi。
17. 羅伯・羅森塔爾（Robert Rosenthal）與雷諾・雅格布森（Lenore Jacobson），《教室裡的畢馬龍：教師期望與學生智力發展》（*Pygmalion in the Classroom: Teachers' Expectations and Pupils' Intellectual Development*〔New York: Rineholt and Winston, 1968〕）。
18. 這項假設的另一個源頭，就是所謂的「霍桑效應」（Hawthorne effect）：當告知芝加哥西方電器公司（Western Electric Company）霍桑工廠的員工要觀察他們，查看不同的照明是否會讓他們工作更有效率的時候，結果，他們的生產力提升了。在一個案例中，舊燈泡完全用原來的燈泡替換，但工作速度加快了。這項研究的目的是要證實，工作表現和員工抱持的信念相關，而不是在工作環境上的實際改變。不過，這項研究的內容並未發表紀錄，如今也已經流失。可參照：愛德溫・蓋爾（Edwin Gale），〈霍桑研究：當代的寓言？〉（The Hawthorne Studies—A Fable For Our Times?），（QJM：國際醫療期刊）97《*QJM: An International Journal of Medicine*》97（2004），no. 7，頁 4393–4449，http://dx.doi.org/10.1093/qjmed/hch070。
19. 這個過程的最佳說明，可參照：朱瑟琳・喬塞爾森，《畢馬龍效應》（*Playing Pygmalion: How People Create One Another*〔Lanham, MD: Jason Aronson, Inc., 2007〕）。
20. 羅伊・鮑梅斯特、戴博拉・赫頓（Debra G. Hutton）與肯尼士・凱恩斯（Kenneth J. Cairns），〈讚美對技能表現的負面效應〉（Negative Effects of Praise on Skilled Performance），《基礎和應用社會心理學》11（*Basic and Applied Social Psychology* 11〔2010〕），頁 131– 148。

21. 出處同上。
22. 出處同上。
23. 泰莉・艾普特，《自信的孩子》（*New York: W. W. Norton*, 1998）。
24. 瑪麗・巴德・羅威（Mary Budd Rowe），〈等待時間與獎賞對語言、邏輯和命運控制發展的關係：第二部——獎賞〉（Relation of Wait-Time and Rewards to the Development of Language, Logic, and Fate Control: Part II Rewards），《科學教學研究期刊》11（*Journal of Research in Science Teaching* 11〔1974〕），頁 291– 308。
25. 艾菲・柯恩（Alfie Kohn），《因獎賞而受到處罰：給星星、激勵計畫、給高分、讚美與其他賄賂帶來的麻煩》（*Punished by Rewards: The Trouble with Gold Stars, Incentive Plans, A's, Praise, and Other Bribes*〔New York: Houghton Mifflin, 1993〕）。
26. 卡蘿・德威克（Carol S. Dweck），〈動機過程影響學習〉（Motivational Processes Affecting Learning），《美國心理學家》41（*American Psychologist* 41〔1986〕），no. 10，頁 1040–1048。
27. 卡蘿・德威克、趙志裕（Chi-yue Chiu）與康螢儀（Ying-yi Hong），〈內隱理論及其在評判和反應中的作用：兩個視角的世界〉（Implicit Theories and Their Role in Judgments and Reactions: A World from Two Perspectives），《心理學探究》6（*Psychological Inquiry* 6〔1995〕），no. 4，頁 267– 285。
28. 可參照：泰莉・艾普特，《自信的孩子》；以及威廉・戴蒙（William Damon），《更高的期望：克服美國家庭和學校的寵溺文化》（*Greater Expectations: Overcoming the Culture of Indulgence in America's Home and Schools*〔New York: Free Press, 1995〕）。
29. J・派特森（J. Patterson）等人著，〈透過家長培訓計畫提升心理健康〉（Improving Mental Health Through Parent Training Programmes），《兒童疾病檔案》87（*Archives of Disease in Childhood* 87〔2002〕），頁 472– 477。
30. 泰莉・艾普特，《自信的孩子》。
31. 後續的研究已證實「太誇張的讚美」（inflated praise）的無效性。可參照：艾迪・布魯默爾曼（Eddie Brummelman）、珍妮佛・克魯克爾（Jennifer Crocker）與布拉德・布希曼（Brad Bushman），〈讚美的詩論：何時與為何讚美低自尊的孩子會適得其反〉（The Praise Paradox: When and Why Praise Backfires in Children with Low Self-Esteem），《兒童發展觀點》10（*Child Developmental Perspectives* 10〔2016〕），no. 2，頁 111– 115。
32. 孩子喜歡有針對性的讚美（例如：好棒！我喜歡你按形狀排列的做法！），更勝於籠統讚美（例如：好棒！）。籠統讚美對孩子的表現所造成的影響，遠小於描述性表揚（descriptive praise）；有些研究顯示，籠統讚美的效果和不讚美的效果一樣。可參照：羅伯・席爾（Robert Ryan Scheer），〈籠統與描述性表揚對卡片分類作業的相對效應〉（The Relative Effects of General Versus Descriptive Praise On a Card sorting Task〔PhD diss, University of Maryland, 1976〕）。
33. 這段對談是我的新研究專案（尚未發表）的一部分；研究裡的中年女性曾參與一九九〇年的母親與青少女研究，當時她們還是青少女。這項新專案會觀察她們養育青少年的經驗。可參照：泰莉・艾普特，《你真的不了解我》；以及泰莉・艾普特，《改變的愛：青春期的母女》（*Altered Loves: Mothers and Daughters During Adolescence*〔New York: Ballantine, 1990〕）。
34. 泰莉・艾普特，《你真的不了解我》。
35. 這段對談是新研究專案（但尚未發表）中的一部分；研究裡的中年女性曾參與一九九〇年的母親與青少女研究，當時她們還是青少女。這項新專案會觀察她們養育青少年的經驗。可參照：泰莉・艾普特，《你真的不了解我》、泰莉・艾普特，《改變的愛》。
36. 這項研究由萊弗爾梅信託基金（Leverhulme Trust）贊助。

37. 這是我在一九八八年柏克萊舉辦的研討會中，聽到美國社會學家亞莉·霍希爾德（Arlie Russell Hochschild）打的比方，當時她分享了正在研究夫妻在家分工的心得。她的觀察研究記載於她的著作中：《第二輪班：那些性別革命尚未完成的事》（*The Second Shift: Working Parents and the Revolution at Home*〔New York: Viking Penguin, 1989〕）。
38. 傑佛瑞·布瑞南（Geoffrey Brennan）與菲利普·佩迪特（Philip Pettit），〈隱性的自尊經濟〉（The Hidden Economy of Esteem），《經濟與哲學》16（*Economics and Philosophy* 16〔2000〕），頁 33– 98。布瑞南與佩迪特也考量到，案例中有些人的行為方式比較可能得到責備，而不是讚美。他們主張，如果有人的行為「看來好像」不合理（這種情況下代表，採取的行事方式可能會導致惹人厭），那我們就忽略某些事了。一名魯莽開車的青少年，似乎正在冒著惹人討厭的風險；他或她可能會被攔阻、開罰單，或者吊銷駕照。這就代表從經濟學家的角度來看，青少年的行為是不理性的嗎？也表示，他或她是採取了不可能達到自身想望目標的方法在行事嗎？如果探索這名青少年的動機，顯然就會看到他或她感興趣的尊嚴，是車上朋友的尊重；他想讓朋友對他的氣概印象深刻；他想當一個為朋友帶來緊張刺激的人，他也覺得那是朋友渴望的緊張刺激。他的行為或許愚蠢，但就經濟學家的角度來看，它並非不理性。
39. 傑佛瑞·布瑞南與菲利普·佩迪特，〈隱性的自尊經濟〉，頁 33– 98。
40. 「評判量尺」是我提出的用詞；布瑞南與佩迪特的說法是「互相監督」（mutual invigilation），在當中為了讚美對方，我們會留意他人。
41. 傑佛瑞·布瑞南與菲利普·佩迪特，〈隱性的自尊經濟〉，頁 79。
42. 出處同上，頁 33–98。
43. 最新的研究顯示，人在處理獲得金錢的喜悅、贏得尊嚴或社會地位的喜悅方面，其實是在同一個大腦部位運作的（也就是，紋狀體〔striatum〕）。卡蘿琳·辛克（Caroline F. Zink）等人著，〈了解你的位置：人類社會階層的神經系統處理〉（Know Your Place: Neural Processing of Social Hierarchy in Humans），《神經元》58（2008），no. 2，頁 273– 283。在這項研究中的一名神經科學家說：「不同類型的酬賞，由相同的貨幣制度編碼。」引用自：尼基爾·史瓦米納尚（Nikhil Swaminathan），〈對大腦來說，有錢很好，有地位更好〉（For the Brain, Cash is Good, Status Is Better），《科學人》（*Scientific American*〔2008〕），April 24, https://www.scientificamerican.com/article/for-the-brain-status-is- better/。
44. 「我們可能光是在彼此身邊，並相互記錄對方行為的特色，就是獎賞與懲罰彼此了。而且，對這種獎賞與懲罰的期待，或許會導致我們各自調整自身的行為應對。」傑佛瑞·布瑞南與菲利普·佩迪特，〈隱性的自尊經濟〉，頁 79。
45. 歐拉·斯文森（Ola Svenson），〈比起其他人，我開車的風險較低、技術較好嗎？〉（Are We All Less Risky and More Skilled Than Our Fellow Drivers?），《心理學報》47（*Acta Psychologica* 47〔1981〕），no. 2，頁 143– 148。
46. 寇德麗雅·范恩（Cordelia Fine），《住在大腦裡的八個騙子》（*A Mind of Its Own: How Your Brain Distorts and Deceives*〔New York: W. W. Norton, 2008〕），頁 7。
47. K·派翠西亞·克羅斯（K. Patricia Cross），〈大學老師不是可能，而是一定會改善嗎？〉（Not Can, but Will College Teachers Be Improved?），《高等教育的新方向》17（*New Directions for Higher Education* 17〔1977〕），頁 1– 15。
48. 艾茲拉·祖克曼（Ezra W. Zuckerman）與約翰·喬斯特（John T. Jost），〈你為什麼覺得自己受歡迎？「矛盾友誼」的自我評價維護與主觀面〉（What Makes You Think You're So Popular? Self Evaluation Maintenance and the Subjective Side of the 'Friendship Paradox'），《社會心理學季刊》64（*Social Psychology Quarterly* 64〔2001〕），no. 3，頁 207– 223。也可參照：〈它是學術〉（It's Academic），《史丹佛商學研究所通訊員》（*Stanford GSB Reporter*〔2000〕），

April 24，頁 14–15。
49. 馬克・艾立克（Mark Alicke）和奧蕾絲雅・戈沃倫（Olesya Govorun），〈高人一等效應〉（The Better-Than-Average-Effect），《社會評判的自我》（*The Self in Social Judgment*〔Hove, UK: Psychology Press, 2005〕），自我與身分的研究（Studies in Self and Identity），頁 85–106。
50. 蓋瑞森・凱勒（Garrison Keillor），《烏比岡湖日子》（*Lake Wobegon Days*〔New York: The Viking Press, 1985〕）。
51. 維拉・胡倫斯（Vera Hoorens），〈社會比較中的自我提升和優勢偏誤〉（Self Enhancement and Superiority Biases in Social Comparisons），《歐洲社會心理學評論》4（*European Review of Social Psychology* 4〔1993〕），no. 1，頁 113– 139。
52. 無論是開車、考試或記憶名字等任務，表現最差的人很可能會高估自己的能力；相對的，在這些任務中表現優良的人，或許會低估自己的能力。根本的原因似乎是，非常善於看出自己犯錯的人，還會高估別人的表現；至於表現不佳的人，也看不出自己無法成功之處。這有時又稱為「無能的雙重詛咒」（the double-curse of incompetence）。可參照：喬伊斯・艾林格（Joyce Ehrlinger）等人著，〈為什麼技術差的人沒察覺：在無能者中進一步探索（缺乏）自我洞察力〉（Why the Unskilled Are Unaware: Further Explorations of (Absent) Self-Insight Among the Incompetent），《組織行為與人類決策過程》105（*Organizational Behavior and Human Decision Process* 105〔2008〕），no. 1，頁 98– 121。也可參照：賈斯汀・克魯格（Justin Kruger）與大衛・達寧（David Dunning），〈技術差又沒察覺：對自我無能力的認知困難如何導致浮誇的自我評估〉（Unskilled and Unaware of It: How Difficulties in Recognizing One's Own Incompetence Lead to Inflated Self-Assessments），《性格與社會心理學期刊》77（1999），頁 1121–1134。此處的主張認為，表現不佳的人會提出不精確的百分率評估，主因是他對自身表現的誤解；至於一流的執行者提出不精確的評估，是因為他們對別人的表現有誤解。
53. W・基斯・坎貝爾（W. Keith Campbell）與康斯坦丁・賽迪姬蒂絲（Constantine Sedikides），〈自我威脅放大自利偏誤：統合分析的整合〉（Self-Threat Magnifies the Self-Serving Bias: A Meta-Analytic Integration），《普通心理學評論》3（*Review of General Psychology* 3〔1999〕），no. 1，頁 23– 43。
54. 詹姆斯・拉森（James R. Larson），〈因果歸因中自利偏誤的證據〉（Evidence For a Self-Serving Bias in the Attribution of Causality），《性格期刊》45（*Journal of Personality* 45〔1977〕），頁 430– 441。
55. 艾蜜莉・普羅尼（Emily Pronin）、丹尼爾・林（Daniel Y. Lin）與李・羅斯（Lee Ross），〈偏見的盲點：對自我與他人的偏見認知〉（The Bias Blind Spot: Perceptions of Bias in Self Versus Others），《性格與社會心理學通報》28（*Personality and Social Psychology Bulletin* 28〔2002〕），no. 3，頁 369– 381。
56. 這是引用以下著作中的例子：泰莉・艾普特，《祕徑：新中年的女性》（*New York: W. W. Norton*, 1995），頁 287–290。
57. 寇德麗雅・范恩，《住在大腦裡的八個騙子》，頁 9。
58. 亞當・史密斯（Adam Smith）比較著名之處，是他認為理性的自利（rational self-interest）與競爭會帶來昌榮與穩定的經濟。他也是嚴謹的道德哲學家，在生命的最後幾年都在撰寫與重寫一本名為《道德情操論》（*The Theory of Moral Sentiments*）的著作，他在書中試圖要讓道德信念、良心、同理心和利他符合理性的自利；理性的自利是他以前認為最強大的社會與經濟勢力。
59. 亞當・史密斯，〈道德情操論〉，《史密斯全集》1（*Glasgow Edition of the Works and Correspondence of Adam Smith* 1〔Oxford: Oxford University Press, 1982〕）。

60. 海姆・吉諾特，《親子之間》，頁 39。
61. 朱瑟琳・喬塞爾森，《你我之間：探索人際關係的維度》（*The Space Between Us: Exploring the Dimensions of Human Relationships*〔San Francisco: Jossey-Bass, 1992〕）。

第三章　責備：內疚感與羞愧感的必要性與破壞性

1. 瓊・坦尼（June P. Tangney）、D・馬謝克（D. Mashek）與傑佛瑞・史度維格（Jeffrey Stuewig），〈羞愧、內疚和尷尬：真實的情感願意挺身而起嗎？〉（Shame, Guilt, and Embarrassment: Will the Real Emotion Please Stand Up?），《心理學探究》16（2005）no. 1，頁 44– 48。
2. 艾瑞克・陶德斯（E. R. Dodds），《希臘人與非理性》（*The Greeks and the Irrational*〔Berkeley: University of California Press, 1951〕），針對做壞事的私人感覺引發的內疚，以及一個人不可取行為遭公開暴露所生起的羞愧，做了區分；但最近的研究顯示，羞愧與內疚都會帶來「人在社會與道德接受度方面，立即與顯著的反饋」，而且沒有實證支持這種「私人與公開」之間的區別。單獨的羞愧與單獨的內疚是一樣常見的。瓊・坦尼，〈羞恥與內疚研究的近期實證研究進展〉（Recent Empirical Advances in the Study of Shame and Guilt），《美國行為科學》38（*American Behavioral Science* 38〔1995〕），頁 1132– 1145。
3. 在所謂「責備與可責性」（blameworthiness）領域備受爭議的問題中，道德與法律的哲學家針對「何時責備才適當」辯論，但普遍認同，責備某些人是合理的，包括自由行動的人、清楚自己作為的人，以及了解誰可以採取不同做法的人。例證可參照：伯納德・威廉士（Bernard Williams），《道德：倫理學導論》（*Morality: An Introduction to Ethics*〔Cambridge: Cambridge University Press, 1972〕）；以及伯納德・威廉士，《羞恥與必然性》（*Shame and Necessity*〔Berkeley: University of California Press, 1993〕）。
4. 這項討論的例證可見於：強納森・海德特，〈道德〉（Morality），《社會科學的觀點》3（*Perspectives on Social Science* 3〔2008〕），頁 65– 72；以及丹尼斯・克萊布斯（Dennis L. Krebs），〈道德：一個進化的說明〉（Morality: an Evolutionary Account），《心理科學的觀點》3（*Perspectives on Psychological Science* 3〔2008〕），頁 149– 172。
5. 勞倫斯・柯爾伯格，〈道德發展的哲學：道德序階與正義觀念〉（The Psychology of Moral Development: Moral Stages and the Idea of Justice），《道德發展論文集・第一輯》（*Essays on Moral Development, vol. 1*〔New York: Harper & Row, 1981〕）；以及勞倫斯・柯爾伯格，〈道德發展的心理：道德階段的本質與正確性〉（The Psychology of Moral Development: The Nature and Validity of Moral Stages），《道德發展論文集・第二輯》（*Essays on Moral Development, vol. 2*〔New York: Harper & Row, 1984〕）。但也可參照：卡蘿・吉利根（Carol Gilligan），《不同的語音：心理學理論與女性的發展》（*In a Different Voice*〔Cambridge, MA: Harvard University Press, 1983〕）。
6. 丹尼爾・高曼稱此反應為「杏仁核劫持」（amygdala hijack），可參照：丹尼爾・高曼，《EQ》（*Emotional Intelligence*〔London: Bloomsbury, 1996〕），頁 79。
7. 雷蒙・多蘭（Raymond J. Dolan），〈情緒、認知與行為〉（Emotion, Cognition and Behavior），《科學》298 (2002)，頁 1191– 1194；喬瑟夫・雷杜克斯（Joseph LeDoux），〈大腦內的情緒迴路〉（Emotion Circuits in the Brain），《神經科學年刊》23, no. 1 (2000)，頁 155– 184。
8. 在兩種情況下，會活化島葉（insula）和胼胝體（corpus callosum，在大腦中，連結左右半腦的最大白質組織）。可參照：內奧米・艾森伯格（Naomi Eisenberger）與馬修・李伯曼（Matthew Lieberman），〈為什麼被拒絕如此傷人：針對身體與社會痛苦的常見神經警報系統〉（Why Rejection Hurts: A Common Neural Alarm System for Physical and Social Pain），

《認知科學的趨勢》8（*Trends on Cognitive Sciences* 8〔2004〕），no. 7，頁 294– 300。引用自：派翠西亞・徹蘭（Patricia Churchland），《智囊：神經科學告訴我們什麼是道德》（*Braintrust: What Neuroscience Tells Us About Morality*〔Princeton, NJ: Princeton University Press, 2012〕），頁 39。

9. 針對借助獨處做為「復原空間」（restorative niche）的探討，可參照：蘇珊・坎恩（Susan Cain），《安靜的力量，從小就看得見》（*Quiet: The Power of Introverts in a World that Can't Stop Talking*〔New York: Broadway Books, 2012〕）。
10. 引用自：布魯斯・胡德，《馴化的大腦》（*Gretna, LA: Pelican*, 2008），頁 229。
11. 布魯斯・胡德，《馴化的大腦》，頁 230。也可參照：弗蘭斯・德瓦爾（Frans de Waal），〈在最極端的刑罰中，我們認為，僅次於死刑的，就是單獨監禁。單單這種方式就是懲罰了，沒錯，因為人天生就不是喜歡孤獨的人〉（Second to the death penalty, solitary confinement is the most extreme punishment we can think of. It works this way, only, of course, because we are not born as loners）；參照：弗蘭斯・德瓦爾，《靈長類與哲學家：道德是如何進化的》（*Primates and Philosophers: How Morality Evolved*〔Princeton, NJ: Princeton University Press: 2009〕），編輯：史蒂芬・馬其多（Stephen Macedo）與約西亞・奧伯（Josiah Ober），頁 5。
12. 謝爾頓・柯恩（Sheldon Cohen）等人著，〈在健康成人中，會增加感冒機會的壓力源類型〉（Types of Stressors that Increase Susceptibility to the Common Cold in Healthy Adults），《健康心理學》17（*Health Psychology* 17〔1998〕），no. 3，頁 214– 223。
13. 史提夫・柯爾（Steve W. Cole）等人著，〈人類白血球基因表現的社會調節〉（Social Regulation of Gene Expression in Human Leukocytes），《基因組生物學》8（*Genome Biology* 8〔2007〕），R189, doi:10.1186/gb-2007– 8–9-r189。
14. 朱莉安・霍特蘭斯德（Julianne Holt-Lunstad）等人著，〈以孤獨與社會孤立做為死亡風險因素：統合分析評論〉（Loneliness and Social Isolation as Risk Factors for Mortality: A Meta-Analytic Review），《心理科學的觀點》10（2015），no. 2，頁 227– 237。
15. 基普林・威廉斯（Kipling D. Williams）與史帝夫・尼達（Steve A. Nida），〈排斥：後果與應對〉（Ostracism: Consequences and Coping），《當代心理學方向》20（*Current Directions in Psychology* 20〔2011〕），no. 2，頁 71– 75。
16. 弗蘭斯・德瓦爾，《靈長類與哲學家：道德是如何進化的》。
17. 羅斯尼特・洛斯漢納尼亞（Rosnit Roth-Hanania）、馬岩・戴維多夫（Maayan Davidov）與卡蘿琳・贊恩魏克斯勒（Carolyn Zahn-Waxler），〈從 8 個月到 16 個月同理心發展：對他人關注的早期跡象〉（Empathy Development From 8 to 16 Months: Early Signs of Concern for Others），《嬰兒行為與發展》34（2011），no. 3，頁 447– 458。
18. 馬丁・霍夫曼（Martin Hoffman），〈同理心、社會認知和道德行為〉（Empathy, Social Cognition, and Moral Action），《道德行為與發展：理論、研究與應用的進展》（*Moral Behavior and Development: Advances in Theory, Research and Applications*〔New York: John Wiley and Sons〕），輯 1。
19. 萊斯里・布拉澤斯（Leslie Brothers），〈關於同理心的生物學觀點〉（A Biological Perspective on Empathy），《美國精神病學雜誌》146（*American Journal of Psychiatry* 146〔1989〕），no. 1，頁 10– 19。針對實用的探討也可參照：丹尼爾・高曼，《EQ》，頁 102。
20. 創傷後壓力症候群（post traumatic stress disorder，PTSD）的源頭不只起於自己的痛苦，也可能是目睹過的景象造成的後果。
21. 旁觀的疼痛（observing pain）與施加的疼痛（inflicting pain）之間存在生理上的連結。我們從見到痛苦後所做出的反應中得到訊號，而這個訊號帶給我們「彷彿我們正在對他們做這件事」的回應。這暗示了，我們感受到的不僅是好像我們身受痛苦，還包括：彷彿是我們正在引起一個人的痛苦。可參照：約書亞·格林（Joshua Greene），《道德部落》（*Moral Tribes*〔New York: Penguin, 2014〕），頁 37。格林引述的一項研究顯示，觀看痛苦施加在其他人身上時，血管收縮作用會具有執行自己假裝暴力行為的特別效果。

22. 約書亞·格林，《道德部落》。
23. 麥可·托瑪塞羅，《人類道德的自然史》（*Cambridge, MA: Harvard University Press*, 2016）。
24. 托瑪塞羅想像最後一個類人猿的人類祖先，生活在合作與競爭開始出現的群體中，已經擁有群體認同感（我方與彼方），以及幫助其他有困難者的強烈傾向；托瑪塞羅認為，缺乏這種基本和真正的同理心，我們不會成為現代的人類。可參照：麥可·托瑪塞羅，《人類道德的自然史》。
25. 比起「做」，孩童較容易遵從「別做」的指令。可參照：格拉日娜·科強斯卡（Graznya Kochanska），〈承諾式順從、道德自我和內化：一種中介模式〉（Committed Compliance, Moral Self and Internalization: A Mediational Model），《發展心理學》38（2002），no. 3，頁 339– 351。
26. 卡斯滕·德·德勒（Carsten K.W. De Dreu）與柏納德·奈斯塔德（Bernard A. Nijstad），〈社會衝突中的心理定向與創造性思維：威脅僵化與激勵焦點〉（Mental Set and Creative Thought in Social Conflict: Threat Rigidity Versus Motivated Focus〔2008〕），《性格與社會心理學期刊》95，no. 3，頁 648– 661。
27. 艾倫·貝克（Aaron Beck），《認知療法和情緒障礙》（*Cognitive Therapies and Emotional Disorders*〔New York: Meridian, 1979〕）。
28. W·基斯·坎貝爾與康斯坦丁·賽迪姬蒂絲，〈自我威脅放大自利偏誤：統合分析的整合〉，《普通心理學評論》（1999）3，no. 1，頁 23– 43。
29. 卡蘿·塔夫里斯（Carol Tavris）與艾略特·艾倫森（Elliot Aronson），《有人犯錯（但不是我）：為什麼我們要證明愚蠢的信仰、錯誤的決定和傷害的行為》（*Mistakes Were Made (But Not by Me): Why We Justify Foolish Beliefs, Bad Decisions, and Hurtful Acts*〔Boston: Mariner Books, 2008），新輯，頁 10。
30. 引述：卡蘿·塔夫里斯與艾略特·艾倫森，《有人犯錯（但不是我）》。
31. 有一種相關的反應稱為「逆火效應」（backfire effect），人對於反對他們深信信念的證據不僅會回絕，還會對抗否定他們信仰的證據，也會變得更加有把握地認定自己的信仰是有道理的。可參照：布倫丹·尼漢（Brendan Nyhan）與傑森·雷伊弗勒（Jason Reifler），〈當更正失敗時：持續存在的政治誤解〉（When Corrections Fail: the Persistence of Political Misconceptions），《政治行為》32（*Political Behavior* 32〔2010〕），no. 2，頁 303–310，doi:10.1007/s11109- 010– 9112– 2。
32. 卡蘿·塔夫里斯與艾略特·艾倫森，《有人犯錯（但不是我）》，頁 27。
33. 法蘭辛·派特森（Francine Patterson）與尤金·林登（Eugene Linden），《可可的教育》（*The Education of Koko*〔New York: Holt, Rinehart and Winston, 1981〕）。
34. 寇德麗雅·范恩，《住在大腦裡的八個騙子》，頁 14。范恩此處引用的研究數字包含：康斯坦丁·賽迪姬蒂絲與傑佛瑞·大衛·葛林（Jeffrey David Green），〈論不一致負向管理的自我保護性：運用人類記憶典範審視自我參照記憶〉（On the Self-Protective Nature of Inconsistency-Negativity Management: Using the Person Memory Paradigm to Examine Self-Referent Memory），《性格與社會心理學期刊》79（2000），no. 6，頁 906– 922；以及拉西德·博·桑尼托索（Rasyid Bo Sanitioso）、席瓦·康達（Ziva Kunda）和傑佛瑞·馮（Geoffrey Fong），〈自傳式記憶的動機喚起〉（Motivated Recruitment of Autobiographical Memories），《性格與社會心理學期刊》59（1990），no. 2，頁 229– 241。
35. 弗雷德里克·巴特萊特（Frederic Bartlett），《記憶：一個實驗的與社會的心理學研究》

（*Remembering: A Study in Experimental and Social Psychology*〔Cambridge: Cambridge University Press, 1932〕）。

36. 童年記憶特別容易遭修改，因為我們會讓這些記憶片段納入自己現今理解的世界中。可參照：伊莉莎白・羅芙托斯（Elizabeth F. Loftus）與約翰・帕默（John C. Palmer），〈自動毀滅的重建：一個語言與記憶互動的實例〉（Reconstruction of Automobile Destruction: An Example of the Interaction Between Language and Memory），《言語學習與言語行為學報》13（*Journal of Verbal Learning and Verbal Behavior* 13〔1974〕），頁585–589. 也可參照：伊莉莎白・羅芙托斯，〈主要問題和目擊者報告〉（Leading Questions and the Eyewitness Report），《認知心理學》7（*Cognitive Psychology* 7〔1975〕），頁 560–572。
37. 第二個共同的途徑是反思或擔心。可參照：彼得・金德曼（Peter Kinderman）・瑪蒂亞斯・史萬紐爾（Matthias Schwannauer）、伊蓮諾・龐丁（Eleanor Pontin）與莎拉・泰（Sara Tai），〈心理過程調停家庭風險、社會環境和生活事件對心理健康的影響〉（Psychological Processes Mediate the Impact of Familial Risk, Social Circumstances and Life Events on Mental Health），《公共科學圖書館：綜合》8（*PloS ONE* 8〔2013〕），no. 10，頁 1– 8, PMID: 24146890。
38. 愛麗絲・米勒（Alice Miller），《當一個小孩的戲碼》（*The Drama of Being a Child*）〔New York: Basic Books, 199〕，頁 99– 100。
39. 詹姆斯・吉力根，〈羞辱、內疚和暴力〉（Shame, Guilt, and Violence），《社會研究》70（*Social Research* 70〔2003〕），no. 4，頁 1149– 1180。
40. 出處同上。也可參照：詹姆斯・吉力根，《暴力失樂園》（*Violence: Reflections on a National Epidemic*〔New York: Vintage, 1997〕）。
41. 莎莉・迪克森（Sally S. Dickerson）等人著，〈引發的羞辱和內疚的免疫效果〉（Immunological Effects of Induced Shame and Guilt），《身心醫學》66（*Psychosomatic Medicine* 66〔2004〕），no. 1，頁 124– 131。
42. 一九八〇年代，一群有親戚關係的女性留意到家族的男性容易有暴力行為；他們當中有人犯了強姦罪、縱火罪與謀殺罪。他們請求世界知名的遺傳學家漢斯・布魯納（Hans Brunner）調查是否有一些生物學上的解釋。布魯納發現一個看似遺傳的解釋。在X染色體上有一個特殊的基因變體（MAOA 基因）。可參照：H・G・布魯納（H.G. Brunner）等人著，〈與單胺氧化酶A結構基因點突變相關的異常行為〉（Abnormal Behaviour Associated with a Point Mutation in the Structural Gene for Monoamine Oxidase A），《科學》262（*Science* 262〔1993〕），頁 578– 580。

帶著這種基因變體，多巴胺和血清素之類的神經傳導物質不會被分解。少了這些，在大腦原腦部位和大腦執行部位之間的重要對話，就不可能出現。這種「對話」會安撫與控制；它們會告訴容易起反應的杏仁核忍住並冷靜。缺少這項訊號，就不會有針對衝動的抑制，也沒有對於行動後果的反省。「戰士基因」阻止了特定的大腦過程與對話的發展；因此布魯斯・胡德認為，它比較像是一個沒有去執行重要任務的懶惰基因，而不是天生預定設計為暴力的基因（布魯斯・胡德，《馴化的大腦》，頁 141）。

因此，大腦一旦發出警報，負面情緒就會失控。布魯納的研究首先發表於一九九〇年代，之後複雜的表觀遺傳學（epigenetics）領域才轉變我們對基因運作方式的認知。布魯納這項發現主導的年代，人們都認為攜帶這種基因就是會有暴力行為的可靠指標。法院甚至在刑事審判中接受遺傳標記當成證據；被指控暴力罪行的人，或許會指出自己有特殊的 MAOA 基因變體，接著就主張：「我的行為是這個基因引起的；我無法負起責任。」

從這時有人發現，每三名歐洲血統的人就有一個人攜著這種基因變體。可是，帶有這項基因特徵的男性，有八成顯示出無任何反社會特徵的跡象。擁有這種基因變體的男性，只有在特定條件中長大成人時，才能啟動基因的這種變異。觸發以暴力方式宣洩的條件，包括長期的身體、言語或性虐待等等會導致「輕視」或羞辱的經驗。

43. 安東尼歐・達馬西歐，《笛卡兒的錯誤：情緒、理智與人類大腦》（*New York: HarperCollins*, 1995），引述：強納森・海德特，〈感性的狗和牠理性的尾巴：道德評判的社會直覺方式〉，《心理學評論》108（2001），no. 4，頁 825。
44. 瓊・坦尼，〈道德情感：好、壞與醜〉（Moral Affect: The Good, the Bad, and the Ugly），《性格與社會心理學期刊》61，no. 4 (1991)，頁 598– 607；瓊・坦尼、派翠西亞・華格納（Patricia E. Wagner）、黛博拉・希爾巴洛（Deborah Hill-Barlow）、朵娜・馬查爾（Donna E. Marschall）與理查・格拉姆措（Richard Gramzow），〈在生命過程中，羞辱與內疚對憤怒的建設性與破壞性反應的關係〉（The Relation of Shame and Guilt to Constructive Versus Destructive Responses to Anger Across the Lifespan），《性格與社會心理學期刊》70（1996），頁 797–809；麥克・羅斯（Michael Ross）等人著，〈在自我評估中的跨文化差異〉（Cross-Cultural Discrepancies in Self Appraisals），《性格與社會心理學通報》31（2005），no. 9，頁 1175– 1188；以及保羅・羅津（Paul Rozin）、強納森・海德特與克拉克・麥考利（Clark R. McCauley），〈厭惡：身體和靈魂的情感〉（Disgust: The Body and Soul Emotion），《認知與情緒手冊》（*Handbook of Cognition and Emotion*〔New York: John Wiley and Sons, 1999〕），編輯：提姆・達爾格萊（Tim Dalgleish）與米克・包爾（Mick J. Power），頁 429–445。
45. 拉爾夫・艾理森（Ralph Ellison）一九五二年的傑作小說《看不見的人》（*Invisible Man*）提出一個相當引人注目的說法：暴力是抵制社會隱形結構的一種手段。
46. 安納特・布朗斯泰因・克魯麥克（Anat Brunstein Klomek）等人著，〈青少年的霸凌、憂鬱和自殺〉（Bullying, Depression, and Suicidality in Adolescents），《美國兒童青少年精神病學期刊》46（*Journal of the American Academy of Child Adolescent Psychiatry* 46〔2007〕），頁 40–49。
47. 馬特・漢米爾頓（Matt Hamilton），〈兒子自殺後，父親對抗霸凌〉（Father Fights Back Against Bullying After Son's Suicide），《洛杉磯時報》（*Los Angeles Times*）October 19, 2013。
48. 艾胥黎・戴維斯（Ashley Davis），〈青少年葛雷哥里・史普林遭霸凌後自殺，霸凌持續在哀悼頁面〉（Teen Gregory Spring Kills Self After Bullying, Bullying Continues on Condolence Page），June 26, 2013，http://www.opposingviews.com/i/society/family-says-9-year-old-boy-was-bullied-death。
49. 珍妮・迪斯基（Jenny Diski），〈祕密購物者：在商店行竊的歷史〉（The Secret Shopper: The History of Shoplifting），《紐約客》（*The New Yorker*），September 26, 2011，http://www.newyorker.com/magazine/2011/09/26/the-secret-shopper。
50. 菲利普・謝儂（Philip Shenon），〈勳章遭質疑，海軍上將自我了斷〉（His Medals Questioned, Top Admiral Kills Himself），《紐約時報》（*The New York Times*），May 17, 1996，http://www.nytimes.com/1996/05/17/us/his-medals-questioned-top-admiral-kills-himself.html。
51. 詹姆斯・吉力根，〈羞辱、內疚和暴力〉，頁 1149–1180。
52. 布魯斯・胡德，《馴化的大腦》，頁 225–226。
53. 羅伯・詹姆斯・布萊爾（Robert James R. Blair），〈杏仁核和腹內側前額葉皮質：精神病的功能貢獻和功能失調〉（The Amygdala and Ventromedial Prefrontal Cortex: Functional Contributions and Dysfunction in Psychopathy），《自然科學會報 B：生物學》363（*Philosophical Transactions of the Royal Society B: Biological Sciences* 363〔2008〕），no. 1503，頁 2557–2565，doi:10.1098/rstb.2008.0027。
54. 賀維・克勒利（Hervey Cleckley），《精神健全的面具：嘗試釐清所謂「心理變態人格」問題》（*The Mask of Sanity: An Attempt to Clarify Some Issues About the So-Called Psychopathic Personality*〔Eastford, CT: Martino Fine Books, 1988〕）；保羅．巴比亞克（Paul Babiak）與羅伯．海爾（Robert Hare），《穿西裝的蛇：當精神病患者在職場時》（*Snakes in Suits: When Psychopaths go to work*〔New York: HarperBusiness, 1988〕），頁 38。

55. 科林．帕默（Colin J. Palmer）等人著，〈一般成年人中自閉症特徵表現的「亞型」〉（'Subtypes' in the Presentation of Autistic Traits in the General Adult Population），《自閉症與發展障礙期刊》45（*Journal of Autism and Developmental Disorders* 45〔2015〕），頁 1291–1301。
56. 雖然在一些刑事司法的症狀中使用精神病的特徵，也普遍會用在小說和新聞中，但並沒有公認的精神病臨床診斷。探討可參照：羅伯特．海爾（Robert Hare），〈海爾精神病檢查表〉（Hare Psychopathy Checklist），《精神疾病百科全書》（*Encyclopedia of Mental Disorders*），http://www.minddisorders.com/Flu-Inv/Hare- Psychopathy-Checklist.html。早期有影響力的精神病相關內容可見於：賀維．克勒利，《精神健全的面具》。
57. 約百分之一的人具有精神病特徵，而百分之二十五坐牢的人具有精神病特徵，因此他們顯然是犯罪行為的高風險者。可參照：艾德里安．雷恩（Adrian Raine）與荷西．聖馬丁（José Sanmartin）編輯，《暴力和精神病》（*Violence and Psychopathy*〔Dordrecht, Netherlands: Kluwer, 2001〕）；以及強．朗森（Jon Ronson），《灰色人性：發現潛伏在日常生活中的瘋狂》（*The Psychopath Test: A Journey Through the Madness Industry*〔New York: R iverhead, 2011〕）。
58. 根據估計，百分之四的企業執行長有精神病特徵，這表示，他們的比例很大，多了四倍。可參照：強．朗森（Jon Ronson），《灰色人性》。也可參照：奧利佛．詹姆斯（Oliver James），《辦公室政治：如何在謊言、背叛和卑鄙伎倆的世界生存》（*Office Politics: How to Survive in a World of Lying, Backstabbing and Dirty Tricks*〔London: Vermillion, 2013〕）。
59. 安東尼歐．達馬西歐、丹尼爾．特瑞納（Daniel Tranel）與漢娜．達馬西歐（Hanna Damasio），〈前額葉損傷引起的反社會行為的個體無法自動回應社會刺激〉（Individuals with Sociopathic Behavior Caused by Frontal Damage Fail to Respond Autonomically to Social Stimuli），《行為腦研究》41（*Behavioral Brain Research* 41〔1990〕），頁 81–94。
60. 克里斯多福．派翠克（Christopher Patrick）等人著，〈犯罪型病態性格者的情緒：恐懼意象處理〉（Emotion in the Criminal Psychopath: Fear Image Processing），《異常心理學期刊》（*Journal of Abnormal Psychology*〔1994〕），頁 103。
61. 珍妮佛．雅克（Jennifer Jacquet），《羞辱是否必要？舊工具新用途》（*Is Shame Necessary? New Uses For an Old Tool*〔New York: Pantheon, 2015〕）。
62. 可參照：朗尼．亞諾夫布曼（Ronnie Janoff-Bulman）、莎娜．薛克（Sana Sheik）與塞巴斯帝安．赫普（Sebastian Hepp），〈禁止性與規範性道德：道德規範的兩個面孔〉（Proscriptive Versus Prescriptive Morality: Two Faces of Moral Regulation），《性格與社會心理學期刊》96（2009），no. 3，頁 521– 537。
63. 喬治．威朗特（George Vaillant），《幸福老年的祕密：哈佛大學格蘭特終生研究》（*Triumph of Experience: Men of the Harvard Grant Study*〔Cambridge, MA: Belknap Press, 2015〕）。
64. 霍華德．田納（Howard Tennen）與格倫．艾弗萊克（Glenn Affleck），〈因威脅事件指責他人〉（Blaming Others for Threatening Events），《心理學公報》108（1990），no. 2，頁 209–232。
65. 凱薩琳．勞勒（Kathleen A. Lawler）等人著，〈寬恕對健康的獨特效應：途徑探索〉（The Unique Effects of Forgiveness on Health: An Exploration of Pathways），《行為醫學雜誌》28（*Journal of Behavioral Medicine* 28〔2005〕），no. 2，頁 157–167。
66. 可參照：布魯斯．胡德，《馴化的大腦》，頁 223。

第四章 家庭裡的讚美與責備

1. 針對一些家庭互動的高度複雜的數學模型，可參照：約翰・高特曼，《婚姻方程式：動態非線性模型》（*The Mathematics of Marriage: Dynamic Nonlinear Models*〔Cambridge, MA: MIT Press, 2005〕）。
2. 傑利・路易斯（Jerry Lewis）、羅伯・比弗斯（Robert Beavers）、約翰・戈塞特（John Gossett）與維吉尼亞・菲利普（Virginia Phillips），《沒有單一線索：家庭系統的心理健康》（*No Single Thread: Psychological Health in Family Systems*〔Oxford, UK: Brunner/Mazel, 1976〕）；馬莎・考克斯（Martha J. Cox）與布雷爾・帕利（Blair Paley），〈作為系統的家庭〉（Families as Systems），《心理學年度回顧》48（*Annual Review of Psychology* 48〔1997〕），頁 243–267；以及琳達・蓋里斯・克里斯坦（Linda Garris Christian），〈了解家庭：家庭系統理論應用於幼兒實踐〉（Understanding Families: Applying Family Systems Theory to Early Childhood Practice），《幼兒》61（*Young Children* 61〔2006〕），no.1，頁 12–20。
3. 這些差異與黛安娜・鮑姆林德（Diana Baumrind）對權威與專制紀律的敘述大致相同。可參照：黛安娜・鮑姆林德，〈權威家長控制兒童行為的影響〉（Effects of Authoritative Parental Control on Child Behavior），《兒童發展》37（*Child Development* 37〔1966〕），no. 4，頁 887–907。
4. 一百二十七種爭吵，記錄於：泰莉・艾普特，《你真的不了解我》。
5. 有關這項案例和類似爭吵的更詳細分析，可參照：泰莉・艾普特，《你真的不了解我》。
6. 核磁共振成像（magnetic resonance imaging, MRI）會顯示大腦的實體結構。功能性磁振造影（functional magnetic resonance imaging, fMRI）會掃瞄出大腦內的血流，顯示哪些區域是活躍的。
7. 薩拉傑恩・布萊克莫爾（Sarah-Jayne Blakemore）等人著，〈青少年對於意圖思維的神經迴路發展〉（Adolescent Development of the Neural Circuitry for Thinking about Intentions），《社會認知和情感神經科學》2（*Social Cognitive and Affective Neuroscience* 2〔2007〕），頁 130–139。
8. 出處同上。
9. 理查・戴維森與夏倫・貝格利，《情緒大腦的祕密檔案：從探索情緒形態到實踐正念冥想》，頁 74。
10. 譯註：gray matter，由神經元、神經膠質細胞與微血管組成，是中樞神經系統中，負責深入處理訊息的部位。
11. 綜合的討論可參照：〈青少年大腦：仍在建置中〉（The Teen Brain: Still Under Construction），《美國國家心理衛生研究所》（*National Institute of Mental Health*），2011，https://infocenter.nimh.nih.gov/pubstatic/NIH%2011- 4929/NIH%2011-4929.pdf；更詳細的內容可參照：法蘭西斯・詹森（Francis Jensen），《青春期的腦內風暴：腦神經科學家教你如何面對衝動、易怒、難溝通、陰陽怪氣的青春期孩子》（*The Teenage Brain: A Neuroscientist's Survival Guide to Raising Adolescents and Young Adults*〔New York: Harper Thorsen, 2015〕）。
12. 理查・戴維森，《情緒大腦的祕密檔案：從探索情緒形態到實踐正念冥想》，頁 74。
13. 泰莉・艾普特，《你真的不了解我》。
14. 出處同上，頁 152–154。
15. 泰莉・艾普特，《難相處的母親：理解與克服她們的力量》，頁 46–47。
16. W・基斯・坎貝爾與康斯坦丁・賽迪姬蒂絲，〈自我威脅放大自利偏誤：統合分析的整合〉，《普通心理學評論》3（1999），no. 1，頁 23–43。
17. 南恩英（Eun Young Nahm），〈韓裔美國人與歐裔美國人的父母後設情緒理念與親子互動關係的跨文化比較〉（A Cross-Cultural Comparison of Korean American and European American Parental Meta-Emotion Philosophy and Its Relationship to Parent-Child Interaction〔PhD Diss, University of Washington, 2006〕），頁 127。

18. 馬修・李伯曼（Mathew Lieberman）等人著，〈感覺化為語言文字：情緒標籤化會擾亂杏仁核活動〉（Putting Feelings into Words: Affect Labeling Disrupts Amygdala Activity），《心理科學》18（2007），no. 5，頁 421–428。
19. 莎莉・迪克森與瑪格麗特・凱密妮（Margaret Kemeny），〈急性壓力源和皮質醇反應：實驗室研究的理論整合與綜合〉（Acute Stressors and Cortisol Responses: A Theoretical Integration and Synthesis of Laboratory Research），《心理學公報》1130（2004），頁 355–391；以及莎莉・迪克森等人著，〈引發的羞辱和內疚的免疫效果〉，《身心醫學》66（2004），no. 1，頁 124–131。
20. 相關研究的評論，請參照：丹尼爾・佛肯斯坦（Daniel Funkenstein），〈恐懼和憤怒的生理學〉（The Physiology of Fear and Anger），《科學人》192（1995），no. 5，頁 74–80。
21. 出處同上。幾項研究的綜述，請參照：《人際暴力的憤怒、攻擊和干預》（*Anger, Aggression and Interventions for Interpersonal Violence*〔Mahwah, NJ: Lawrence Erlbaum, 2007〕）
22. 紐斯・赫雷羅（Neus Herrero）等人著，〈生氣時會發生什麼事？荷爾蒙、心血管和不對稱的大腦反應〉（What Happens When We Get Angry? Hormonal, Cardiovascular and Asymmetrical Brain Responses），《荷爾蒙與行為》57（*Hormones and Behavior* 57〔2010〕），no. 3，頁 276–283。
23. 泰莉・艾普特，《難相處的母親》，頁 57–58。
24. 出處同上，頁 43– 47。
25. 從二〇〇〇年至二〇一五年，我任職於劍橋大學紐納姆學院（Newnham College），職責相當於美國學院的院長。
26. 譯註：出自《舊約聖經・創世記》，約瑟在十二個兄弟中最受父親雅各寵愛，父親還特別做了彩衣給約瑟，引來哥哥的嫉妒。coat of many colors（彩衣）後來就比喻為「恩寵」。
27. 卡爾・皮勒摩（Karl Pillemer）等人著，〈成年子女的母親偏心與抑鬱症狀〉（Mothers' Differentiation and Depressive Symptoms among Adult Children），《婚姻與家庭期刊》72（*Journal of Marriage and Family* 72〔2010〕），頁 333–345。
28. 史蒂芬・班克（Stephen Bank）與麥克・科漢（Michael Khan），《手足之情》（*The Sibling Bond*〔New York: Basic Books, 2008〕）。
29. 卡爾・皮勒摩等人著，〈成年子女的母親偏心與抑鬱症狀〉，頁 333–345。
30. 佩格・史翠普，《壞母親：不被愛的女兒和傷害後遺症》（*Mean Mothers: Unloved Daughters and the Legacy of Hurt*〔New York: Harper Collins, 2009〕）。
31. 泰莉・艾普特，《成熟的迷思：青少年需要父母怎麼協助才能成為成年人》（*The Myth of Maturity: What Teenagers Need from Parents to Become Adults*〔New York: W. W. Norton, 2001〕），頁 56–60。
32. 羅賓・斯基勒與約翰・克里斯，《家庭與家庭生存之道》（*London: Methuen*, 1983），頁 121。
33. 瑪莎・納斯邦，《思想之劇變：情感的理智》。
34. 卡蘿・吉利根，《喜悅的誕生：愛的新地圖》（*New York: Knopf*, 2002）。
35. 唐諾・溫尼考特，〈在真我與假我的自我扭曲〉（Ego Distortion in Terms of True and False Self），《成熟過程與促進發展的環境：情緒發展理論研究》（*The Maturational Process and the Facilitating Environment: Studies in the Theory of Emotional Development*〔New York: International UP Inc., 1965〕），頁 140–152。

36. 第二章解釋過內在旁觀者。
37. 史密斯所稱的公正觀者，是根據我們本身的最高標準判斷自己的行為、動機與舉止，但也注入友善與同理心的觀點。可參照：亞當．史密斯，〈道德情操論〉，《史密斯全集》，輯 1。
38. 菲力普．普曼，《黑暗元素三部曲》（*New York: Random House*, 2007）。
39. 麥特．崔比（Matt Treeby）等人著，〈羞辱、內疚和臉部情緒處理：內疚傾向與臉部情緒識別能力呈正相關的初步證據〉（Shame, Guilt, and Facial Emotion Processing: Initial Evidence for a Positive Relationship Between Guilt-Proneness and Facial Emotion Recognition Ability），《認知與情緒》30（*Cognition and Emotion* 30〔2016〕），no. 8，頁 1504–1511。
40. 黛娜．克羅立．傑克，《自我沉默：女性與憂鬱症》（*Silencing the Self: Women and Depression*〔Cambridge, MA: Harvard University Press, 1991〕）。
41. 泰莉．艾普特，《祕徑：新中年的女性》。
42. 理查．戴維森與夏倫．貝格利，《情緒大腦的祕密檔案：從探索情緒形態到實踐正念冥想》，頁 41。
43. 出處同上，頁 79。
44. 這個過程通常稱之為「破裂與修復」。可參照：艾倫．史果爾（Allan Schore），《自我的感情調節失常與紊亂》（*Affect Dysregulation and Disorders of the Self*〔New York: W. W. Norton, 2003〕）。
45. 譯註：原腦部位（primitive brain areas）是指大腦裡負責呼吸、心跳、戰或逃反應、生存本能等維生功能的區域。
46. 理查．戴維森與夏倫．貝格利，《情緒大腦的祕密檔案》，頁 74。
47. 有證據顯示，隨著年紀增長，很多人會更成功的平衡這些需求。例子可參照：泰莉．艾普特，《祕徑：新中年的女性》。
48. 彼德．馮納吉等人著，《情緒調節、心智化和自我的發展》（*New York: Other Press*, 2002）。
49. 彼德．馮納吉等人著，〈精神狀態的理解能力：父母與子女的反省自我與其對依戀安全的意義〉（The Capacity for Understanding Mental States: The Reflective Self in Parent and Child and its Significance for Security of Attachment），《嬰幼兒心理健康期刊》12（*Infant Mental Health Journal* 12〔1991〕），no. 3，頁 201–218。

第五章　同儕間的讚美與責備

1. 詹尼斯．基科特格拉澤（Janice Kiecolt-Glaser）、尚菲利普．古安（Jean-Philippe Gouin）和麗莎．漢索（Lisa Hantsoo），〈親密關係、炎症和健康〉（Close Relationships, Inflammation and Health），《神經科學和生物行為評論》35（*Neuroscience and Biobehavioral Reviews* 35〔2010〕），no. 1，頁 33–38。也可參照：約翰．卡西奧普（John Cacioppo）、詹姆士．福勒（James Fowler）與古樂朋（Nicholas Christakis），〈人群中的孤單：大型社群網絡中的寂寞結構與傳播〉（Alone in a Crowd: The Structure and Spread of Loneliness in a Large Social Network），《性格與社會心理學期刊》97（2009），no. 6，頁 977–991。
2. 泰莉．艾普特與朱瑟琳．喬塞爾森，《好朋友：女孩與女人友誼的喜悅與險境》，頁 22–23。也可參照：羅賓．鄧巴，《梳毛示好、八卦與語言進化》（*Grooming, Gossip, and the Evolution of Language*〔Cambridge, MA: Harvard University Press, 1996〕）。
3. 泰莉．艾普特與朱瑟琳．喬塞爾森，《好朋友》，頁 20–25。
4. 泰莉．艾普特與朱瑟琳．喬塞爾森，《好朋友》。
5. 愛蓮娜．麥柯畢（Eleanor Maccoby）和卡蘿．納吉．傑克林（Carol Nagy Jacklin），〈童年

時期的性別隔離〉（Gender Segregation in Childhood），《兒童發展與行為的進展》（*Advances in Child Development and Behavior*〔San Diego, CA: Academic Press, 1987〕），輯 20，頁 239–287。

6. 布魯斯・胡德，《馴化的大腦》，頁 54–55。
7. G・M・亞歷山大（G.M. Alexander）與梅莉莎・海因斯，〈非人靈長類動物（綠長尾猴）對兒童玩具反應的性別差異〉（Sex Differences in Response to Children's Toys in Nonhuman Primates〔Cercopithecus Aethiops Sabaeus〕），《進化與人類行為》23（*Evolution and Human Behavior* 23〔2002〕），頁 467–479。
8. 艾咪・謝爾頓（Amy Sheldon），〈小孩的戰爭：學齡前吵架中的性別談話〉（Pickle Fights: Gendered Talk in Preschool Disputes），《論述過程》13（*Discourse Processes* 13〔1990〕），no. 1，頁 5–31。
9. 例子可參照：黛伯拉・泰南（Deborah Tannen），《男女親密對話：兩性如何進行成熟的語言溝通》（*You Just Don't Understand: Women and Men in Conversation*〔New York: Morrow, 1991〕）。
10. 艾咪・謝爾頓，〈小孩的戰爭〉，頁 5–31。
11. G・M・亞歷山大與梅莉莎・海因斯，〈非人靈長類動物（綠長尾猴）對兒童玩具反應的性別差異〉，頁 467–79。
12. 性別差異並非「與生俱來」。快速發展的表觀遺傳學領域指出，經驗與環境如何轉換基因的開啟與關閉，呈現出每個交集點不同的可能路徑。有個適合的比喻：有顆球順著地勢滾動，這個地勢有許多深淺不一的峽谷與渠道。球可能在沿途的關鍵點被引導至其中一條渠道。當球滾至一條深渠道時，它往往會順著渠道；如果它滾至一條淺渠道，最輕微的搖晃就可以讓它彈出來，然後它很容易會再去找另一條路線（可參照：康拉德・哈爾・沃丁頓〔Conrad Hal Waddington〕，《組織原與基因》〔*Organizers and Genes*〈Ann Arbor, MI: The University Press, 1940〉〕）。所有球的滾動軌跡與它們依循的不同路線，以及引導它們在不同渠道之間進入與彈出的機會事件，模擬了個體一生中能發展特定與基因相關特徵的機會。因此，遵守女孩友誼的規範，玩娃娃而不是組玩具火車鐵道，或者加入棋藝社，而不是辯論社。這會製造出有些技巧被會學到，其他技巧又沒被學到的大環境。學習會帶來新的興趣與發展路線，以及親近他人。
13. C・L・馬丁（C.L. Martin）與D・盧伯（D. Ruble），〈兒童尋找性別線索：性別發展的認知觀點〉（Children's Search for Gender Cues: Cognitive Perspectives in Gender Development），《心理科學的當代方向》13（*Current Directions in Psychological Science* 13〔2004〕，no. 2，頁 67–70。
14. 泰莉・艾普特與朱瑟琳・喬塞爾森，《好朋友》，頁 92–96。
15. 由泰莉・艾普特訪談，華盛頓哥倫比亞特區（Washington, DC），一九九七年。
16. 泰莉・艾普特與朱瑟琳・喬塞爾森，《好朋友》，頁 54–55。
17. 艾瑞卡・納索（Erika Nurmsoo）、希里・艾爾納（Shiri Einar）、與布魯斯・胡德，〈要好朋友：兒童使用相互凝視辨識他人的友誼〉（Best Friends: Children Use Mutual Gaze to Identify Friendship in Others），《發展科學》15（2012），頁 417–425。
18. 厄文・高夫曼，《互動儀式：面對面行為的論文》（*Interaction Ritual: Essays on Face-to-Face Behavior*〔New York: Anchor Books, 1967〕）；以及厄文・高夫曼，《日常生活中的自我呈現》（*The Presentation of Self in Everyday Life*〔Edinburgh: University of Edinburgh Social Sciences Research Centre, 1959〕）。
19. 泰莉・艾普特與朱瑟琳・喬塞爾森，《好朋友》。
20. 尼奧貝・韋，《深層的祕密：男孩的友誼和關係的危機》（*Deep Secrets: Boys' Friendships and*

the Crisis of Connection〔Cambridge, MA: Harvard University Press, 2011〕）。

21. 西爾文・湯金斯，《情感意象的意識，輯一，正向情感》（*Affect, Imagery and Consciousness, vol.1, The Positive Affects*〔New York: Springer, 1962〕）。
22. 保羅・艾克曼，《心理學家的面相術》（*Emotions Revealed*〔New York: Holt, 2007〕），第二版。
23. 克里斯多福・保漢（Christopher Boehm），《森林中的階層組織：平等主義行為的進化》（*Hierarchy in the Forest: The Evolution of Egalitarian Behavior*〔Cambridge, MA: Harvard University Press, 1999〕）。
24. 羅賓・鄧巴，〈進化論觀點中的八卦〉（Gossip in Evolutionary Perspective），《普通心理學評論》8（2004），no. 2，頁 100–110。
25. 出處同上，頁 100。
26. 出處同上。
27. 羅賓・鄧巴、尼爾・鄧肯（Niell Duncan）與安娜・馬利亞特（Anna Marriott），〈人類對話行為〉（Human Conversational Behavior），《人性》8（*Human Nature* 8〔1997〕），no. 3，頁 231–246；以及羅賓・鄧巴，〈進化論觀點中的八卦〉，頁 105。
28. 傑佛瑞・帕克（Jeffrey G. Parker）和史蒂芬妮・帝斯利（Stephanie D. Teasley），〈性別、友誼、和人氣對青少年八卦目標和話題的影響〉（The Effects of Gender, Friendship and Popularity on the Targets and Topics of Adolescent Gossip，論文於在兒童發展研究學會兩年一次的會議中發表，會議地點為印第安納波利斯〔Indianapolis〕，時間是一九九五年三月）。
29. 羅賓・鄧巴，〈進化論觀點中的八卦〉，頁 100–110。
30. 參看本書第二章。
31. 羅賓・鄧巴，〈進化論觀點中的八卦〉，頁 100–110。
32. 泰莉・艾普特與朱瑟琳・喬塞爾森，《好朋友》，第五章〈我不是你想的那種人〉（I'm Not Who You Think I Am）與第六章〈答應會守祕〉（Promise You Won't Tell）。
33. 泰莉・艾普特與朱瑟琳・喬塞爾森，《好朋友》，頁 187。
34. 出處同上，頁 132。
35. 出處同上，頁 27。
36. 珍妮特・列佛（Janet Lever），〈兒童遊戲中的性別差異〉（Sex Differences in the Games Children Play），《社會問題》23（*Social Problems* 23〔1976〕），頁 478–487；巴瑞・索恩（Barrie Thorne），《性別遊戲：學校的女孩和男孩》（*Gender Play: Girls and Boys at School*〔Buckingham, UK: Open University Press, 1993〕）。
37. 珍妮特・列佛，〈兒童遊戲中的性別差異〉，頁 478–487；以及巴瑞・索恩，《性別遊戲》。
38. B・I・伐哥特（B. I. Fagot），〈超越強化原則：了解性別角色發展的另一步〉（Beyond the Reinforcement Principle: Another Step Toward Understanding Sex Role Development），《發展心理學》2（1985），no. 6，頁 1102，table 3。
39. 威廉・帕列克，《真實的男孩心聲》（*Real Boys' Voices*〔New York: Random House, 2001〕）。
40. 瑪蒂亞斯・梅爾（Matthias R. Mehl）等人著，〈女人真的比男人更健談嗎？〉（Are Women Really More Talkative Than Men?），《科學》317（2007），頁 82。
41. L・M・雅內斯（L. M. Janes）與 J・M・歐森（J. M. Olson），〈嘲笑壓力：觀察他人嘲笑的行為效應〉（Jeer Pressure: The Behavioral Effects of Observing Ridicule of Others），《性格與社會心理學通報》26（2000），頁 474–485。
42. 尼奧貝・韋，《深層的祕密》。
43. 尼奧貝・韋因為著迷於男孩的刻板印象，以及他們實際上談論自己和朋友的方式，所以會採訪高中每年級的男孩代表人物。在成長過程中，她目睹自己的兄弟與他最親密的朋友突然出現距離，他後來明顯很難過，也從來不願意談這件事。身為心理學家，她想要研究男孩的友誼，並發掘男孩友誼的內在運作與意義。她發覺，男孩談到朋友時，都能侃侃而談，也很熱情激昂；他們看待朋友就像自己摯愛與欽佩的人、信賴的人，也是共享最深層祕密的人。參照尼奧貝・韋，《深層的祕密》。

44. 出處同上，頁 12。
45. 出處同上，頁 21。
46. 出處同上，頁 1。
47. 出處同上，頁 18。
48. 尼奧貝・韋，《深層的祕密》。
49. 關於青少年危險行為的神經科學內容，可參照：B・J 凱西（B. J Casey）與 B・E・科索夫斯基（B. E. Kosofky）與 P・G・拜德（P. G. Bhide）編著，〈青少年腦：思維大不同〉（Teenage Brains: Think Different），《發展神經科學》36（*Developmental Neuroscience* 36〔2014〕），no. 3–4，特別專題，頁 143–358。
50. 傑森・切因（Jason Chein）等人著，〈同儕透過增強大腦獎勵迴路的活動增加青少年風險〉（Peers Increase Adolescent Risk Taking by Enhancing Activity in the Brain's Reward Circuitry），《發展科學》14（2011），no. 2，F1– F10。
51. 尼奧貝・韋，《深層的祕密》，頁 17。
52. 泰莉・艾普特，《成熟的迷思》。
53. 〈心理學家約翰・卡西奧普解釋為什麼寂寞對人的健康不利〉（Psychologist John Cacioppo Explains Why Loneliness is Bad for Your Health），《基因體與系統生物學》（*Institute for Genomics and Systems Biology*），January 25, 2011，http://www.igsb.org/news/psychologist-john-cacioppo-explains-why-loneliness-is-bad-for-your-health/。
54. 由泰莉・艾普特訪談，英國劍橋，二〇一一年五月二十四日。
55. 箕浦康子（Yasuko Minoura），〈文化意義體系融合的敏感時期：美國長大的日本兒童之研究〉（A Sensitive Period for the Incorporation of a Cultural Meaning System: A Study of Japanese Children Growing Up in the United States），《民族精神》20（*Ethos* 20〔1992〕），no. 3，頁 304–339。
56. L・M・雅內斯與 J・M・歐森，〈嘲笑壓力〉，頁 474–485。
57. 泰莉・艾普特與朱瑟琳・喬塞爾森，《好朋友》，頁 62–65。
58. 泰莉・艾普特，尚未發表的男孩友誼相關研究（Cambridge, UK, April–June 2011）。我和一名博士生一起研究男孩的友誼。由於各種原因，這項研究尚未完成。
59. 露易莎・佩維（Louisa Pavey）、托拜爾斯・葛瑞特米爾（Tobias Greitemeyer）、和保羅・史帕克斯（Paul Sparks），〈強化的關係感促進親社會動機和行為〉（Highlighting Relatedness Promoted Prosocial Motives and Behavior），《性格與社會心理學通報》37（2011），no. 7，頁 905–917。
60. 強納森・海德特，〈感性的狗和牠理性的尾巴：道德評判的社會直覺方式〉，《心理學評論》108（2001），no. 4，頁 814–834, 822。
61. 塔尼爾・查特蘭（Tanya Chartrand）與約翰・巴吉，〈變色龍效應：感知與行為鏈結和社會互動〉，頁 893– 910。
62. 以利亞・安德森，《街頭生存法則：一個都會社區的族群、階級與改變》（*Streetwise: Race, Class, and Change in an Urban Community*〔Chicago, IL: University of Chicago Press, 1990〕）；安妮・坎貝爾，〈以拒絕方式自我定義：幫派女孩的案例〉（Self-Definition by Rejection: The Case of Gang Girls），《社會問題》34（1984），頁 451–466。
63. 羅伊・鮑梅斯特、約瑟夫・博登（Joseph Boden）、與羅拉・斯馬特（Laura Smart），〈受

威脅的自尊對暴力和侵略的關係：高自尊的黑暗面〉（Relation of Threatened Egotism to Violence and Aggression: The Dark Side of High Self-Esteem），《心理學評論》103（1996），頁5–33。

64. 威廉・巴卡利尼（William F. Baccaglini），《青少年幫派及藥物預防專案：全州研究性研究》（*Project Youth Gang-Drug Prevention: A Statewide Research Study*〔Rensselaer: New York State Division for Youth, 1993〕）。
65. 羅伊・鮑梅斯特、約瑟夫・博登和羅拉・斯馬特，〈受威脅的自尊對暴力和侵略的關係〉，頁 5–33。
66. 亞當・瓦特金斯（Adam Watkins）與克里斯・梅德，〈劣藥：幫派成員、抑鬱、自尊、和自殺行為之間的關係〉（Bad Medicine: The Relationship Between Gang Membership, Depression, Self-Esteem, and Suicidal Behavior），《刑事司法與行為雜誌》43（*Journal of Criminal Justice and Behavior* 43〔2016〕），no. 8，頁 1107–1126，doi：0093854816631797。
67. 以利亞・安德森，《街上守則：市內貧民區的禮貌、暴力、與道德生活》（*The Code of the Street: Decency, Violence and the Moral Life of the Inner City*〔New York: W. W. Norton, 1999〕）。
68. 以利亞・安德森，《街上守則》33；以及美國國家青少年幫派研究中心（National Youth Gang Center），《一九九五年全國青年幫派調查》（*1995 National Youth Gang Survey*〔Washington, DC: U.S. Department of Justice, Office of Justice Programs, Office of Juvenile Justice and Delinquency Prevention, 1997〕），NCJ 164728。
69. 譯註：指一七六四年七月二十六日以諾布朗校園屠殺（Enoch Brown school massacre），是美國史上第一起校園槍擊事件。
70. 譯註：指二〇一六年十月十三日林登麥金利科技學校（Linden-McKinley STEM Academy）校外飛車槍擊事件。
71. 大衛・布魯克斯（David Brooks），〈科倫拜殺手〉（The Columbine Killers），《紐約時報》，April 24, 2004，http://www.nytimes.com/2004/04/24/opinion/the-columbine-killers.html。
72. 亞歷山大・艾貝桑托斯（Alexander Abad-Santos），〈波士頓炸彈客佐哈・查納耶夫是什麼人？〉（Who Is Dzhokhar Tsarnaev, the Man at the Center of the Boston Manhunt?），《大西洋》（*The Atlantic*），April 19, 2013，https://www.theatlantic.com/national/archive/2013/04/who-is-dzhokhar-tsarnaev-boston/316095/。
73. 布魯斯・胡德，《馴化的大腦》，頁 268。
74. 這項研究於二〇一五年由劍橋大學紐納姆學院的高級會員支持基金（Senior Members Support Fund）資助。
75. 安妮・坎貝爾，《幫派中的女孩：紐約市的報告》（*The Girls in the Gang: A report from New York City*〔New York: Basil Blackwood, 1984/1991〕）。

第六章　伴侶間的讚美與責備

1. 這是特定宗教結婚儀式引用《公禱書》（*The Book of Common Prayer*）中的詞句，然而現代夫妻大多強烈希望恆常的讚美，並期待責備要短暫且最少。
2. 出自《冰與火之歌：權力遊戲》（*Game of Thrones*）劇中的婚禮。
3. 這十二對都是異性戀夫妻。我也開始針對男女同志夫妻進行研究，目前尚未發現異性戀及同志夫妻對於讚美和責備的表達方法、或讚美和責備在影響夫妻關係的方式上，有任何顯著差異。
4. 這項研究計畫是由萊弗爾梅信託基金透過萊弗爾梅榮譽協會（Leverhulme Emeritus Fellowship）所頒發的二〇一五／二〇一六年獎學金贊助。
5. 以下連結是婚姻治療第一次會談的標準大綱：http://www.marriage-couples-counseling-new-york.

com/what-to-expect-in-your-first-meeting/。也可參照：金・特瑞絲・布爾曼（Kim Therese Buehlman）、約翰・莫迪凱・高特曼（John Mordechai Gottman）、與林恩・費西伯・卡茨（Lynn Fainsilber Katz），〈夫妻如何看待過去和預見未來：從口述歷史的訪談中預測離婚〉（How a Couple Views Their Past Predicts Their Future: Predicting Divorce from an Oral History Interview），《家庭心理學期刊》5（*Journal of Family Psychology* 5〔1992〕）5，no. 3–4，頁 295–318。

6. 約翰・高特曼，《為何婚姻會成功或失敗》（*Why Marriages Succeed or Fail*〔*New York: Simon and Schuster*, 1995〕）。
7. 約翰・高特曼，《婚姻方程式》（*The Mathematics of Marriage*）。
8. 約翰・高特曼，《為何婚姻會成功或失敗》，頁 26。
9. 約翰・高特曼開發「特定情緒編碼系統」（Specific Affect Coding System, SPAFF），結合保羅・艾克曼的「臉部動作編碼系統」（Facial Action Coding System, FACS）與夫妻的編碼觀察。如此複雜且精細的編碼最初需要二十五小時來轉譯十五分鐘的互動，但現在已經減少到只需四十五分鐘便能完成。儘管六分鐘的互動經過仔細分析，是評估婚姻存續或離婚的強力預測指標，但常態的評估還是需要三小時的觀察。可參照：約翰・高特曼和茱莉・史瓦茲・高特曼，《高特曼夫妻療法的實證基礎》（*The Empirical Basis of Gottman Couples Therapy*〔Gottman Institute, 2013〕）。https://www.gottman.com/wp-content/uploads/EmpiricalBasis-Update3.pdf。六分鐘的相關討論，可參照：麥爾坎・葛拉威爾（Malcolm Gladwell），〈薄片理論：些微知識如何走得長遠〉（The Theory of Thin Slices: How a Little Bit of Knowledge Goes a Long Way），《眨眼：沒有思考的思考力量》（*Blink: The Power of Thinking Without Thinking*〔London: Allen Lane, 2005〕）。
10. 高特曼的報告提到，他預測哪些夫妻會離婚或繼續維持堅定婚姻的準確率，高達百分之九十五。然而，這項報告有幾個問題。首先，許多數據不需要預測，而是已經有個夫妻結婚六年的公式；其次，離婚的基本比率（百分之十六的夫妻在結婚六年後將離婚）似乎沒有被納入計算；最後，這項預測的呈現方式，往往讓人覺得預測的可靠性適用於每對夫妻，而不是一大群受測夫妻的統計概率。
11. 約翰・高特曼，《婚姻方程式》，頁 5–6。
12. 出處同上，頁 18。
13. 更容易受到責備而非讚美影響的傾向，是由心理學家所謂的「負面偏誤」引起的。羅伊・鮑梅斯特等人著，〈壞比好更強大〉（Bad is Stronger than Good），《普通心理學評論》5（2001）5，no. 4，頁 323–370。
14. 不同類型的負面否定反應會挾帶不同的影響。婚姻裡若有批評（例如：你是問題製造者；你的錯誤或缺失讓我感到痛苦）和蔑視（例如：你沒有拿出該有的樣子、你沒有我那麼重要）這樣的公然指責，預料會在婚後五年內離婚。情感疏離則會較晚離婚，預測大約是婚後十六點二年。此處引用的數據資料來自高特曼學院（Gottman Institute, Seattle, WA, 2014）；也可參照：約翰・高特曼，《七個讓愛延續的方法》（*The Seven Principles for Making Marriage Work*〔New York: Harmony, 2015〕），修訂版。
15. 隨著最初恐新症（neophobia）的發生或非常接近陌生人時的警惕謹慎，升高的皮質醇水平會轉變為人剛被發現的興奮感。可參照：A・迪・博爾（A. de Boer）、E・M・凡・布爾（E. M. van Buel）和 G・J・泰爾・霍斯特（G. J. Ter Horst），〈愛不只是一個吻：愛與情感的神經生物學觀點〉（Love Is More Than Just a Kiss: A Neurobiological Perspective on Love and Affection），《神經科學》201（*Neuroscience* 201〔2012〕），頁 114–124。
16. 參見本書第二章及第四章。
17. 與黛娜・克羅立・傑克的「蒙蔽眼」有關的討論，請參見本書第三章。

18. 理想化其實會削弱婚姻關係中的讚美力量。可參照：珍妮佛・湯林森（Jennifer Tomlinson）等人著，〈被崇拜的代價：過度理想化的影響〉（The Costs of Being Put on a Pedestal: Effects of Feeling Over-Idealized），《社會與個人關係期刊》31（*Journal of Social and Personal Relationships* 31〔2014〕），no. 3，頁 384–409。
19. 由於親密關係對人類生存的重要性，當我們被指責破壞關係時，很可能激起令人苦惱的內疚感。可參照：布魯斯・胡德，《馴化的大腦》，頁 211。
20. 約翰・高特曼，《婚姻方程式》，頁 29。
21. 譯註：interpersonal power，指一個人具有改變人與人關係的態度、信仰與行為的潛在能力。
22. 這些抵禦責備的討論請參見本書第三章。
23. 哈洛德・勞奇（Harold L. Rauch）等人著，《溝通、衝突與婚姻》（*Communication, Conflict, and Marriage*〔San Francisco, CA: Jossey- Bass, 1974〕），頁 2。
24. 弗里茲・海德（Fritz Heider），《人際關係心理學》（*The Psychology of Interpersonal Relations*〔New York: John Wiley and Sons, 1958〕）。
25. 瓊・坦尼等人著，〈在生命過程中，羞辱與內疚對憤怒的建設性與破壞性反應的關係〉，《性格與社會心理學期刊》70（1996），頁 797–809。
26. 譯註：AAA 是指美國汽車協會（American Automobile Association），於一九〇二年在芝加哥成立，為汽車駕駛提供公路交通圖、住宿指南的服務，如今會員服務已拓展到道路救援、車險、買車貸款、修車、租車等。AAA 在美國的影響力很大，開車族對 AAA 都不陌生。
27. 夫妻之間難免偶爾會發生責備情況，但持續發生且可以預測時，有些人並非習慣它，而是變得敏感，以至於即使是小小的責備，也會引發暴力反應。可參照：莎拉・薛特爾沃斯（Sara J. Shettleworth），《認知、進化與行為》（*Cognition, Evolution, and Behavior*〔New York: Oxford University Press, 2010〕），第二版。
28. 這個過程稱為確認偏誤（confirmation bias），可參照：雷蒙・尼克森（Raymond Nickerson），〈確認偏誤：一個在偽裝下普遍存在的現象〉（Confirmation Bias: A Ubiquitous Phenomenon in Many Guises），《普通心理學評論》2（1998），no. 2，頁 175–220。
29. 約翰・高特曼，《婚姻方程式》，頁 11。
30. 出處同上。
31. 瓊・坦尼等人著，〈羞辱與內疚的關係〉，頁 797-809。
32. 卡蘿・塔夫里斯與艾略特・艾倫森，《有人犯錯（但不是我）：為什麼我們要證明愚蠢的信仰、錯誤的決定和傷害的行為》，頁 171。
33. 保羅・艾克曼最早使用「泛濫」（flooding）這個詞。可參照：保羅・艾克曼，〈表達與情緒本質〉（Expression and the Nature of Emotion），《情緒的通道》（*Approaches to Emotion*〔Hillsdale, NJ: Lawrence Erlbaum Associates Press, 1984〕），頁 319–344。
34. 約翰・高特曼，《為何婚姻會成功或失敗》，頁 95。這些數據是以異性戀夫妻為研究對象。在女同性戀夫妻中，還是會有築起高牆的情況。所以值得注意的是，築高牆並非男人獨有的防禦方式。也可參照：約翰・高特曼，《七個讓愛延續的方法》。
35. 約翰・高特曼，《為何婚姻會成功或失敗》，頁 94–95。
36. 出處同上，頁 94。
37. 關於不忠的影響，可在雪莉・葛拉斯（Shirley Glass）和珍・柯波克・史德希林（Jean Coppock Staeheli）的書中找到非常好的描述。請參照：《不只是朋友：在不忠後重建信任與恢復理智》（*Not "Just Friends": Rebuilding Trust and Recovering Your Sanity After Infidelity*〔New York: The Free Press, 2008〕）。
38. 這些腦區包括有杏仁核、伏隔核（nucleus accumbens）、腹側被蓋區（ventral tegmental area, VTA）、小腦、和腦下垂體。

39. 催產素（和催乳素）通常被稱為「雌激素」（女性荷爾蒙），因為它們在女性分娩和哺乳期間具有形成感情紐帶的功能，不過它們也參與男性與他們新生兒形成感情紐帶的過程。可參照：艾拉妮特・高登（Ilanit Gordon）等人著，〈催乳素、催產素與初為人父前六個月的父親行為發展〉（Prolactin, Oxytocin, and the Development of Paternal Behavior Across the First Six Months of Fatherhood），《荷爾蒙與行為》58（2010），頁 513–518。
40. 迪・博爾、凡・布爾和泰爾・霍斯特，〈愛不只是一個吻〉，頁 114–124。
41. 隨著最初「恐新症」的發生或非常接近陌生人時的警惕謹慎，升高的皮質醇水平會轉變為人剛被發現的興奮感。可參照：迪・博爾、凡・布爾和泰爾・霍斯特，〈愛不只是一個吻〉，頁 114–124。
42. 梅姬・斯卡夫，《九月之歌》（*September Songs*〔New York: Riverhead Books, 2008〕），頁 238。
43. 史考特・愛德華斯（Scott Edwards）與大衛・塞爾夫（David Self），〈一夫一妻制：多巴胺打結了〉（Monogamy: Dopamine Ties the Knot），《自然神經科學》9（*Nature Neuroscience* 9〔2006〕），頁 7–8。
44. 自從在兩個密切相關的物種中，發現非常不同的社會行為模式和配對結合——一夫一妻的草原田鼠（prairie vole）和多夫多妻的草甸田鼠（meadow vole），人類忠誠的問題已躍升一個等級。有一種特殊的抗利尿激素（vasopressin，又稱血管加壓素）受體（稱為 V1A），傳遞出的忠誠度高於雜交的草甸田鼠。在一項實驗中，草原田鼠的 V1A 基因被轉移到草甸田鼠（腹側前腦），結果草甸田鼠對一個特定配偶產生更高的偏好。所以，在兩個物種中當抗利尿激素（一種依附關係的激素）和多巴胺（一種獎勵激素）調節配偶關係的行為時，一種特殊受體似乎同時在忠誠和濫交之間製造差異。可參照：米蘭達・李姆（Miranda M. Lim）等人著，〈透過操縱單個基因的表現提高雜交物種的伴侶偏好〉（Enhanced Partner Preference in a Promiscuous Species by Manipulating the Expression of a Single Gene），《自然》429（*Nature* 429〔2004〕），頁 754–757。人類男性的神經受體已經發現到類似的變異，特別是在多巴胺受體。假設「隨意」性行為的風險很高，但獲得的回報令人滿足，根據這個不確定的假設，腦中有一種特殊的多巴胺湧動（一種特別能帶來快感的回報），讓多巴胺受體具有特定變體（稱為 D4）的男性，對於不忠感到無法抗拒，可參照：賈斯汀・嘉西亞（Justin Garcia）等人著，〈多巴胺 D4 受體基因變異與不忠和性濫交之間的關聯〉（Associations Between Dopamine D4 Receptor Gene Variation with Both Infidelity and Sexual Promiscuity），《公共科學圖書館：綜合》5（2003），頁 1–6。這些觀點令人感興趣，但沒有科學依據能夠斷言，一個人的基因與他（她）的忠誠或濫交之間，存在因果關係。人類身為一個物種，在社交和性行為方面具有靈活性。
45. 因為一個更複雜的社會世界的育兒需求，一夫一妻制可能在兩萬到四萬年前發展成為一種繁殖策略（reproductive strategy）。可參照：莎拉・布拉弗・賀帝（Sarah Blaffer Hrdy），《母親與他人：相互理解的進化起源》（*Mothers and Others: The Evolutionary Origins of Mutual Understanding*〔Cambridge, MA: Harvard University Press, 2011〕）。
46. 卡蘿・魯斯巴特（Caryl E. Rusbult）、約翰・馬爾茲（John M. Martz）、與克里斯多夫・艾格紐（Christopher R. Agnew），〈投入模式量表：衡量承諾感、滿意度、替代品質和投入多寡〉（The Investment Model Scale: Measuring Commitment Level, Satisfaction Level, Quality of Alternatives, and Investment Size），《個人關係》5（*Personal Relationships* 5〔1998〕），頁 357–391；卡蘿・魯斯巴特，〈浪漫主義社團的承諾與滿足：投資模式的檢驗〉（Commitment and Satisfaction in Romantic Associations: A Test of the Investment Model），《實驗與社會心理學期刊》16（*Journal of Experimental and Social Psychology* 16〔1980〕），頁 172–186。約翰・高特曼、茱莉・高特曼、與丹尼爾・席格共同撰述，《忠誠與不忠的科學與創造》（*The*

Science and Creation of Fidelity and Infidelity〔2014〕）。
47. 約翰・高特曼、茱莉・高特曼與丹尼爾・席格，《忠誠與不忠的科學與創造》。
48. 出處同上。
49. 珍妮特・雷布斯坦（Janet Reibstein），〈評論：處理外遇問題的不同視角〉（Commentary: A Different Lens for Working with Affairs），《家庭治療期刊》35（*Journal of Family Therapy* 35〔2011〕），no. 4，頁 368–380。
50. 出處同上。
51. 出處同上。
52. 這個團體的組成成員，是我在十八個月期間密切注意的十二對夫妻，我每隔三個月會與他們會面，並請他們持續用日記記錄自己的婚姻關係，然後三人在會面時一同討論。這項研究工作由萊弗爾梅信託基金資助。
53. 羅賓・斯特恩（Robin Stern），《煤氣燈效應：如何發現並逃出別人用來控制你生活的隱藏操縱》（*The Gaslight Effect: How to Spot and Survive the Hidden Manipulation that Others Use to Control Your Life*〔New York: Harmony, 2007〕）。
54. 喬治・寇克曾以執導的《窈窕淑女》一片獲得奧斯卡最佳導演獎。電影《煤氣燈下》（*Gaslight*）是根據派屈克・哈米爾頓（Patrick Hamilton）一九三八年的舞台劇《天使街》（*Angel Street*）改編。
55. 羅伊・鮑梅斯特、阿琳・史提威爾（Arlene M. Stillwell）、與陶德・希瑟頓（Todd F. Heatherton），〈內疚：一種人際關係〉（Guilt: An Interpersonal Approach），《心理學公報》115（1994），no. 2，頁 243–267。
56. 雷布斯坦，〈評論：處理外遇問題的不同視角〉，頁 368–380；丹尼・德・赫日蒙（Denis de Rougemont），《西方世界中的愛》（*Love in the Western World*〔New York: Fawcett, 1956〕）。
57. 背叛者在另一半眼中看到自己墮落的形象時，會感到悲傷，這部分的敏感探討可參照：雪莉・葛拉斯，《不只是朋友》，頁 166。
58. 卡蘿・塔夫里斯與艾略特・艾倫森，《有人犯錯（但不是我）》，頁 177。
59. 約翰・高特曼，《為何婚姻會成功或失敗》；約翰・高特曼與茱莉・高特曼，《婚姻診療室》（*The Marriage Clinic*〔New York: W. W. Norton, 1999〕）；茱莉・史瓦茲・高特曼，《婚姻診療室案例選輯》（*The Marriage Clinic Casebook*〔New York: W. W. Norton, 2004〕）。
60. R・L・懷斯（R. L. Weiss）與M・C・切雷多（M. C. Cerreto），〈婚姻狀況清單：衡量離婚可能性的發展〉（The Marital Status Inventory: Development of a Measure of Dissolution Potential），《美國家庭治療期刊》8（The American *Journal of Family Therapy* 8〔1980〕），頁 80–86。
61. 克莉絲緹娜・斯達索（Christina Stoessel）等人著，〈戀情幸福與不幸福的人的神經活動差異性和相似性：功能性磁振造影研究〉（Differences and Similarities on Neuronal Activities of People Being Happily and Unhappily in Love: a Functional Magnetic Resonance Imaging Study），《神經精神生物學》64（*Neuropsychobiology* 64〔2011〕），no. 1，頁 52–60。
62. 約翰・高特曼，《婚姻方程式》，頁 19。
63. 但研究顯示，夫妻可以經由訓練，將注意力放在伴侶的正向特質上。伊莉莎白・羅賓森（Elizabeth A. Robinson）與M・蓋爾・普萊斯（M. Gail Price），〈夫妻互動的愉快行為：一項觀察研究〉（Pleasurable Behavior in Marital Interaction: An Observational Study），《諮詢和臨床心理學期刊》48（*Journal of Consulting and Clinical Psychology* 48〔1980〕），頁 177–188。在被形容「不快樂」的夫妻裡，羅賓森和普萊斯發現，他們只注意到另一半百分之五十的正面提議，但每個人都可以透過訓練來看到更多正向行為。
64. 出處同上。

65. 約翰·高特曼和茱莉·高特曼，《婚姻診療室》。
66. 約翰·高特曼，《婚姻方程式》，頁 165。關於外遇後癒合的過程和挑戰，可以在約翰·高特曼、茱莉·史瓦茲·高特曼與丹尼爾·席格合著的書中，讀到十分詳盡的論述；請參照：《外遇後的癒合：高特曼夫妻療法》（*Healing From After An Affair—Gottman Couples Therapy*〔2014〕）。也可參照：約翰·高特曼和茱莉·史瓦茲·高特曼，《爭吵或憾事的後果》（*Aftermath of a Fight or Regrettable Incident*〔2015〕）。

第七章　職場上的讚美和責備

1. 班·達特納，《責備遊戲：功勞和責備的潛規則如何決定我們的成敗》（*The Blame Game: How the Hidden Rules of Credit and Blame Determine Our Success or Failure*〔New York: Free Press, 2011〕），頁 3。
2. 迪尼斯·布魯肖（Denise M. Breaux）等人著，〈政治作為課責制工作滿意度關係的仲裁者：三項研究的證據〉（Politics as a Moderator of the Accountability Job Satisfaction Relationship: Evidence Across Three Studies），《管理期刊》35，（*Journal of Management* 35〔2009〕），no. 2，頁 307–326。
3. 彼得·洪（Peter Hom）和安哲羅·基尼奇（Angelo Kinicki），〈深入了解不滿如何迫使員工離職〉（Towards a Greater Understanding of How Dissatisfaction Drives Employee Turnover），《美國管理學會學報》44（*The Academy of Management Journal* 44〔2001〕），no. 5，頁 975–987。
4. 韋恩·霍奇華特（Wayne A. Hochwarter）等人著，〈對他人感知權利行為的應變反應，視為情境壓力源：政治巧在三個樣本中的調節角色〉（Strain Reactions to Perceived Entitlement Behavior by Others as a Contextual Stressor: Moderating Role of Political Skill in Three Samples），《職業健康心理學期刊》15（*Journal of Occupational Health Psychology* 15〔2010〕），no. 4，頁 388–398。
5. 威爾·菲爾普斯（Will Felps）等人著，〈離職感染：同事的工作鑲崁性與求職行為如何影響離職〉（Turnover Contagion: How Coworkers' Job Embeddedness and Coworkers' Job Search Behaviors Influence Quitting），《美國管理學會學報》52（2009），no. 3，頁 545–561。
6. 《雅歌》（*Song of Songs*）第七章第四節（新英王詹姆士譯本）。
7. 我在英國大學的職稱是資深導師（senior tutor），不過在美國大學是學院院長的職務。
8. 歐盟補助金，「第五期架構計畫」（Fifth Framework），《工作／生活平衡》（*Work/Life Balance*〔Ralfa.org and Newnham College, 2003〕）。
9. 奧利佛·詹姆斯，《辦公室政治：如何在謊言、背叛和卑鄙伎倆的世界成長茁壯》（*Office Politics: How to Thrive in a World of Lying, Backstabbing and Dirty Tricks*〔London: Vermillion, 2013〕）。
10. 班·達特納，《責備遊戲》。
11. 譯註：Sayre's law，對某事評價的興趣總是和其價值成反比，也就是愈不重要的事，人們愈有熱情去爭議、愈想評判。
12. 查爾斯·伊薩維（Charles Issawi）在自己的書中引用塞爾提出的法則，可參照：查爾斯·伊薩維，《伊薩維的社會運動法則》（*Issawi's Laws of Social Motion*〔New York: Hawthorn Books, 1973〕），頁 178。
13. 關於觀察行為是否改變行為的問題，既不能被忽視也不能被克服。「霍桑效應」有時被稱為「觀察者效應」，是一九三〇年代研究人員試圖評估照明度對工作效率的影響時，所發現的；一段時間後，他們得出的結論是：照明度只是次要的，影響工人生產力的因素，是有人在觀察他們；可參照：艾爾頓·梅奧（Elton Mayo），〈霍桑和西部電器公司〉

（Hawthorne and the Western Electric Company），《工業文明的社會問題》（*The Social Problems of an Industrial Civilisation*〔London: Routledge, 1949〕），頁 60–76。然而，這項說法隨後受到質疑；可參照：史蒂芬．列維特（Steven Levitt）和約翰．李斯特（John List），〈霍桑工廠真的有霍桑效應嗎？原始照度實驗分析〉（Was There Really a Hawthorne Effect at the Hawthorne Plant? An Analysis of the Original Illumination Experiments），《美國經濟期刊：應用經濟》3（*American Economic Journal: Applied Economics* 3〔2011〕），no. 1，頁 224–238。

14. 布魯斯．胡德，《馴化的大腦》，頁 14–15。
15. 奧利佛．詹姆斯，《辦公室政治》，頁 219。
16. 吳俊輝（Junhui Wu）、丹尼爾．貝利艾特（Daniel Balliet）、與保羅．凡朗（Paul A.M. Van Lange），〈八卦與懲罰：促進和維護合作的聲譽效率〉（Gossip Versus Punishment: The Efficiency of Reputation to Promote and Maintain Cooperation），《科學報告》6（Scientific Reports 6〔2016〕），doi：10.1038/srep23919。
17. 理查．戴維森與夏倫．貝格利，《情緒大腦的祕密檔案：從探索情緒形態到實踐正念冥想》，頁 246。
18. 尚－弗杭索瓦．曼佐尼（Jean-Francois Manzoni）與尚－路易．巴梭（Jean-Louise Barsoux）寫道：「『責備』這兩個字或許太強烈了，但方向是對的。」，可參照：〈導致員工失敗症候群〉（The Set-Up To Fail Syndrome），《哈佛商業評論》（*Harvard Business Review*），March–April 1998。
19. 歐盟補助金，「第五期架構計畫」，《職場的家庭友好政策》（*Family Friendly Policies in Workplaces*〔Ralfa.org and Newnham College, Cambridge, 2003〕）。
20. 尚－弗杭索瓦．曼佐尼與尚－路易．巴梭，〈導致員工失敗症候群〉。
21. 這人約是總人口的百分之一。可參照：保羅．巴比亞克與羅伯．海爾，《穿西裝的蛇：當精神病患者在職場時》。
22. 內森．布魯克斯（Nathan Brooks）與卡特琳娜．弗里岑（Katarina Fritzon），〈非犯罪精神病的出現〉（The Emergence of Noncriminal Psychopathy〔Melbourne, September 2016〕），提交給澳洲心理學協會大會（Australian Psychological Society Congress）的論文。
23. 這個訪談是由本書作者於二〇〇三年四月四日在英國劍橋進行的家庭友好實踐研究，由歐盟補助金資助。「第五期架構計畫」，《工作／生活平衡》。
24. 珍．圖溫吉（Jean Twenge）與基斯．坎貝爾，《自戀流行病：生活在權利時代》（*The Narcissistic Epidemic: Living in the Age of Entitlement*〔New York: Free Press, 2009〕）。
25. 可參照：尼克．高溫（Nick Gowing）與克里斯．蘭登（Chris Langdon），《思考難以想像的事：數位時代領導力新要務》（*Thinking the Unthinkable: A New Imperative for Leadership in the Digital Age*〔London: Chartered Institute of Management Accountants, 2016〕）。
26. 奧利佛．詹姆斯，《辦公室政治》。
27. 出處同上，頁 173。
28. 漢娜．賽林格森，《老鳥不告訴妳的事》（New York: Citadel, 2008）。
29. 可參照：迪克．格洛特（Dick Grote），〈考績指標的神話〉（The Myth of Performance Metrics），《哈佛商業評論》，September 12, 2011，https://hbr.org/2011/09/the-myth-of-performance-metric。
30. 關於設定目標可能會如何產生不當獎勵的最佳討論，可參照：昂諾娜．歐尼爾（Onora O'Neill），〈信任問題〉（A Question of Trust〔BBC Reith Lectures, Cambridge, UK, 2002〕），http://downloads.bbc.co.uk/rmhttp/radio4/transcripts/20020403_reith.pdf。
31. 史蒂芬．爾辛（Steven Rsin）、史蒂芬．史班瑟（Steven J. Spencer）、與史蒂芬．費恩（Steven Fein），〈自我形象維護的偏見：透過貶低他人來肯定自我〉（Prejudice as Self-Im-

age Maintenance: Affirming the Self through Derogating Others），《性格與社會心理學期刊》73（1997），no. 1，頁 31–44。

32. 例子可參照：奧利佛．詹姆斯，《辦公室政治》；也可參照：布洛曼（Broverman）等人著，〈性別角色的刻板印象與心理健康的臨床判斷〉（Sex-Role Stereotypes and Clinical Judgments of Mental Health），《諮詢和臨床心理學期刊》34（1970），no. 1，頁 1–7。
33. 在一個含括諮詢公司、大學、公立醫院、和超市的研究計畫中，我採訪了十七位不同階層的人。這個研究計畫由歐盟補助金資助，「第五期架構計畫」，《職場的家庭友好實踐》（*Family Friendly Practices in Workplaces*〔Ralfa.org and Newnham College, Cambridge, 2003〕）。
34. 希薇亞．貝爾（Sylvia Beyer），〈自我評價表現準確性的性別差異〉（Gender Differences in the Accuracy of Self-Evaluation of Performance），《性格與社會心理學期刊》59（1990），no. 5，頁 960–970；也可參照：希瑟．薩森斯（Heather Sarsons）與郭煦（Guo Xu），〈騙徒？性別與信心：頂尖經濟學家的證據〉（Confidence Men? Gender and Confidence: Evidence Among Top Economists），《哈佛學人》（*Harvard Scholar*），July 14, 2015，https://scholar.harvard.edu/files/sarsons/files/confidence_final.pdf。
35. 波妮塔．隆恩（Bonita C. Long）與雪倫．卡恩（Sharon E. Kahn），《女性、工作、和應對：針對職場壓力的多學門方法》（*Women, Work, and Coping: A Multidisciplinary Approach to Workplace Stress*〔Toronto: McGill Queens University Press, 1993〕）。
36. 露西．凱勒薇，〈為明智使用讚美的主管喝采〉（Kudos to Bosses Who Use Praise Wisely），《金融時報》，May 24, 2009，https://www.ft.com/content/093cc1c6-9154-438d-b5bb-386cc352ce1c?mhq5j=e1。
37. 伍夫維．梅耶（Wulfe-Uwe Meyer），〈讚美與批評對覺知能力的矛盾效應〉（Paradoxical Effects of Praise and Criticism on Perceived Ability），《歐洲社會心理學評論》3（1992），頁 259–283。
38. 瑪札琳．貝納基（Makzarin Banaji）和安東尼．格林華德（Anthony Greenwald），《好人怎麼會幹壞事？我們不願面對的隱性偏見》（*Blindspot: Hidden Biases of Good People*〔*New York: Delacorte Press*, 2013〕）；也可參照：阿里．雷佐伊（Ali Rezaei），〈內隱聯結測驗的有效性和可靠性：衡量性別和種族的刻板印象〉（Validity and Reliability of the IAT: Measuring Gender and Ethnic Stereotypes），《電腦與人類行為》27（*Computers in Human Behavior* 27〔2011〕），no. 5，頁 1937–1941。
39. 此一結果來自性別－職業內隱聯結測驗（Gender-Career IAT）。可以上網測驗，看看自己的得分：https://implicit.harvard.edu/implicit/user/agg/blindspot/indexgc.htm。
40. 瑪札琳．貝納基和安東尼．格林華德，《好人怎麼會幹壞事？我們不願面對的隱性偏見》；也可參照：班．達特納，《責備遊戲》，頁 61。
41. 寇德麗雅．范恩，《住在大腦裡的八個騙子》，頁 155；也可參照：陳馬克（Mark Chen）與約翰．巴夫，〈潛意識行為確認過程：習慣性的刻板印象激活的自我應驗後果〉（Non-conscious Behavioral Confirmation Processes: the Self-Fulfilling Consequences of Automatic Stereotype Activation），《實驗與社會心理學期刊》33（1997），no. 5，頁 541–560。
42. 瑪札琳．貝納基和安東尼．格林華德，《好人怎麼會幹壞事？我們不願面對的隱性偏見》；也可參照：阿里．雷佐伊，〈內隱聯結測驗的有效性和可靠性：衡量性別和種族的刻板印象〉，頁 1937–1941。
43. 令人驚訝的是，當一個人蔑視刻板印象時，往往是為了維護這種偏見：斷定一名傑出的工程師是一位不凡的女性，完全就是假設「大多數女性缺乏成為工程師的技能」。可參照：席瓦．康達和凱瑟琳．歐森（Kathryn C. Oleson），〈當例外證明規則：極端偏差如何決定異常例子對刻板印象的影響〉（When Exceptions Prove the Rule: How Extremity of Deviance

Determines the Impact of Deviant Examples on Stereotypes），《性格與社會心理學期刊》72（1997），no. 5，頁 965–979。

44. 卡蘿・瑞佛絲（Caryl Rivers）和蘿莎琳・巴奈特（Rosalind Barnett），《女性的新柔性戰爭：女性優越神話如何傷害女性、男性——和我們的經濟》（*The New Soft War on Women: How the Myth of Female Ascendance Is Hurting Women, Men—And Our Economy*〔New York: Tarcher, 2015〕）。
45. 可參照：理查・克里斯普（Richard Crisp），《社會大腦：多樣性如何形塑現代心智》（*The Social Brain: How Diversity Made the Modern Mind*〔London: Robinson, 2015〕）。
46. 寇德麗雅・范恩用「偏執的護目鏡」（bigot goggles）來形容透過帶有偏見的眼睛看世界：范恩，《住在大腦裡的八個騙子》，頁 145。
47. 許多大學都渴望證明自己沒有偏見，並亟欲改善教職員的多樣性。他們都認為任用女性對部門有利。雖然如此，也儘管女學生在數學和科學方面十分努力，美國總統顧問委員會二〇一二年的報告，也力促增加女性在數學和科學方面的培訓和任用，但對於經歷及資格相當的候選人，遴選委員對男性候選人的評估仍高於女性：總統科技顧問委員會（President's Council of Advisors on Science and Technology），〈保證卓越：額外培養一百萬名具科學、技術、工程、和數學學位的大學畢業生〉（Engage to Excel: Producing One Million Additional College Graduates with Degrees in Science, Technology, Engineering, and Mathematics〔Washington, DC, Executive Office of the President, 2012〕）。https://obamawhitehouse.archives.gov/sites/default/files/microsites/ostp/pcast-engage-to-excel-final_2-25-12.pdf。
48. 伊莉莎白・史培基（Elizabeth S. Spelke），〈數學與科學本質傾向的性別差異？一個關鍵性的評論〉（Sex Differences in Intrinsic Aptitude for Mathematics and Science? A Critical Review），《美國心理學家》60（2005），頁 950–958。
49. 厄內斯托・魯班（Ernesto Reuben）、寶拉・薩皮恩扎（Paola Sapienza）與路易吉・津加雷斯（Luigi Zingales），〈刻板印象如何削弱女性在科學界的職涯〉（How Stereotypes Impair Women's Careers in Science），《美國國家科學院院刊》111（2014），no. 12，頁 4403–4408；也可參照：麗莎・威廉斯（Lisa Williams），〈根據考績任用的問題？他們也有性別偏見〉（The Problem with Merit- Based Appointments? They're Not Free from Gender Bias Either），《談話》（*The Conversation*〔July 29, 2015〕），http://theconversation.com/the-problem-with-merit-based-appointments-theyre-not-free-from-gender-bias-either-45364。也可參照：歐洲研究與創新委員會（European Commission for Research and Innovation），〈性別與科學研究的後設分析〉（Meta-Analysis of Gender and Science Research〔Brussels: European Commission, 2012〕），https://ec.europa.eu/research/swafs/pdf/pub_gender_equality/meta-analysis-of-gender-and-science-research-synthesis-report.pdf。
50. 科琳娜・莫斯－拉庫辛（Corinne A. Moss-Racusin）等人著，〈科學系所隱約的性別偏見有利於男學生〉（Science Faculty's Subtle Gender Biases Favor Male Students），《美國國家科學院院刊》111（2012），no. 2，頁 16474–16479。
51. 約翰・坎貝爾（John Campbell），《瑪格麗特・柴契爾傳記，輯一：雜貨店女兒》（*Margaret Thatcher, vol. 1, The Grocer's Daughter*〔London: Jonathan Cape, 2000〕）。
52. 克勞德・史提爾（Claude M. Steele），《韋瓦第效應：你的人生是不是被貼了標籤？別讓刻板印象框住，普林斯頓大學必讀心理學講義》（*Whistling Vivaldi: How Stereotypes Affect Us and What We Can Do*〔New York: Norton, 2010〕），頁 119–120、149；大衛・薩克（David Sadker）和凱倫・齊托曼（Karen R. Zittleman），《公平仍然失敗：性別偏見如何欺騙學校的女孩和男孩，以及我們能做什麼》（*Still Failing at Fairness: How Gender Bias Cheats Girls and Boys in School and What We Can Do About It*〔New York: Scribner, 2009〕）；艾琳・布萊爾（Irene

V. Blair），〈習慣性的刻板印象與偏見的可塑性〉（The Malleability of Automatic Stereotype and Prejudice），《性格與社會心理學評論》6（Personality and Social Psychology Review 6〔2002〕），no. 3，頁 242–261。

53. B．L．傅德瑞克森（B.L. Frederickson）等人著，〈泳衣變成你：自我人格物化、抑制飲食和數學表現的性別差異〉（That Swimsuit Becomes You: Sex Differences in Self-Objectification, Restrained Eating, and Math Performance），《性格與社會心理學期刊》75（1998），no. 1，頁 269–284。
54. 引述自：珍妮．莫瑞，〈瑪格麗特．柴契爾為女性做了什麼？〉（What Did Margaret Thatcher Do for Women?），《衛報》（*The Guardian*），April 9, 2013，https://www.theguardian.com/politics/2013/apr/09/margaret-thatcher-women。
55. 簡寧．威利斯（Janine Willis）和亞歷山大．托多羅夫（Alexander Todorov），〈第一印象：對一張臉暴露〇．一秒後，下定決心〉（First Impressions: Making Up Your Mind After a 100-Ms Exposure to a Face），《心理科學》17（2006），no. 7，頁 592–598。
56. 丹尼爾．康納曼（Daniel Kahneman）提供了很棒的說明，可參照：《快思慢想》（*Thinking: Fast and Slow*〔New York: Penguin, 2012〕）。
57. 亞歷山大．托多羅夫，〈從臉部推斷能力來預測選舉結果〉（Inferences of Competence from Faces Predict Election Outcomes），《科學》308（2005），no. 5728，頁 1623–1626；傑洛米．比桑茲（Jeremy Biesanz）等人著，〈我們知道哪時對別人的印象是正確的嗎？在人格的第一印象上實際準確察覺的證據〉（Do We Know When Our Impressions of Others Are Valid? Evidence for Realistic Accuracy Awareness in First Impressions of Personality），《社會心理與人格科學》2（*Social Psychological and Personality Science* 2〔2011〕），no. 5，頁 452–459。
58. 約翰．巴夫和伊迪特．沙萊夫（Idit Shalev），〈日常生活中，身體和社會溫暖的可替代性〉（The Substitutability of Physical and Social Warmth in Daily Life），《情緒》12（2012），no. 1，頁 154–162，doi：10.1037/a0023527。
59. 約翰．巴夫和伊迪特．沙萊夫，〈日常生活中，身體和社會溫暖的可替代性〉。
60. 艾德．夏恩，《職涯動態：使個人與組織需求相配》（*Career Dynamics: Matching Individual and Organizational Needs*〔New York: Addison-Wesley, 1978〕）。
61. 麥可．馬穆等人著，〈英國公務員的健康不均：白廳二期研究〉（Health Inequalities among British Civil Servants: The Whitehall II Study），《柳葉刀》337（*Lancet* 337〔1991〕），no. 8754，頁 1387–1398。
62. 麥可．馬穆，《地位症候群》。
63. 《柯林斯英語詞典》（*Collins English Dictionary*），第十二輯，在「尖角與光環效應」詞條下（horns and halo effect）。
64. 改善生活方式就會改善健康狀況，但機率只有三分之一；可參照：麥可．馬穆，《地位症候群》，頁 46。
65. 「反映工作性質的社會經濟指標，最能預測男性死亡率的社會梯度。反映一般社會地位的衡量標準，最能預測女性的社會梯度。」（麥可．馬穆，《地位症候群》，頁 43）
66. 這種相對讚美的敏感性可能讓人類看起來與眾不同，但其他靈長類動物也有這種敏感性。弗蘭斯．德瓦爾關於猴子和黑猩猩的研究顯示，其他靈長類動物也會經歷嫉妒，或者關心獎勵的相對價值。德瓦爾指出，當同種的另一名成員以「同工」獲得更好的報酬時，動物也會抗議。一隻滿意芹菜和黃瓜的猴子會在另一隻猴子得到更香甜的葡萄時抗議，不僅變得消沉，而且拒絕接受較差的芹菜或黃瓜。當牠們看到鄰居獲得比較好的食物時，會嫌棄自己的食物。可參照：莎拉．布洛斯南（Sarah F. Brosnan）和弗蘭斯．德瓦爾，〈猴子拒絕不平等的獎勵〉（Monkeys Reject Unequal Pay），《自然》425（2003），頁 297–299。

67. 一九二〇年，心理學家愛德華・桑代克（Edward Thorndike）首次使用「光環效應」這個詞。他發現部會官員通常評判「他們的人」不是好就是壞，幾乎沒有混合特徵；據說很少有人在某方面很好，但在另一方面很差。可參照：愛德華・桑代克，〈精神症狀評量的一個固定誤差〉（A Constant Error in Psychological Ratings），《應用心理學期刊》4（*Journal of Applied Psychology* 4〔1920〕），no. 1，頁 25–29；也可參照：理查・尼斯貝特（Richard Nisbett）和提摩太・威爾森（Timothy D. Wilson），〈光環效應：潛意識改變判斷的證據〉（The Halo Effect: Evidence for Unconscious Alteration of Judgments），《性格與社會心理學期刊》35（1997），no.4，頁 250–256。
68. 麥可・馬穆指出，即便每個人的收入相同，仍有社會地位不同和相應差異的健康狀況。可參照：麥可・馬穆，《地位症候群》，頁 63。
69. 艾倫・狄波頓，《地位焦慮》（*Status Anxiety*〔New York: Vintage, 2005〕）。
70. 喬治・威朗特，《適應人生》（*Adaptation to Life*〔Boston: Little, Brown〕），頁 162。
71. 可參照：尼克・高溫與克里斯・蘭登，《思考難以想像的事：數位時代領導力新要務》。
72. 羅莎貝斯・摩斯・肯特（Rosabeth Moss Kanter），《當巨人學會跳舞：企業成功的終極指南》（*When Giants Learn to Dance: the Definitive Guide to Corporate Success*〔New York: Simon and Schuster, 1990〕）。
73. 當事情出錯而沒人願意接受責備時，整個社會也是脆弱的。對於不接受並適應改變，以致整個社會瓦解，賈德・戴蒙（Jared Diamond）提供了可怕的例子。復活節島上戰爭肆虐，一群人因為他們的困境而指責另一群人，卻沒注意到，他們可以輕易採取垂手可得的補救辦法。可參照：賈德・戴蒙，《大崩壞：人類社會的明天？》（*Collapse: How Societies Choose to Fail or Survive*〔London: Allen Lane, 2005〕）。
74. 黛安・庫圖（Diane L. Coutu），〈艾德・夏恩：學習的焦慮——組織學習的黑暗面〉（Edgar Schein: The Anxiety of Learning—The Darker Side of Organizational Learning），《哈佛商學院知識管理》（*Harvard Business School Working Knowledge*），被引用於：班・達特納，《責備遊戲》，頁 145。
75. 有關如何透過自我察覺達到有效改變的說明，可參照前ＩＢＭ總裁和執行長的論述：路・葛斯納（Lou Gerstner），《誰說大象不會跳舞？》（*Who Says Elephants Can't Dance?*〔New York: Collins, 2002〕）。
76. 針對此目標，「邁爾斯－布里格斯人格類型指標」（Myers-Briggs Type Indicator, MBTI）是最常見的性格分類。卡爾・榮格（Carl Jung）將人們處理事務、組織思想、制定決策、和確定優先順序的不同方式進行分類，伊莎貝爾・邁爾斯（Isabel Myers）和凱薩琳・布里格斯（Katherine Briggs）便是依賴榮格的分類。使用ＭＢＴＩ的執行教練很可能會強調，如何理解自己的偏好和方法，以及其他人的偏好和方法，有助於從員工身上獲得最大效益。可參閱：卡爾・榮格，《尋找靈魂的現代人》（*Modern Man in Search of a Soul*〔Orlando, FL: Harcourt, 1933〕）；伊莎貝爾・邁爾斯和凱薩琳・布里格斯等人著，《ＭＢＴＩ手冊：邁爾斯－布里格斯人格類型指標的開發和使用指南》（*MBTI Manual: A Guide to the Development and Use of the Myers-Briggs Type Indicator*〔Mountain View, CA: Consulting Psychologists Press, 1998〕），第三輯。
77. 由於缺乏科學依據，邁爾斯－布里格斯人格類型指標最近受到嚴厲批評。透過分配固定的人格類型，提供評估，預測人們如何在團隊中工作、如何在各種情況下做出反應。如同約翰・洛斯特（John Rust）教授所言，「測試可能會讓你改觀，讓人們相信自己屬於某種類型，更像是占星術。」可參照：穆拉德・艾哈邁德（Murad Ahmed），〈是否邁爾斯－布里格斯人格類型指標真的適用？〉（Is Myers-Briggs up to its job），《金融時報》，February 11, 2016，https://www.ft.com/content/8790ef0a-d040-11e5-831d-09f7778e7377?mhq5j=e1。也可參照：安妮・墨菲・保羅（Annie Murphy Paul），《人格崇拜》（*The Cult of Personality*〔Washington, DC: Free Press, 2004〕）。

78. 安德魯・格林華德（Andrew Greenwald），〈極權主義的自我意識：個人歷史的創造和修正〉（The Totalitarian Ego: Fabrication and Revision of Personal History），《美國心理學家》35（1980），頁 603–618。

第八章 社群媒體的讚美與責備

1. 對於評判一個人有信心，和準確評判人無關。舉例來說，很多人相信自己很擅長判斷一個人是說謊或講真話，他們評判正確的頻率，經常就和隨機猜對是一樣的。可參照：阿德頓・維吉（Aldert Vrij）、帕・安德斯・格蘭哈哥（Par Anders Granhag）與史蒂芬、波特（Stephen Porter），〈非言語和言語謊言檢測中的陷阱和機會〉（Pitfalls and Opportunities in Nonverbal and Verbal Lie Detection），《公共利益中的心理科學》1（*Psychological Science in the Public Interest* 1〔2010〕），no. 13，頁 89–121。
2. 莉安・譚布林克（Leanne ten Brinke）、岱娜・史汀生（Dayna Stimson）與戴娜・卡尼（Dana Carney），〈潛意識謊言檢測的證據〉（Some Evidence for Unconscious Lie Detection），《心理科學》25（2014），頁 1098–1105。
3. 麥克・維卡里歐（Michela Vicario）等人著，〈網路錯誤資訊的傳播〉（The Spreading of Misinformation Online），《美國國家科學院院刊》113（2015），no. 3，頁 554–559。
4. 臉書設定的最低使用年齡是十三歲，但有些國家的法律規定額外的限制。
5. 這是截至二〇一六年三月的數據（臉書新聞室）。
6. 馬修・李伯曼，《社交：為什麼人的大腦天生就要連結》（*Social: Why Our Brains Are Wired to Connect*〔New York: Broadway Books, 2014〕）。
7. 臉書管理層考慮過，但後來決定否決「不讚」按鈕，大概是因為它不符合該網站樂觀歡樂的形象。可參照：山姆・柯爾特（Sam Colt），〈臉書可能增加「不讚」的按鈕〉（Facebook May Be Adding a 'Dislike' Button），《Inc.》，December 12, 2014，https://www.inc.com/business-insider/facebook-may-be-adding-a-dislike-button.html，though this has not yet been rolled out，可參照：克里斯多福・扎拉（Christopher Zara），〈臉書正在測試「不讚」按鈕，但當中有玄機〉（Facebook Is Testing Out a Dislike Button, But There's a Catch），《快公司》（*Fast Company*），March 6, 2017，https://news.fastcompany.com/facebook-is-testing-out-a-dislike-button-but-theres-a-catch-4031826。然而，臉書確實添加代表「哇」「難過」和「生氣」的表情符號。這些符號和留言的設置，就足夠表達決定性的否決意見了。
8. 南希・喬・塞爾斯，《美國女孩：社群媒體與青少年的祕密生活》（*American Girls: Social Media and the Secret Life of Teenagers*〔New York: Knopf, 2016〕）。
9. 泰莉・艾普特，《改變的愛：母親與青春期的女兒》。
10. 這項研究於一九九〇年首次發表，但訪談時間在一九八六年至一九八九年。
11. 泰莉・艾普特，《改變的愛：母親與青春期的女兒》，頁 32。
12. 艾胥黎・安德森（Ashley A. Anderson）等人著，〈厭惡效應：新興科技中的網路不文明與風險認知〉（The 'Nasty Effect': Online Incivility and Risk Perception in Emerging Technologies），《電腦中介傳播期刊》19（*The Journal of Computer-Mediated Communication* 19〔2013〕），no. 3，頁 373–387。
13. 琳達的案例引用自：泰莉・艾普特，《改變的愛：母親與青春期的女兒》，頁 29–30。
14. 出處同上，頁 29。
15. 〈網路霸凌〉（Online Bullying），《比特防毒資源中心》（*Bitdefender Resource Center*），October 6, 2011。

16. 皮尤研究中心（Pew Research Center），《青少年、科技、和社群媒體概述（二〇一五年）：智慧型手機促成青少年交流環境的轉變》（*Teens, Technology and Social Media Overview 2015: Smartphones Facilitate Shifts in Communication Landscape for Teens*〔Washington, DC: Pew Research Center, 2015〕），http://www.pewinternet.org/files/2015/04/PI_TeensandTech_Update2015_0409151.pdf。
17. 二〇一二年，潔西卡・藍尼在一連串留言稱她是「蕩婦」，以及要求她「可以請你先自我了結嗎？」之後自殺了。〈網路霸凌〉，《比特防毒資源中心》，October 6, 2011。潔西卡・克萊蘭（Jessica Cleland）在十九歲時自殺，因為有些朋友猛烈砲轟的臉書訊息，不斷提到討厭她。可參照：南希・喬・塞爾斯，《美國女孩》，頁 221。
18. 利昂・費斯廷格，〈社會比較過程的理論〉（A Theory of Social Comparison Processes），《人際關係》7（*Human Relations* 7〔1954〕），no. 2，頁 117–140。
19. 皮尤研究中心，《青少年、科技、和社群媒體概述》。
20. 根據二〇一五年皮尤研究中心的報告《青少年、科技和社群媒體概述》顯示，青少年表示他們「時常」上社群媒體。根據我們的估計，超過半數（百分五十六）的青少年（本報告的定義年齡為十三至十七歲）每天上網數次，而且百分之十二提到一天會使用一次。只有百分之六的青少年提到每週上網，百分之二的青少年不常上網。
21. 雪莉・特克，《重新與人對話：迎接數位時代的人際考驗，修補親密關係的對話療法》（*Reclaiming Conversation: The Power of Talk in a Digital Age*〔New York: Penguin, 2015〕）。
22. 瑪莉安・基茲，〈留心你的大腦〉（Mind Your Head），《週日泰晤士報》（*Sunday Times*），March 8, 2015，https://www.thetimes.co.uk/article/mind-your-head-xnnz860vw3p。
23. 南希・喬・塞爾斯，《美國女孩》，頁 138。
24. 引述戴安拉（Diandra）的話，參照：南希・喬・塞爾斯，《美國女孩》，頁 218。
25. 路克・克拉克（Luke Clark）等人著，〈賭博的「差點贏」增強賭博動機，並啟動與獲勝相關的大腦迴路〉（Gambling Near-Misses Enhance Motivation to Gamble and Recruit Win-Related Brain Circuitry），《神經元》61（2009），頁 481–490。針對期待愉悅（anticipatory pleasure）的實際影響力，可參照：沃夫朗・舒茲（Wolfram Schultz）、彼得・達揚（Peter Dayan）與 P・里德・蒙大奇（P. Read Montague），〈預測和獎勵的神經基質〉（A Neural Substrate of Prediction and Reward），《科學》275（1997），頁 1593–1599。
26. 羅伯・克勞特等人著，〈網際網路的矛盾：社群科技降低社會參與和心理健康嗎？〉，《美國心理學家》53（1998），no. 9，頁 1017–1031。
27. 伊森・克羅斯（Ethan Kross）等人著，〈青壯年的臉書使用率能預測主觀幸福感的降低〉（Facebook Use Predicts Declines in Subjective Well-Being in Young Adults），《公共科學圖書館：綜合》8（2013），no. 8，doi：10.1371/journal.pone.0069841；喬伊・古德曼－狄恩（Joy Goodman-Deane）等人著，〈通訊技術對生活和關係滿意度的影響〉（The Impact of Communication Technologies on Life and Relationship Satisfaction），《電腦與人類行為》57（2016），頁 219–229；以及摩頓・卓姆霍特（Morten Tromholt），〈臉書實驗：退出臉書致使幸福感提高〉（The Facebook Experiment: Quitting Facebook Leads to Higher Levels of Well-Being），《網路心理學、行為、與社群網路》19（*Cyberpsychology, Behavior, and Social Networking* 19〔2016〕），no. 11，頁 661–666。
28. 馬庫斯・阿佩爾（Markus Appel）等人著，〈臉書使用強度與較低的自我概念清晰度相關：橫斷面和縱向證據〉（Intensity of Facebook Use Is Associated With Lower Self-Concept Clarity: Cross-Sectional and Longitudinal Evidence），《媒體心理學期刊：理論、方法和應用》（*Journal of Media Psychology: Theories, Methods, and Applications*〔2016〕），doi：10.1027/1864-1105/a000192。

29. 路克·克拉克等人著，〈賭博的「差點贏」增強賭博動機〉，頁 481–490。
30. 我不認為「成癮」是恰當的比喻；問題是快樂的「猛襲」是短暫的，而人又會期待更多的讚美。所以，問題在於我們的期待：我們期待讚美帶來的安心和溫暖；當這種感覺我們只得到少許時，就會覺得不夠，於是會再尋求更多，所需要的就是從不同的來源獲取這種快樂。
31. 喬伊·古德曼－狄恩等人著，〈通訊技術對生活和關係滿意度的影響〉，頁 219–229。
32. 帕蒂·瓦爾肯伯格（Dr. Patti M. Valkenburg）、喬岑·彼得（Jochen Peter）與亞歷山大·舒頓（Alexander P. Schouten），〈朋友網站及其與青少年幸福感和社會自尊的關係〉（Friend Networking Sites and Their Relationship to Adolescents' Well-Being and Social Self-Esteem），《網路心理與行為》9（*CyberPsychology & Behavior* 9〔2006〕），no. 5，頁 584–590，doi：10.1089/cpb.2006.9.584。
33. 接受南希·喬·塞爾斯訪談的青少女，不會因為使用社群媒體碰上糟糕經歷，而就此打住。有些人會擔心在共同的溝通群體中遭排除，還有些人會抱持期待，希望下次能引起別人的讚美。可參照：南希·喬·塞爾斯，《美國女孩》。
34. 大衛·卡努斯（David E. Kanouse）與L·雷德·漢森（L. Reid Hanson），〈評估裡的消極情緒〉（Negativity in Evaluations），《歸因：認識行為的起因》（*Attribution: Perceiving the Causes of Behavior*〔Morristown, NJ: General Learning Press, 1972〕）；以及羅伊·鮑梅斯特、艾倫·布拉茨拉夫斯基（Ellen Bratslavsky）和卡特琳·芬凱諾（Catrin Finkenauer），〈壞比好更強大〉，頁 323–370。
35. 布魯瑪·蔡格尼在一九三八年提到這種效應，稱之為「蔡格尼效應」（Zeigarnik Effect）。可參照：布魯瑪·蔡格尼，〈完成與未竟任務〉（On Finished and Unfinished Tasks），《完形心理學的資料書》（*A Source Book for Gestalt Psychology*〔NY: The Gestalt Journal Press, 1938〕），新版，頁 1–15。
36. 羅伊·鮑梅斯特等人著，〈壞比好更強大〉，頁 323–370。
37. 當然，個人對負面消極的聚焦程度會不同。對負面消極事情的記憶較強烈，會與憂鬱症有相關性；可參照：強納森·羅伊瑟（Jonathan Roiser）與芭芭拉·沙哈奇恩（Barbara Sahakian），〈憂鬱症時的冷熱認知〉（Hot and Cold Cognition in Depression），《CNS 頻譜》18（*CNS Spectrums* 18〔2013〕），no. 3，頁 139–149。特別聚焦在負面消極的事，也已經被證實會與保守派、自由派的政治有關聯性；可參照：德魯·韋斯頓（Drew Weston），《政治大腦：情緒在決定國家命運中扮演的角色》（*The Political Brain: The Role of Emotion in Deciding the Fate of the Nation*〔New York: PublicAffairs, 2007〕）。
38. 參照：南希·喬·塞爾斯，《美國女孩》，頁 36。
39. 例子可參照：〈通報網路霸凌〉（Report Cyberbullying），美國衛生及公共服務部（U.S. Department of Health & Human Services），http://www.stopbullying.gov/cyberbullying/how-to-eport/；英國教育部（Department for Education），〈網絡霸凌：給中小學校長及全體職員的意見書〉（Cyberbullying: Advice for Headteachers and School Staff），November 2014，https://www.gov.uk/government/uploads/system/uploads/attachment_data/file/374850/Cyberbullying_Advice_for_Headteachers_and_School_Staff_121114.pdf；〈霸凌和網絡霸凌：事實和統計〉（Bullying and Cyberbullying: Facts and Statistics），英國受虐兒童防治協會（National Society for the Prevention of Cruelty to Children），https://www.nspcc.org.uk/preventing-abuse/child-abuse-and-neglect/bullying-and-cyberbullying/bullying-cyberbullying-statistics/。
40. 有些心理學家抱持截然不同的觀點，主張網路酸民擁有黑暗的人格特質，包括：自戀、浮誇與缺乏同理心、馬基維利主義（Machiavellianism，權謀霸術主義）、自我中心、憤世嫉俗、愛操縱、精神異常、自私、衝動和不知悔改。參照：艾琳·巴克爾斯（Erin Buckels）、保羅·

特拉普內爾（Paul Trapnell）與德爾羅伊．鮑休斯（Delroy Paulhus），〈網路酸民只想尋樂〉（Trolls Just Want to Have Fun），《人格與個體差異》67（*Personality and Individual Differences* 67〔2014〕），頁 97–102；以及強納森．畢夏普（Jonathan Bishop），〈網路酸民去個人化對刑事訴訟程序實施的影響：訪談網路酸民〉（The Effect of De-individuation of the Internet Troller on Criminal Procedure Implementation: An Interview with a Hater），《國際網絡犯罪學期刊》7（*International Journal of Cyber Criminology* 7〔2013〕），no. 1，頁 28–48。

41. 查爾斯．諾塔（Charles Notar）、雪倫．帕吉特（Sharon Padgett）與潔西卡．羅登（Jessica Roden），〈網路霸凌：文獻回顧〉（Cyberbullying: A Review of the Literature），《世界教育研究期刊》1（*Universal Journal of Educational Research* 1〔2013〕），no. 1，頁 1–9。
42. 麥克．瓦爾拉夫（Michael Walrave）和瓦納斯．賀門（Wannes Heirman），〈網路霸凌：預測受害和犯罪〉（Cyberbullying: Predicting Victimization and Perpetration），《兒童與社會》25（*Children and Society* 25〔2009〕），no. 1，頁 59–72。
43. 這句話引述自兩位研究員：多米尼克．布羅薩德（Dominique Brossard）和迪特拉姆．舒菲利（Dietram Scheufele）在《紐約時報》撰寫的文章；可參照：米尼克．布羅薩德和迪特拉姆．舒菲利，〈這個故事很討厭〉（This Story Stinks），《紐約時報週日評論》（*New York Times Sunday Review*），March 2, 2013，http://www.nytimes.com/2013/03/03/opinion/sunday/this-story-stinks.html。
44. 艾胥黎．安德森等人著，〈厭惡效應〉，頁 373–387。
45. 菲利波．門策爾（Filippo Menczer），〈網路假新聞透過社群媒體的同溫層傳播〉（Fake Online News Spreads Through Social Media Echo Chambers），《科學人》，November 28, 2016，https://www.scientificamerican.com/article/fake-online-news-spreads-through-social-echo-chambers/。
46. 菲利波．門策爾，〈網路假新聞透過社群媒體的同溫層傳播〉。
47. 麥克．維卡里歐等人著，〈網路錯誤資訊的傳播〉，頁 554–559。
48. 這也是「確認偏誤」的例子，在這種偏誤中，人會更清楚分明地見到支持自己信念的證據，更加不關注抵制自身信念的證據；在這種情況下，確認偏誤會產生同溫層。
49. 琳賽．史東的案例引用自：強．朗森，〈「一夕之間，我所愛的一切全消失」：琳賽．史東的網路羞辱〉（'Overnight, Everything I Loved Was Gone': The Internet Shaming of Lindsey Stone），《衛報》，February 21, 2015，https://www.theguardian.com/technology/2015/feb/21/internet-shaming-lindsey-stone-jon-ronson。
50. 譯註：online disinhibition effect，指網路使用者會因為匿名性、隱形感與抽離感，覺得解放並變得肆無忌憚，忽視現實世界的社會法則與規範。
51. 約翰．蘇勒爾（John Suler），〈網路去抑制效應〉（The Online Disinhibition Effect），《網路心理與行為》7（2004），no. 3，頁 321–326。
52. 譯註：self-efficacy，由加拿大著名心理學家阿爾伯特．班杜拉（Albert Bandura）提出，指個人對自己擁有充分能力完成一件事的信念。它是個人對自己所具備的能力程度做的自我判斷，與個人擁有的技能無關。
53. 馬修．伊斯丁（Matthew S. Eastin）和羅伯．拉洛塞（Robert LaRose），〈網路自我效能與數位落差的心理〉（Internet Self-Efficacy and the Psychology of the Digital Divide），《電腦中介傳播期刊》6（2000），no. 1，doi：10.1111/j.1083- 6101.2000.tb00110.x。
54. 羅伯．拉洛塞，〈網路衝動：媒體習慣、媒體成癮和網際網路〉（Cybercompulsions: Media Habits, Media Addictions and the Internet），《新媒體的衝擊與問題：邁向智能社會》（*Impact and Issues in New Media: Towards Intelligent Societies*〔Cresskill, NJ: Hampton Press, 2004〕），漢普頓新聞通訊系列（Hampton Press Communication Series）。

55. 宋仁德（Indeok Song）等人著，〈網路滿足與網路成癮：論新媒體的使用與濫用〉（Internet Gratifications and Internet Addictions: On the Uses and Abuses of the New Media），《網路心理與行為》7（2004），no. 4，頁 384–394。
56. 引述自：強．朗森，〈「一夕之間，我所愛的一切全消失」〉。
57. 這些案例全引用自：強．朗森，《鄉民公審：群眾力量，是正義還是霸凌？》（*So You've Been Publicly Shamed*〔New York: Riverhead Books, 2015〕）。
58. 細想丹尼爾．康納曼討論的問題；可參照：丹尼爾．康納曼，《快思慢想》。有時，非反思性的思維有助於觀察、理解和專家表現，但也有很多時候它會讓人變蠢。
59. 雪莉．特克，《重新與人對話：迎接數位時代的人際考驗，修補親密關係的對話療法》。
60. 莎拉．孔瑞思（Sara H. Konrath）、愛德華．歐布萊恩（Edward H. O'Brien）與考特尼．辛（Courtney Hsing），〈美國大學生個人性格的同理心隨時間的變化：後設分析〉（Changes in Dispositional Empathy in American College Students over Time: A Meta-Analysis），《性格與社會心理學評論》15（2011），no. 2，頁 180–189。
61. 本書的第一章至第三章中，探討過嬰幼兒的同理心。也可參照：J．K．哈姆林（J.K. Hamlin）、K．韋恩（K. Wynn）與 P．布魯姆（P. Bloom），〈對嬰兒執行的社會評估〉（Social Evaluation by Preverbal Infants），《自然》450（2007），頁 557–559。
62. 傑米．巴特利特，〈誰是黑暗角落中的人？〉（Who Are the People in the Dark Corners?），《BBC 雜誌》（*BBC Magazine*），April 28, 2015，http://www.bbc.com/news/magazine-32446711。
63. 安妮可．布芬（Anneke Buffone）和麥克．波林（Michael Poulin），〈同理心、目標使人痛苦和神經荷爾蒙基因的相互作用，可預測對他人的攻擊——即使沒有挑釁〉（Empathy, Target Distress, and Neurohormone Genes Interact to Predict Aggression for Others—Even Without Provocation），《性格與社會心理學通報》40（2014），no. 11，頁 1406–1422。
64. 雷貝嘉．薩克斯（Rebecca Saxe）與南希．坎維希爾（Nancy Kanwisher），〈人們對有思考者的看法：顳頂交界區在「心智理論」中扮演的角色〉（People Thinking about Thinking People: The Role of the Temporo-Parietal Junction in 'Theory of Mind'），《神經圖像》19（*Neuroimage* 19〔2003〕），no. 4，頁 1835–1842；萊恩．楊（Liane Young）等人著，〈心智理論與道德判斷相互作用的神經基礎〉（The Neural Basis of the Interaction Between Theory of Mind and Moral Judgment），《美國國家科學院院刊》104（2007），no. 20，頁 8235–8240；以及艾米爾．布魯諾（Emile Bruneau）、尼可拉斯．杜佛（Nicholas Dufour）、雷貝嘉．薩克斯，〈衝突團體成員裡的社會認知：阿拉伯人、以色列人和南美人對彼此的不幸做出的行為和神經反應〉（Social Cognition in Members of Conflict Groups: Behavioural and Neural Responses in Arabs, Israelis and South Americans to Each Other's Misfortunes），《自然科學會報 B：生物學》367（2012），no. 1589，頁 717–730。
65. 然而，當我們看到別人痛苦時，被活化的只有涉及感情或情緒感受的神經疼痛網絡部分，而非神經感覺的網絡。可參照：坦妮亞．辛格等人著，〈對疼痛的同理心牽涉到情感，而非疼痛的感知元素〉（Empathy for Pain Involves the Affective but Not Sensory Components of Pain），《科學》303（2004），頁 1157–1162。
66. 強納森．海德特，《好人總是自以為是：政治與宗教如何將我們四分五裂》，頁 228。
67. 有項研究發現，白人醫師經常會低估非白人病患承受的疼痛感受。可參照：馬泰奧．福爾賈里尼（Matteo Forgiarini）、馬切羅．加盧奇（Marcello Gallucci）與安傑洛．馬拉維塔（Angelo Maravita），〈種族主義和對皮肉疼痛的同理心〉（Racism and the Empathy for Pain on Our Skin），《心理學前線》2（2011）， no. 108，頁 1–8。
68. 米娜．西卡拉（Mina Cikara）等人著，〈彼方的痛苦就是我方的快樂：團體間的動態如何形成同理心不足和反同理心反應〉（Their Pain Gives Us Pleasure: How Inter-group Dynamics

Shape Empathic Failures and Counter-Empathic Responses），《實驗與社會心理學期刊》55（2014），頁 110–125。
69. 在實際衝突中封閉同理心、但心智化環路仍同時持續作用的神經成像研究，可參照：米娜．西卡拉等人著，〈彼方的痛苦就是我方的快樂〉，頁 110–125。

第九章 鍛鍊被批評的勇氣

1. 彼德．辛格，《擴大的圈子：倫理與社會生物學》（*The Expanding Circle: Ethics, Evolution and Moral Progress*〔Princeton, NJ: Princeton University Press, 2011〕）。
2. 史迪芬．平克，《人性中的良善天使：暴力如何從我們的世界中逐漸消失》（*The Better Angels of Our Nature: Why Violence Has Declined*〔New York: Penguin, 2012〕）。這本著作的書名源自美國第十六任總統亞伯拉罕．林肯（Abraham Lincoln）的首任就職演說。他用它來囊括同理心、自制力、道德判斷和理智。
3. 平克聚焦的是數千年來的暴行衰退。可以看到這種衰退的面向包括：殺人、軍事衝突、集體屠殺、酷刑、和虐待兒童等等的數量減少。其他的研究則觀察不同的衡量標準，證明年輕人（以一份研究中的七十二名大學生為代表）在同理心上，相較於二十一世紀初的同類型年輕人少了百分之四十。這項研究的作者假設這種降低與社群媒體、過度競爭息息相關。可參照：莎拉．孔瑞思、愛德華．歐布萊恩與考特尼．辛，〈美國大學生個人性格的同理心隨時間的變化：後設分析〉，《性格與社會心理學評論》15（2010），no.2，頁 180–198。雖然同理心降低的觀點可能比較常見，而且或許「感覺起來」也很正確，但辛格和平克的證據是令人信服的。
4. 編輯：強納森．哥德夏（Jonathan Gottschall）和大衛．斯隆．威森（David Sloan Wilson），《文學動物：進化論與敘述的本質》（*The Literary Animal: Evolution and the Nature of Narrative*〔Rethinking Theory，Evanston, IL: Northwestern University Press, 2006〕）。
5. 功能性磁振造影的研究顯示，在閱讀複雜的小說之後，所謂的「同理心網絡」（empathy network）和涉及社會決策（social decision making）的部位——背內側前額葉皮層（dorsomedial prefrontal cortex）會出現反應增加的狀況。可參照：徐春庭（Chun-Ting Hsu）、馬庫斯．康拉德（Markus Conrad）、亞瑟．雅各布斯（Arthur M. Jacobs），〈哈利波特中的小說感覺：在中扣帶迴皮質中的腦血流反應會與沉浸性閱讀相應〉（Fiction Feelings in Harry Potter: Haemodynamic Response in the MidCingulate Cortex Corresponds with Immersive Reading Experience），《神經報告》25（*Neuroreport* 25〔2014〕），no. 17:，頁 1356–1361；以及戴安娜．塔密爾（Diana I.Tamir）等人著，〈閱讀小說與閱讀心智：模擬在預設網絡中的角色〉（Reading Fiction and Reading Minds: The Role of Simulation in the Default Network），《社會認知和情感神經科學》11（2016），no. 2，頁 215–224。
6. 有證據顯示，文學小說比通俗小說更能提升情感技巧。充滿刻板印象角色的小說（就像許多通俗小說的例子）可能會強化一個觀點：在角色或種族方面會看到哪種人，但文學小說甚至只看幾頁就能增強對他人情緒的辨別。可參照：大衛．科默．季德（David Comer Kidd）和埃馬努埃萊．卡斯塔諾（Emanuele Castano），〈讀文學小說增進心智理論〉（Reading Literary Fiction Improves Theory of Mind），《科學》342（2013），no. 6156，頁 377–380。
7. 彼德．辛格，《擴大的圈子》；以及史迪芬．平克，《人性中的良善天使》。
8. 譯註：Gulf Stream，墨西哥灣暖流是大西洋溫鹽環流（thermohaline circulation）中，重要的洋流，也是全球最大的洋流，會攜帶溫暖的海水和空氣到北美洲和西歐等高緯度的冰冷地區，讓這些地區比起他相同緯度的地區更溫暖。
9. 傑佛瑞．布瑞南與菲利普．佩迪特，〈隱性的自尊經濟〉，《經濟與哲學》16（2000），頁 77–98。

10. 《但以理書》第五章第二十七節（新英王詹姆士譯本）；也可參照《約伯記》（*Job*）第三十一章第六節（新英王詹姆士譯本）。

11. 然而，我們無法對明智評判的持續增加抱持樂觀態度。已有發現指出，老年人會重新回頭採用年輕時代習得的刻板印象。有時，在抑制草率粗心相關的大腦部位，會出現與年齡相關的退化。在前額葉隨年齡增長而退化的狀況下，一個人可能會表現出更嚴重的刻板印象和偏見。可參照：布蘭登．史都華（Brandon Stewart）、威廉．馮席柏爾（William von Hippel）和蓋布瑞爾．拉德萬斯基（Gabriel Radvansky），〈年齡、種族和內隱偏見：使用歷程分離來分解基本要件〉（Age, Race, and Implicit Prejudice: Using Process Dissociation to Separate the Underlying Components），《心理科學》20（2009），no. 2，頁 164–168。

12. 區分道德信仰與個人偏好的著作相當多，包括：阿弗雷德．艾耶爾，《語言、真相與邏輯》；理察．黑爾，《道德思考：思考層次、方法與重點》；大衛．修謨，《自然宗教對話錄》；康德，《實踐理性批判》；康德，《純粹理性批判》；康德，《道德形上學探本》；喬治．愛德華．摩爾，《倫理學原理》；以及約翰．羅爾斯，《正義論》。

13. 約書亞．格林，《道德部落：道德爭議無處不在，該如何建立對話、凝聚共識？》（*Moral Tribes: Emotion, Reason and the Gap Between Us and Them*〔New York: Penguin, 2013〕）。

14. 妮娜．史特羅明戈（Nina Strohminger）和尚恩．尼可斯（Shaun Nichols），〈神經退化和身分〉（Neurodegeneration and Identity），《心理科學》26（2015），no. 9，頁 1469–1479。

15. 編註：meditation，在佛教中稱為禪修，一般則亦有冥想、靜觀之意。

16. 傑佛瑞．格雷森（Jeffrey M. Greeson），〈正念研究更新：二〇〇八年〉（Mindfulness Research Update: 2008），《替代醫學實踐評估》14（*Complement Health Practice Review* 14〔2009〕），no. 1，頁 10–18。

17. 史丹佛背痛中心（Stanford Center for Back Pain）正研究功能性磁振造影上的即時神經反饋，了解減輕壓力的正念冥想、認知行為療法和針灸治療如何影響慢性背部疼痛。可參照：姜影（Ying Jiang）等人著，〈杏仁核及其亞區與慢性疼痛中樞，執行和不執行模式網絡間的擾動連通性〉（Perturbed Connectivity of the Amygdala and Its Subregions with the Central Executive and Default Mode Networks in Chronic Pain），《疼痛》157（*Pain* 157〔2016〕），no. 9，頁 1970–1978。

18. 理查．戴維森等人著，〈正念冥想對大腦和免疫功能造成的改變〉（Alterations in Brain and Immune Function Produced by Mindfulness Meditation），《身心醫學》65（2004），no. 1，頁 564–570。

19. 巴布羅．布里諾（Pablo Briñol）等人著，〈將思想看作實物時，可以增加或減少其對評估的影響〉（Treating Thoughts as Material Objects Can Increase or Decrease Their Impact on Evaluation），《心理科學》24（2012），no. 1，頁 41–47。

20. 加州大學聖地牙哥分校（University of California, San Diego）的心理學家針對一百五十三名大學做記憶測試，他們被隨機分成三組。接觸正念冥想的小組比起其他兩組，更可能「記住」（錯誤地）看到的單詞。在後續的研究中，學生被分為兩組，其中一組接受正念技巧的訓練。訓練結束後，這個小組與訓練前的反應相較之下，「想起」未見單詞的機率明顯增加。可參照：布蘭特．威爾森（Brent M. Wilson）等人著，〈在正念冥想後，增加虛假記憶的易感性〉（Increased False-Memory Susceptibility After Mindfulness Meditation），《心理科學》26（2015），no. 10，頁 1567–1573。

21. 然而，有一種修行稱為「慈悲冥想」（compassion meditation），有項研究顯示，它會提高大腦對情緒訊號的反應。如果有後續的研究證實這一點，而且縱向資料也顯示出會提升慈悲和反應力，那麼這種冥想形式就能用來幫助評判量尺的活動，而非避而不用。可參照：

安東尼・魯茲（Antoine Lutz）等人著，〈慈悲冥想對情緒神經迴路的調節：冥想專長的影響〉（Regulation of the Neural Circuitry of Emotion by Compassion Meditation: Effects of Meditative Expertise），《公共科學圖書館：綜合》3（2008），no. 3，頁 1–10，doi：10.1371/journal.pone.0001897。

22. 凱斯林・B・盧斯季克（Kathleen B. Lustyk）等人，〈正念冥想研究：參與者篩選、安全程序和研究員培訓的問題〉（Mindfulness Meditation Research: Issues of Participant Screening, Safety Procedures and Researcher Training），《身心醫學進展》24（*Advances in Mind-Body Medicine* 24〔2009〕），no. 1，頁 21–30。
23. 西格蒙德・佛洛伊德（Sigmund Freud），《精神分析五講》（*Five Lectures on Psycho-Analysis*〔New York: Penguin, 1995〕），頁 8–9。
24. 馬修・李伯曼等人著，〈感覺化為語言文字：情緒標籤化會擾亂杏仁核活動〉，《心理科學》18（2009），no. 5，頁 421–428。
25. 根據強納森・海德特的說法，與人共處的中心就是有意願和別人的感受、評判打交道。可參照：強納森・海德特，《好人總是自以為是：政治與宗教如何將我們四分五裂》。
26. 關於信任我們自身情緒的持續論據，可參照：卡蘿・吉利根，《相遇十字路口》（*Meeting at the Crossroads*〔Cambridge, MA: Harvard University Press, 1993〕）。也可參照：米莉安・萊德羅斯（Miriam B. Raider-Roth），卡蘿・吉利根推薦序，《相信你知道的事：課堂關係的高風險》（*Trusting What You Know: The High Stakes of Classroom Relationships*〔San Francisco, CA: Jossey-Bass, 2005〕）。

被批評的勇氣：
為什麼我們那麼在意別人的評價，卻又總是喜愛議論他人？
Passing Judgment: Praise and Blame in Everyday Life

作　　者　泰莉．艾普特（Terri Apter）
譯　　者　謝維玲、林淑鈴
封面設計　Bert Design
內頁排版　高巧怡
行銷企劃　林瑀、陳慧敏
行銷統籌　駱漢琦
業務發行　邱紹溢
營運顧問　郭其彬
責任編輯　溫芳蘭
總 編 輯　李亞南

國家圖書館出版品預行編目 (CIP) 資料

被批評的勇氣：為什麼我們那麼在意別人的評價，卻又總是喜愛議論他人？/ 泰莉 . 艾普特 (Terri Apter) 著；謝維玲，林淑鈴譯 . -- 初版 . -- 臺北市：漫遊者文化出版：大雁文化發行，2019.06
面；　公分
譯自：Passing judgment : praise and blame in everyday life
ISBN 978-986-489-339-3(平裝)
1. 認知心理學 2. 人際關係
176.3　　108007572

出　　版　漫遊者文化事業股份有限公司
地　　址　台北市松山區復興北路三三一號四樓
電　　話　(02) 2715-2022
傳　　真　(02) 2715-2021
讀者服務信箱　service@azothbooks.com
漫遊者臉書　www.facebook.com/azothbooks.read
劃撥帳號　50022001
戶　　名　漫遊者文化事業股份有限公司
發　　行　大雁文化事業股份有限公司
地　　址　台北市松山區復興北路三三三號十一樓之四
初版一刷　2019 年 6 月
初版六刷　2021 年 11 月
定　　價　台幣 380 元
I S B N　978-986-489-339-3